ECONOMITOS
Os dez maiores equívocos da Economia

ECONOMITOS

Os dez maiores equívocos da Economia

Tradução
Adriana Ceschin Rieche

Revisão técnica
João Luís Benatto Torres

DAVID ORRELL

best.
business

Rio de Janeiro, 2012

CIP-BRASIL. CATALOGAÇÃO-NA-FONTE
SINDICATO NACIONAL DOS EDITORES DE LIVROS, RJ

Orrell, David

O82e   Economitos / David Orrell ; tradução: Adriana Ceschin Rieche. – Rio de Janeiro: Best Business, 2012.

Tradução de: Economyths: ten ways economics gets it wrong
ISBN 978-85-7684-545-4

1. Economia. 2. Crises financeiras. 3. Expectativas racionais (Teoria econômica). 4. Previsão econômica. I. Título.

11-7637.

CDD: 338.542
CDU: 338.124.4

Texto revisado segundo o novo Acordo Ortográfico da Língua Portuguesa.

Título original norte-americano
ECONOMYTHS: TEN WAYS ECONOMICS GETS IT WRONG
Copyright © 2010 by David Orrell
Copyright da tradução © 2012 by Editora Best Seller Ltda.

Capa: Sérgio Carvalho | Periscópio
Editoração eletrônica: Ilustrarte Design e Produção Editorial

Todos os direitos reservados. Proibida a reprodução,
no todo ou em parte, sem autorização prévia por escrito da editora,
sejam quais forem os meios empregados.

Direitos exclusivos de publicação em língua portuguesa para o Brasil
adquiridos pela
EDITORA BEST BUSINESS um selo da EDITORA BEST SELLER LTDA.
Rua Argentina, 171, parte, São Cristóvão
Rio de Janeiro, RJ – 20921-380
que se reserva a propriedade literária desta tradução

Impresso no Brasil

ISBN 978-85-7684-545-4

Seja um leitor preferencial Record.
Cadastre-se e receba informações sobre nossos lançamentos e nossas promoções.

Atendimento e venda direta ao leitor
mdireto@record.com.br ou (21) 2585-2002

Sumário

Introdução	9
Capítulo 1: A economia anárquica	17
Capítulo 2: A economia conectada	33
Capítulo 3: A economia instável	53
Capítulo 4: A economia extrema	71
Capítulo 5: A economia emocional	99
Capítulo 6: A economia de gênero	121
Capítulo 7: A economia injusta	151
Capítulo 8: A economia exagerada	177
Capítulo 9: A economia infeliz	201
Capítulo 10: A economia boa	217
Notas	239
Recursos	273
Agradecimentos	277

Para Beatriz

Introdução

Todo dogma tem seu dia.
H.G. WELLS (1866-1946)

O ANO DE 2008 SERIA DE PROSPERIDADE PARA OS MERCADOS FINANCEIROS, DE ACORDO COM AS PREVISÕES DA BLOOMBERG.COM NOS PRIMEIROS MESES DO ANO. NINGUÉM PREVIA PREJUÍZOS, E A PREVISÃO MÉDIA DE GANHOS ERA DE 11%. TODOS INCONSCIENTES ABENÇOADOS NÃO ESPERAVAM QUE UM DOS MAIORES TERREMOTOS FINANCEIROS DA HISTÓRIA ESTAVA SE FORMANDO BEM DEBAIXO DE SEUS OLHOS. NO FINAL DO ANO, O ÍNDICE *S&P 500* TINHA CAÍDO 38%, US$ 29 TRILHÕES EVAPORARAM DOS MERCADOS MUNDIAIS E MUITOS DOS ALICERCES DA ECONOMIA MUNDIAL ESTAVAM EM RUÍNAS.[1]

A crise de crédito teve várias fases, mas talvez o evento mais importante tenha sido o colapso da empresa de serviços financeiros Lehman Brothers em setembro de 2008. Com mais de US$ 600 bilhões em ativos, essa foi a maior falência da história corporativa dos Estados Unidos. Lehman também era um dos principais pilares da rede financeira, e sua extinção levou a crise para um estágio extremamente perigoso. Muitos temiam a quebra generalizada do sistema financeiro global. Isso não aconteceu, e os mercados acabaram se recuperando da experiência de quase morte, mas as consequências desses eventos ainda estão sendo sentidas em todo o mundo.

O fracasso dos economistas em prever a crise de crédito ou a recessão mundial que se seguiu não foi atípico. Como depois se verificou, as previsões financeiras têm um histórico muito ruim, mesmo quando baseadas em modelos matemáticos complexos. Dessa vez, no entanto, não só os modelos não previram a crise — como também ajudaram a causá-la.

Nos anos que antecederam a crise, os financistas haviam se tornado cada vez mais dependentes dos modelos matemáticos quantitativos para tomar decisões. Mesmo que os modelos não pudessem prever exatamente o que iria acontecer, eles deveriam ser capazes de calcular o risco. Por exemplo, a fim de descobrir o risco em um pacote de empréstimos, bastava fazer um cálculo estatístico usando uma fórmula ou modelo de risco simples, com base na teoria econômica padrão. Isso parecia funcionar bem — tão bem que os analistas quantitativos começaram a usar os modelos para fazer apostas maiores e mais sofisticadas.

Mesmo antes de a crise ter se instalado por completo, no entanto, havia sinais de que os modelos não estavam capturando os verdadeiros riscos da economia. Em 11 de agosto de 2007, um ano antes da falência do Lehman Brothers, uma turbulência inesperada no mercado provocada por um declínio nos preços de moradias nos EUA, levou um de seus empregados a observar que "Os eventos que os modelos previram que aconteceriam apenas uma vez em dez mil anos aconteceram diariamente nos últimos três dias."[2]

Embora soe muito incomum, o diretor financeiro do banco Goldman Sachs foi ainda mais longe: "Estamos observando eventos com 25 desvios-padrão, durante vários dias seguidos."[3] Para entender melhor essa afirmação, um evento com 25 desvios-padrão é algo que não se espera que aconteça sequer uma vez na duração do universo — que dirá todos os dias da semana.

Não é preciso ser matemático para perceber que havia algo muito errado com os modelos que estavam no cerne do sistema financeiro mundial. Mas como é possível que tantos especialistas altamente remunerados estivessem tão enganados sobre o funcionamento da economia? Como a rainha Elizabeth disse em uma visita à Escola de Economia de Londres: "Por que ninguém conseguiu prever a crise?"[4]

Avisos de tempestade

Na verdade, nem todo mundo ficou tão surpreso com a crise quanto os analistas quantitativos e seus modelos matemáticos. Já em 2003, o investidor Warren Buffett descreveu os produtos complexos conhecidos como derivativos, que desempenharam um papel fundamental na crise de crédito, como "armas financeiras de destruição em massa". No mesmo ano, bem antes de o colapso do Lehman mandar um tsunami de destruição pelo sistema bancário, o cientista Albert-László Barabási alertou sobre o potencial do "efeito cascata de falências" na economia.[5] Até mesmo os bancos centrais disseram que o sistema financeiro poderia estar menos estável do que parecia. Em janeiro de 2007, Jean-Claude Trichet, presidente do Banco Central Europeu, observou: "Nós estamos vendo elementos nos mercados financeiros globais que não são necessariamente estáveis... não sabemos exatamente onde estão os riscos." Alguns, como o autor Nassim Taleb e o economista Nouriel Roubini, foram mais específicos em suas advertências, mas suas vozes foram ignoradas ou até mesmo ridicularizadas na corrida pelos lucros que caracterizou os anos de expansão.[6]

Tal como aconteceu com crises anteriores, as causas da crise de crédito foram muito analisadas e debatidas. Os mais criticados, obviamente, foram os próprios banqueiros, que ganhavam salários fabulosos, e bônus ainda mais fabulosos, por assumir riscos que acabaram tendo consequências catastróficas para a economia real quando as apostas davam errado. Outros culpados foram os reguladores, que não conseguiram acompanhar o ritmo de inovação nos produtos financeiros; os proprietários de imóveis norte-americanos que fizeram empréstimos subprime que nunca teriam condições de pagar aos bancos centrais, que (deixando de lado os comentários de Trichet) muitas vezes pareciam negar a extensão do problema; e, antes de tudo, os economistas que criaram os modelos matemáticos equivocados.

Isso ainda não responde a pergunta sobre como tantas pessoas no setor financeiro poderiam ter sido induzidas ao erro sobre os riscos que estavam correndo, desconhecendo os perigos. A razão, creio eu, é que os pressupostos fundamentais que formam a base da teoria econômica são falhos. Isso significa que não apenas os modelos matemáticos, mas os modelos mentais que os economistas têm sobre a economia estão completamente errados.

Esse problema vai além do cálculo do risco financeiro. O principal problema com o nosso sistema econômico não é o fato de que ele é difícil de prever, mas que, apesar da sua enorme produtividade e criatividade, ele parece estar doente. A economia é injusta, instável e insustentável. Mas a teoria econômica também não tem como lidar com esses problemas.

A economia é injusta. A teoria econômica deveria se preocupar em otimizar a alocação de recursos. No entanto, a realidade é que os ricos realmente ficam mais ricos. Em 2009, um gerente de um fundo de hedge ganhou mais de US$ 2 bilhões, enquanto mais de um bilhão de pessoas ganharam menos de US$ 1 por dia.[7] É uma estranha maneira de alocar recursos.

A economia é instável. Segundo a teoria, a "mão invisível" deveria manter os preços dos ativos em um patamar estável. Mas, na realidade, os ativos, incluindo petróleo, ouro e divisas estão sujeitos a enormes oscilações. No final de 2007, o preço do petróleo subiu para mais de US$ 140 o barril, caindo, em seguida, para menos de US$ 40, tudo no intervalo de poucos meses. O petróleo muitas vezes é considerado o sangue que faz a economia funcionar, mas nosso próprio suprimento sanguíneo é muito mais bem regulado. Por algum tempo parecia que a economia estava sofrendo um enfarte.

A economia é insustentável. Segundo a teoria, a economia pode crescer para sempre, sem encontrar limites. A realidade é que estamos enfrentando duros obstáculos devido a fatores como mudança climática, superpopulação e degradação ambiental. Como os ambientalistas indicam, crescimento incessante é a filosofia da célula cancerosa.

Juntos, esses problemas superam em muito a importância de um evento como a crise de crédito. A dívida que a economia global está acumulando com o ambiente, ou a dívida dos países ricos com os países pobres, é uma preocupação muito maior do que a dívida dos bancos com os governos ou os acionistas. Na verdade, pode ser que essa crise tenha sido uma bênção disfarçada, se der o impulso necessário para repensarmos a maneira como lidamos com o dinheiro.

Assim como a teoria econômica não consegue corrigir as deficiências da economia, também não consegue justificar suas qualidades, que são muitas, incluindo o enorme dinamismo e produtividade. Um modelo que enfatiza a estabilidade não é muito bom em perceber a criatividade do mercado — como qualquer artista ou estudante da história do rock sabe, essas duas qualidades raramente andam juntas. Então, por que persistir em uma teoria econômica que é tão obviamente imprópria para a finalidade?

Moeda falsa

Economia é uma representação matemática do comportamento humano e, como qualquer modelo matemático, baseia-se em certas suposições. Vou argumentar, no entanto, que, no caso da economia, os pressupostos são tão completamente fora de contato com a realidade que o resultado é uma caricatura altamente enganosa. A teoria é menos uma ciência do que uma ideologia. A razão pela qual tantas pessoas são levadas a acreditar que os pressupostos são razoáveis é que eles são baseados em ideias de áreas como física ou engenharia, que fazem parte da nossa herança científica de 2.500 anos, remontando aos gregos antigos. Superficialmente, parecem ser uma ciência verdadeira, mas, na verdade, são uma moeda falsa.

Cada capítulo deste livro começa com um dos equívocos por trás da teoria econômica ortodoxa e volta, então, na história para ver de onde veio essa ideia, explicar como isso afeta nosso cotidiano, descobrir por que ela persiste apesar de haver provas do contrário e propor como podemos mudá-la ou substituí-la. Os equívocos específicos são:

- A economia pode ser descrita por leis econômicas
- A economia é composta de indivíduos independentes
- A economia é estável
- O risco econômico pode ser facilmente administrado por meio de estatísticas
- A economia é racional e eficiente
- A economia é neutra em termos de gênero
- A economia é justa
- O crescimento econômico pode continuar para sempre
- O crescimento econômico nos fará felizes
- O crescimento econômico é sempre bom

Essas ideias formam a base da teoria econômica ortodoxa e afetam o processo de tomada de decisões em nível individual, empresarial e social, mas o livro vai mostrar que estão equivocadas e apresentará alternativas. Vamos descobrir como a economia é o resultado emergente de processos complexos que desafiam a redução; como o valor da sua casa ou pensão é afetado por tempestades econômicas imprevisíveis; por que a economia não é racional ou justa, e por que o crescimento econômico não é automaticamente desejável, para o nosso próprio bem-estar ou o do planeta.

Antes de prosseguir, gostaria de abordar algumas preocupações. A primeira é que, confrontados com a lista acima, a maioria dos economistas protestaria afirmando que se trata de uma falácia extremamente simplificada, e que a economia é muito mais sofisticada do que isso. Entretanto, o que conta é menos o que os economistas dizem — eles são hábeis em evitar críticas e têm muita prática — do que os tipos de cálculos que eles efetivamente realizam. Ninguém pensa que os mercados são perfeitamente estáveis, ou que os investidores são perfeitamente racionais, ou que os mercados são justos e todos têm acesso às mesmas informações — mas componentes essenciais da teoria, como a hipótese dos mercados eficientes, estão explicitamente baseados nesses pressupostos. Procure entender os modelos de risco utilizados pelos bancos, ou os modelos usados para alocar seus fundos de pensão ou determinar políticas governamentais, e você encontrará os mesmos pressupostos ali, com pequenas modificações na melhor das hipóteses. Como veremos, alguns dos assim chamados economistas heterodoxos vêm argumentando contra essas hipóteses durante anos, mas até agora têm sido pouco ouvidos. Iremos, além de meramente criticar essas ideias, saber de onde elas vieram em primeiro lugar e como podem ser substituídas. (Fui informado de que muitos economistas realmente não acreditam na teoria dominante, mas fingem que concordam com ela, a fim de publicar seus artigos e ocupar cargos públicos — e, nesse caso, gostarão deste livro.)

Alguns leitores podem achar difícil acreditar que a economia dominante esteja tão errada quanto eu a descrevo aqui. Afinal de contas, a grande força da ciência é que ela deveria se autocorrigir. Se uma teoria é falha, então ela será substituída por outra melhor. Mesmo as leis de movimento de Newton tiveram de ser modificadas com o desenvolvimento da teoria quântica. Um problema ocorre, porém, quando não há alternativa comprovadamente melhor para fazer previsões, que é tradicionalmente a prova de fogo para uma nova teoria. As novas abordagens discutidas aqui não equivalem a uma substituição simples e unificada para a teoria ortodoxa, nem pretendem ser muito melhores em termos de previsão da economia — na verdade, elas abertamente reconhecem as incertezas inerentes a sistemas complexos. É por isso que a teoria ortodoxa conseguiu sobreviver por tanto tempo, embora as coisas estejam começando a mudar. Como mostrou um artigo da *Nature*, intitulado "Economics Needs a Scientific Revolution" (A economia precisa de uma revolução científica): "Precisamos romper com a economia clássica e desenvolver instrumentos completamente diferentes."[8]

Outra possível preocupação é que este livro foi escrito com a perspectiva de um matemático aplicado, cujo trabalho diário está na área da biologia sistêmica (não diga ao meu chefe, mas nunca estudei biologia). Alguns leitores podem preferir obter sua análise por intermédio de economistas, mas eu diria que ser um economista é, na verdade, um problema (o que algumas pessoas particularmente bem-dotadas são capazes de superar). Se, como acredito, a economia é uma ideologia, então ter formação nessa área é de fato uma forma de fechar a sua mente. Muitas das novas ideias que estão revitalizando a economia vêm de áreas tão diversas como a teoria de redes, complexidade, psicologia e biologia sistêmica, que estão muito distantes do currículo-padrão de economistas. Quando um campo está em um estado tão ruim quanto a economia, ser de fora é uma vantagem, porque permite analisar os problemas sem ter de justificar as teorias anteriores às quais você estava exposto no início de sua carreira e se sentia obrigado a defender.

Finalmente, os leitores do meu livro anterior sobre economia, *The Other Side of the Coin* (O outro lado da moeda), podem notar que eu estou discutindo muitos dos mesmos pontos neste livro. Eu sou culpado, é verdade — eu escrevi, antes da crise, que a economia é perigosamente instável e desequilibrada, e que os modelos de risco não são confiáveis. Este livro representa uma atualização e uma reelaboração completa dessas ideias em face do que aprendemos sobre a economia nos últimos anos.

Chega de explicações. A economia, como já dissemos, é um modelo matemático do comportamento humano. O próximo capítulo oferece uma breve apresentação sobre a história de tais modelos, e pergunta se existe de fato uma lei econômica.

capítulo 1

A economia anárquica

"Acima, muito acima dos preconceitos e paixões dos homens, elevam-se as leis da natureza. Eternas e imutáveis, são a expressão do poder criativo; representam o que é, o que deve ser, o que não pode ser de outro modo. O homem pode chegar a compreendê-las, mas incapaz de mudá-las."
VILFREDO PARETO (1897)

"Espalhem a verdade — as leis da economia são como as leis da engenharia. Um conjunto de leis funciona em toda parte."
LAWRENCE SUMMERS (1991)

A ECONOMIA DEVE SUA CREDIBILIDADE À ASSOCIAÇÃO COM CIÊNCIAS COMO A FÍSICA E A MATEMÁTICA. MAS SERÁ QUE É REALMENTE POSSÍVEL DESCREVER A ECONOMIA EM TERMOS DE LEIS MATEMÁTICAS, COMO OS ECONOMISTAS FREQUENTEMENTE ALEGAM, COMO FAZ O ATUAL ASSESSOR ECONÔMICO DO PRESIDENTE OBAMA, LAWRENCE SUMMERS? ISAAC NEWTON ACREDITAVA QUE NÃO. COMO ELE OBSERVOU EM 1721, DEPOIS DE PERDER BOA PARTE DA FORTUNA NO COLAPSO DA BOLHA DA COMPANHIA DOS MARES DO SUL: "CONSIGO CALCULAR O MOVIMENTO DOS CORPOS CELESTES, MAS NÃO A LOUCURA DAS PESSOAS."

Para verificar se a economia é regida por leis ou anárquica, vamos primeiro falar um pouco sobre a história antiga. Muitas das ideias que constituem a base da economia moderna têm suas raízes nos primeiros registros históricos. Esse é um dos motivos pelos quais elas são tão difíceis de superar.

A primeira previsão econômica da cultura ocidental, provavelmente, foi o oráculo de Delfos na Grécia antiga. Considerada a previsão de maior sucesso de todos os tempos, durou quase mil anos, a partir do século VIII a.C. As previsões eram feitas por uma mulher, conhecida como Pítia, que era escolhida entre a população local como um canal com o deus Apolo. Suas previsões muitas vezes eram vagas ou até mesmo dúbias e, portanto, difíceis de se contestar, o que talvez explique como o oráculo conseguiu durar tantos anos (a exemplo de Alan Greenspan).

Podemos afirmar que a tradição de previsões numéricas surgiu com Pitágoras. Ele foi batizado em homenagem a Pítia, que, em um de seus momentos de iluminação mais famosos, previu o nascimento dele. (Ela contou a um gravador de joias que buscava conselhos para seu negócio, que a sua mulher daria luz a um menino com "beleza e sabedoria incomparáveis". A previsão foi realmente uma surpresa, pois ninguém, nem mesmo a mulher, sabia que estava grávida.)

Quando jovem, Pitágoras viajou pelo mundo, aprendendo com sábios e místicos, antes de se estabelecer em Crotona, no sul da Itália, onde criou o que veio a ser um culto pseudo-religioso de adoração aos números. Seus seguidores acreditavam que ele era um semideus descendente direto de Apolo, com poderes sobre-humanos, como a capacidade de prever o futuro. Entrar para seu círculo íntimo exigia grande compromisso: os candidatos tinham de abrir mão dos bens materiais, tornarem-se ascéticos vegetarianos e estudar sob voto de silêncio durante cinco anos.

Os pitagóricos acreditavam que os números eram a base da estrutura do universo e atribuíam a cada número um significado especial, quase mágico. A eles são atribuídas várias descobertas matemáticas, incluindo o famoso teorema sobre os triângulos retângulos e o quadrado da hipotenusa que aprendemos na escola. Entretanto, sua maior descoberta, que reforçava a ideia de que os números sustentam a estrutura do universo, foi realmente a música.

Se tangemos a corda de um violão, depois a vibramos exatamente um tom acima e a tangemos novamente, as duas notas diferirão por um oitavo. Os pitagóricos descobriram que as notas que se harmonizam bem juntas estão todas relacionadas pelo mesmo tipo de razão matemática simples. Essa foi uma descoberta surpreendente, porque se a música, que era considerada a forma de arte mais expressiva e misteriosa de todas, era regida por simples leis matemáticas, a conclusão óbvia é que todas as outras coisas também eram regidas por números. Como escreveu John Burnet em *A aurora da filosofia grega*: "Não é exagero afirmar que a filosofia grega passou a ser dominada, a partir de então, pela noção da corda perfeitamente afinada."[1]

Os pitagóricos acreditavam que todo o cosmos (uma palavra cunhada por Pitágoras) produzia uma espécie de sintonia, a música das esferas, que poderia ser ouvida por Pitágoras, mas não pelos mortais comuns. E o seu interesse pelos números não era puramente teórico ou espiritual. Eles desenvolveram técnicas para as previsões numéricas, que permaneceram secretas aos não iniciados. Também se acredita que Pitágoras estava envolvido com a criação e a produção das primeiras moedas que apareceram na sua área. O dinheiro é uma forma de atribuir números às coisas, o que obviamente condizia com a filosofia pitagórica de afirmar que "os números são tudo".

Mecânica racional

Se o cosmos baseava-se em números, ele poderia ser previsto usando a matemática. Os gregos antigos desenvolveram modelos altamente complexos que poderiam simular de forma bem precisa o movimento das estrelas, da lua e dos planetas no céu. Eles supuseram que os corpos celestes moviam-se em círculos, que eram considerados as formas mais perfeitas e simétricas de todas; e também que os círculos estavam centrados na terra. Realizar esse trabalho exigiu conhecimentos avançados de matemática — e levou à invenção da trigonometria — e muitos círculos. A versão aristotélica, por exemplo, incorporou cerca de 55 esferas aninhadas. O modelo final de Ptolomeu usava epiciclos, de modo que os planetas poderiam girar em torno de um pequeno círculo que, por sua vez, circundava a terra.

A principal aplicação desses modelos era a astrologia. Durante séculos, a astronomia e a astrologia foram consideradas dois ramos da mesma ciência. Para que os astrólogos fizessem previsões, eles precisavam saber as posições dos corpos celestes em horários diferentes, que poderiam ser determinadas com a consulta ao modelo. O modelo ptolomaico teve tanto sucesso nessa área que foi adotado pela igreja e permaneceu praticamente inquestionado até a Renascença.

A astronomia clássica foi finalmente superada quando Isaac Newton combinou a teoria de Kepler do movimento planetário com o estudo de Galileo sobre o movimento dos objetos em queda, para derivar suas três leis de movimento e a lei da gravidade. A ideia de Newton, de que a força que fazia uma maçã cair no chão e a força que impulsionava a Lua ao redor da Terra eram a mesma, foi tão fantástica quanto a descoberta pitagórica de que a música era regida por números. Na verdade, Newton era um grande pitagórico, e acreditava que Pitágoras conhecia a lei da gravidade mas a manteve em segredo.

Newton afirmou que a matéria era constituída por "partículas sólidas, maciças, duras, impenetráveis e móveis", e as suas leis do movimento descreviam o que ele chamou de "mecânica racional" que governava o seu comportamento. A consequência natural, então, foi que o movimento de qualquer objeto, de uma bala de canhão a um raio de luz, poderia ser previsto com o uso da mecânica. O seu trabalho, portanto, serviu como roteiro para previsões numéricas — reduzir um sistema aos seus componentes fundamentais, descobrir as leis da física que os regem, expressá-los como equações matemáticas e resolvê-los. Os cientistas de todas as áreas, do eletromagnetismo à química e à geologia, imediatamente adotaram o enfoque newtoniano, alcançando excelentes resultados. Podemos ouvir os pitagóricos cochichar: "Espalhem a verdade — um conjunto de regras funciona em toda parte."

Economia racional

Dentre aqueles que ouviram os cochichos, mesmo que tardiamente, estava o novo grupo de pessoas que se intitulavam economistas no final do século XIX. Se a mecânica newtoniana teve tanto sucesso em outras áreas como a física e a engenharia, talvez pudesse também ser aplicada ao fluxo do dinheiro.

A teoria que desenvolveram é conhecida como economia neoclássica. Ainda hoje ela forma a base da teoria ortodoxa e forma o currículo básico ensinado aos futuros economistas e líderes empresariais nas universidades e faculdades de administração no mundo todo.[2] Como conjunto de ideias, pode ser o mais poderoso da história moderna.

A economia neoclássica baseia-se em uma comparação explícita com a física de Newton. Assim como Newton acreditava que a matéria é formada por partículas minúsculas que batem umas nas outras mas não mudam, a teoria neoclássica supõe que a economia é formada por indivíduos não relacionados que interagem trocando bens e serviços e dinheiro, sem, no entanto, sofrer qualquer mudança. O seu comportamento pode ser previsto com o uso das leis econômicas, que estão onipresentes como leis que governam o cosmos.

Para calcular os movimentos da economia, basta determinar as forças que a fazem avançar. Os economistas neoclássicos baseavam sua mecânica na ideia da utilidade, que o filósofo Jeremy Bentham descreveu em seu "cálculo hedônico" como a soma de prazer menos dor. Por exemplo, se uma maçã oferece três unidades de prazer, e pagar por ela só fornece duas unidades de dor, então comprar a maçã lhe dará uma unidade de utilidade (às vezes chamada de útil) de lucro.

Deixando de lado por um momento a questão sobre em quais unidades de medida uma unidade "útil" é expressa, um problema óbvio é que pessoas diferentes irão atribuir valores de utilidade diferentes a objetos como maçãs. Os economistas neoclássicos contornam o problema argumentando que tudo o que contava era a utilidade média. Foi então possível usar a teoria da utilidade para derivar as leis econômicas. Como William Stanley Jevons argumenta em seu livro de 1871, *Theory of Political Economy* (Teoria da Economia Política), essas leis deviam ser consideradas "tão certas e demonstrativas quanto as de cinemática ou estática, ou melhor, quase tão autoevidentes quanto os elementos de Euclides, quando o real significado das fórmulas é inteiramente apreendido".

Linhas imaginárias

Se a economia tem um equivalente na lei da gravidade de Newton, trata-se da lei da oferta e da demanda. A lei é ilustrada na Figura 1, que é uma versão de um gráfico publicado pela primeira vez em um ensaio de 1870 por Fleeming Jenkin. Ela se tornou a figura mais famosa na economia, e é ensinada em todos os cursos de graduação da área.

A figura mostra duas linhas curvas, que descrevem como o preço está relacionado com a oferta e a procura. Quando o preço é baixo, a oferta também é baixa, porque os produtores têm poucos incentivos para entrar no mercado; mas quando o preço é alto, a oferta também aumenta (linha sólida). Por outro lado, a procura é menor a preços elevados, pois menos consumidores estão dispostos a pagar tanto (linha pontilhada).

O ponto em que as duas linhas se cruzam fornece o preço único em que a oferta e a procura estão em perfeito equilíbrio. Os economistas neoclássicos alegavam que, em um mercado competitivo, os preços seriam levados a este ponto, que é ideal no sentido em que não há falta nem excesso de oferta, por isso os recursos são alocados em um nível ótimo. Além disso, o preço representaria um equilíbrio estável. O mercado era, portanto, uma máquina para otimizar a utilidade.

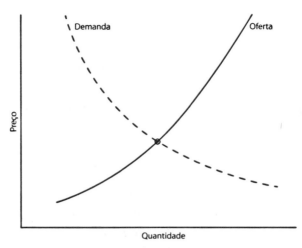

Figura 1. Lei da oferta e da demanda. A linha sólida mostra a oferta, que aumenta com o preço. A linha pontilhada mostra a demanda, que diminui com o preço. O ponto de interseção das duas linhas representa o ponto em que a oferta e a demanda estão em equilíbrio.

Por exemplo, suponha que o preço médio de uma casa é de 100.000 (unidades de moeda à sua escolha), quando o mercado está em equilíbrio. Se os vendedores ficassem gananciosos e o preço subisse temporariamente para 110.000, os fornecedores responderiam construindo mais casas, e os consumidores, comprando menos. O efeito líquido seria puxar os preços para baixo ao seu nível estável, tão certo quanto a força da gravidade. Inversamente, se os preços caíssem muito, a oferta cairia, a procura aumentaria, e os preços voltariam a subir.

No entanto, se a procura aumentasse, por algum motivo estrutural, como o crescimento da população, então a curva de procura total na Figura 1 seria deslocada para cima, por isso o preço de equilíbrio seria maior. Se a oferta aumentasse de forma permanente, digamos, por causa do surgimento de novas terras para incorporação, então o preço de equilíbrio seria deslocado para baixo junto com a curva de oferta.

Isso se aplica a apenas um bem, e a situação torna-se consideravelmente mais complicada quando múltiplos bens e serviços estão incluídos, hoje e no futuro, pois os consumidores podem escolher onde e quando gastar o seu dinheiro. Um dos supostos triunfos da economia neoclássica na década de 1960 foi provar matematicamente que toda a economia ainda continuará a ser direcionada a um equilíbrio estável e ideal, novamente sujeito a certas suposições.

Isso foi visto como prova matemática da "mão invisível" de Adam Smith, que mantém preços em seu patamar "natural", e formou a base dos Modelos de Equilíbrio Geral que são usados para simular a economia de hoje.

A mão visível que fecha acordos

Estamos todos familiarizados e confortáveis com a lei da oferta e da procura, e ela é frequentemente usada para explicar por que os preços são o que são. Há uma coisa estranha, no entanto: dados históricos de ativos como imóveis simplesmente não parecem tão estáveis ou ideais. Na verdade, parece que a mão invisível está sofrendo de Parkison.

Como ilustração, o painel superior da Figura 2 mostra um gráfico de preços dos imóveis residenciais no Reino Unido durante cerca de três décadas. Os números foram ajustados pela inflação. O gráfico mostra o grande aumento nos preços das casas de 1996 até 2009. Um comportamento semelhante foi visto em outras economias do G8.

O gráfico parece indicar que as casas eram muito mais baratas antes de 1985 do que depois de 2000. No entanto, o valor é um pouco enganador, porque a acessibilidade não é uma função apenas dos preços reais da habitação, mas também das taxas de hipotecas, que eram cerca do dobro em 1985 do que em 2000. Para corrigir isso, o painel inferior mostra o pagamento da hipoteca estimado típico, com base nas taxas de juros vigentes. Isso revela um padrão diferente de crescimento/queda.

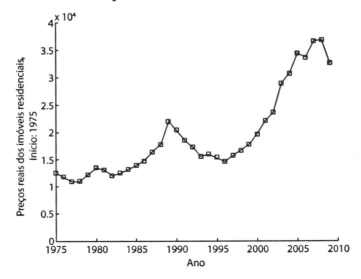

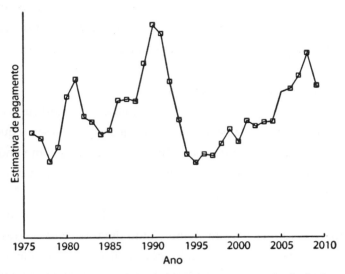

Figura 2. O painel superior mostra a verdadeira alta nos preços dos imóveis residenciais no Reino Unido de 1975 a 2009. Os preços estão em moeda corrente em 1975, corrigidos pela inflação.[3] O painel inferior é o pagamento relativo estimado das hipotecas. A escala é apenas relativa.

Em 2008, no auge do *boom* recente na habitação, quando os preços parecem ter sido exageradamente inflacionados, foi argumentado com frequência que os preços estavam altos por causa do equilíbrio entre a oferta e a demanda: o Reino Unido é uma "ilha pequena e populosa", por isso a oferta de casas é limitada. Mas o Reino Unido também era uma ilha pequena e populosa em 1995, quando os preços das casas eram relativamente acessíveis. Então, os preços estavam realmente em um nível ótimo em 2008, como determinaria a lei da oferta e da procura? Ou algo mais estava acontecendo?

As linhas e o unicórnio

Em certo sentido, a lei da oferta e da procura capta uma verdade óbvia — se algo está sendo procurado, então atrairá geralmente um preço mais alto (a menos que seja algo como a música digital, que é facilmente copiada e distribuída gratuitamente). O problema surge quando você decide seguir Newton, expressar o princípio em termos matemáticos e usá-lo para provar a otimalidade ou fazer previsões.

A fim de traduzir a relação entre oferta e procura em uma lei matemática, os economistas neoclássicos tiveram de fazer uma série de suposições. Em particular, as curvas de oferta e procura precisavam ser fixas e independentes uma da outra. Isso se justifica pela ideia de que a utilidade para produtores e consumidores não deve mudar com o tempo.

Agora chegamos a uma das diferenças entre a economia e a física. As partículas descritas na Física são estáveis e imutáveis, por isso um átomo de carbono na terra é indistinguível de um átomo no sol e tem a mesma atração gravitacional. A lei da gravidade, portanto, aplica-se da mesma forma aqui na terra e em outros lugares do cosmos, e é por isso que é uma ferramenta tão poderosa. No entanto, as pessoas não são átomos; variam de lugar para lugar, e também mudam de opinião e comportamento ao longo do tempo. O mercado imobiliário também está ligado ao restante da economia global, que, por si só, está em um estado de fluxo incessante.

A lei da oferta e da demanda explica que, se os preços aumentaram acima do seu valor de "equilíbrio", então a demanda deve diminuir. Isso funciona razoavelmente bem para a maioria dos bens e serviços (se você omitir itens como artigos de luxo, cujo prestígio aumenta à medida que elas se tornam menos acessíveis). Se um padeiro cobra caro demais pelo pão, ele sofrerá a pressão de concorrentes (a menos que possa distinguir os seus serviços); cobre demais pelo seu trabalho e você vai acabar tendo dificuldades em conseguir um emprego (a menos que, como veremos no Capítulo 7, você seja um CEO ou artista de cinema). No entanto, a relação quebra-se completamente quando consideramos ativos, como imóveis ou barras de ouro, que são desejados, em parte, pelo seu valor de investimento. A oferta e a procura são uma função não apenas do preço, mas da taxa e da direção em que os preços estão mudando (esse tema será explorado no Capítulo 3). A utilidade percebida de possuir um imóvel é muito maior quando os preços estão subindo do que quando estão despencando rapidamente. As coisas ficam ainda mais frágeis na economia interligada atual, na qual o que está sendo oferecido ou procurado muitas vezes não é um objeto físico, mas algo menos tangível ou limitado, como informação, marca ou o acesso a uma rede, elementos esses compartilhados em vez de trocados.

A oferta e a procura também dependem de formas intrincadas do contexto e da história exatos, mesmo para os produtos básicos. Suponha, por exemplo, que o preço do pão aumenta de forma uniforme em 5%. Segundo a teoria, devemos, então, ser capazes de calcular a oferta e a procura nesse novo preço.

Vamos considerar três casos. No primeiro caso, o governo anuncia que o aumento do preço é devido à aplicação de um novo imposto sobre o pão. As pessoas provavelmente vão reagir comprando menos pão. No segundo caso, um boato se espalha de que a mudança no preço é causada pela seca que afetou os preços do trigo. Quer o rumor seja verdade ou não, a demanda pode aumentar porque algumas pessoas vão comprar pão extra e armazená-lo no congelador antes que os preços aumentem ainda mais. No terceiro caso hipotético, suponha que os clientes recebam uma droga que faça com que qualquer memória ou preconceito que têm sobre o preço do pão seja bastante nebuloso, então eles só respondem a grandes variações de preço (muitas pessoas são mesmo assim). Assim, provavelmente não notariam a diferença e comprariam o pão como de costume. Há também um elemento dinâmico e sensível ao tempo, porque é difícil saber se uma mudança na demanda será de longa ou de curta duração.

Na verdade, a ideia de que a oferta ou a procura podem ser expressas em termos de linhas nítidas, como as da Figura 1, é uma ficção. Como o econofísico Joe McCauley observou, não há nenhuma evidência empírica para a existência de tais curvas. Apesar disso, "as curvas de interseção de oferta e procura neoclássicas continuam sendo a base de quase todos os livros didáticos sobre economia".[4] Como unicórnios, a oferta e a procura são um monstro mitológico que é frequentemente retratado, mas nunca realmente visto.

Isso ajuda a explicar por que grandes modelos econômicos, que se baseiam nas mesmas leis, deixam de fazer previsões precisas (tradicionalmente o teste das teorias reducionistas). Como um exemplo de algo ainda mais instável do que os preços dos imóveis residenciais, a Figura 3 mostra o preço do petróleo ao longo de um quarto de século, juntamente com as previsões da Energy Information Administration (EIA), que faz parte do Departamento de Energia dos EUA. Os cálculos são feitos por estimativas dos níveis globais de oferta e demanda, usando seu modelo World Oil Refining, Logistics, and Demand (WORLD). Na década de 1980, as previsões indicavam que os preços iriam aumentar, provavelmente porque os modelos incorporavam a memória da crise dos preços de petróleo da década de 1970. Os preços, em vez disso, caíram e permaneceram baixos nas décadas seguintes. As previsões acabaram aprendendo que os preços não voltariam aos níveis anteriores, e acabaram nivelados, mas tão logo isso aconteceu, os preços subiram até chegarem a US$ 147 o barril. Em seguida, despencaram para US$ 33. Depois, dobraram novamente.

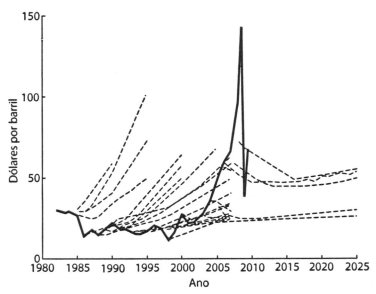

Figura 3. Preço do petróleo bruto (linha sólida), juntamente com as suas previsões (linhas tracejadas). Fonte: Energy Information Administration.

Esse pico do preço do petróleo desempenhou um importante papel no agravamento da crise de crédito, mas não foi previsto pelos especialistas. A razão é que ele não teve absolutamente nada a ver com a oferta ou a procura. Segundo a EIA, a oferta mundial de petróleo na verdade *aumentou*, e a demanda *caiu*, no período de seis meses anterior ao pico.[5] Então, por que os preços subiram? Bem, a demanda real por petróleo — o material preto e grudento extraído da terra — não estava ficando mais forte. Mas, como discutido no Capítulo 8, os contratos futuros de petróleo — contratos que dão o direito de comprar petróleo a um preço definido em data futura — foram a maior sensação em 2008. O pico do petróleo foi um caso clássico de bolha especulativa, com a mesma dinâmica que a bolha imobiliária, só que concretizada em meses em vez de anos.

O clima econômico

Nosso histórico ruim de previsões ainda pode parecer contraintuitivo: como explicar por que os especialistas não conseguem prever o futuro da economia dada sua imensa experiência, enormes quantidades de dados e acesso a computadores de alta velocidade? Certamente sabemos mais do que o oráculo de

Delfos, não? Uma razão é que a economia é feita de pessoas, em vez de objetos inanimados. Mas é interessante notar que o mesmo problema é visto em outras áreas que parecem mais suscetíveis a uma abordagem newtoniana. Muito pode ser aprendido fazendo uma comparação com a previsão do tempo.

Em um discurso de 2009, o presidente do Federal Reserve, Ben Bernanke, a versão atual do oráculo, discutiu o envolvimento de longa data da sua instituição em previsões econômicas da seguinte forma: "Com tanta coisa em jogo, você não ficará surpreso em saber que, ao longo dos anos, muitas pessoas muito inteligentes aplicaram as mais sofisticadas ferramentas de estatística e de modelagem disponíveis para tentar adivinhar melhor o futuro econômico. Mas os resultados, infelizmente, foram abaixo do esperado na maioria das vezes. Como os meteorologistas, os analistas econômicos precisam lidar com um sistema extraordinariamente complexo, que está sujeito a choques aleatórios, e sobre os quais nossos dados e entendimento serão sempre imperfeitos."[6]

É claro que essa incerteza não impede o Federal Reserve de fazer previsões regularmente, que todo mundo interpreta em seu valor nominal. Mas como uma ilustração do ponto de Bernanke, o painel superior da Figura 4 é uma representação da temperatura da superfície do mar em uma zona do oceano Atlântico, o que indica a presença de eventos do El Niño. Escolhi um período de tempo tal que as flutuações combinem ao máximo com o gráfico da acessibilidade dos preços dos imóveis residenciais da Figura 2, redimensionado e apresentado no painel inferior (infelizmente, a escala de tempo é diferente, e portanto, não podemos usar o El Niño para prever os preços de habitação do Reino Unido). O El Niño afeta padrões climáticos globais que têm um enorme impacto econômico em todas as esferas, da agricultura aos seguros, portanto, há ainda mais incentivo para prevê-lo do que há para prever os preços das casas. E os nossos modelos de previsão do tempo mais sofisticados ainda não conseguem prever com precisão o El Niño.[7] Tal como acontece com os preços de habitação, é possível discernir um padrão distinto, mas é quase impossível determinar o momento exato do próximo pico ou vale. A razão é que tanto o El Niño quanto o mercado imobiliário são parte de sistemas complexos e globais que escapam da redução a regras ou leis simples.

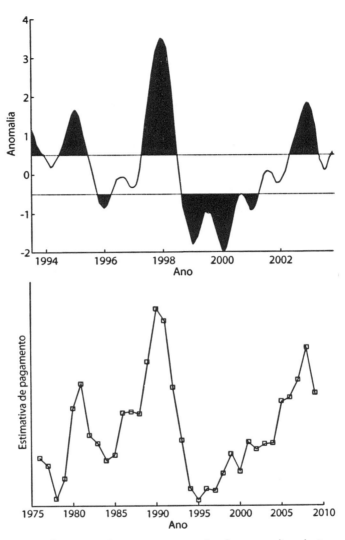

Figura 4. O painel superior é uma representação das anomalias de temperatura da superfície do mar.[8] Um valor acima de 0,5 indica um evento do El Niño, abaixo de -0,5, do La Niña. O painel inferior é um gráfico redimensionado dos pagamentos de hipoteca estimados da Figura 2.

Na verdade, a própria ideia de uma lei fundamental, dada por uma equação simples, só é aplicável a determinados casos especializados, tal como a gravidade. Na previsão do tempo, um dos principais desafios é prever a formação e a dissipação de nuvens, que determinam boa parte do clima e determinam a precipitação. No entanto, não existe lei ou equação para as nuvens, que são formadas em um complexo processo em que gotículas de água se aglomeram em torno de pequenas partículas, como poeira, sal ou pólen no ar. Na verdade, as nuvens são mais bem descritas como propriedades emergentes da dinâmica atmosférica.

A definição de uma propriedade emergente é um pouco nebulosa, e depende do contexto; mas, em geral, refere-se a alguma característica de um sistema complexo que não pode ser prevista com antecedência a partir do conhecimento dos componentes do sistema isolado. Os cientistas têm vasto conhecimento sobre as partes que compõem uma nuvem — ar, água, partículas —, mas não conseguem produzir uma nuvem realista no computador, muito menos prever o comportamento das nuvens de verdade. Os engenheiros têm vasto conhecimento sobre o fluxo de fluidos, mas ainda encontram dificuldades em modelar os efeitos da turbulência, motivo pelo qual as equipes da Fórmula 1 estão entre os maiores usuários dos túneis de vento. Alguns cientistas acreditam até que as assim chamadas leis fundamentais da física — incluindo a lei da gravidade — são apenas o resultado emergente de uma dinâmica mais complexa. Como veremos em capítulos posteriores, as forças econômicas, como a oferta e a procura, também são vistas como emergindo de uma combinação de fatores sociais, econômicos e psicológicos.

Economia emergente

Então, se a abordagem reducionista tradicional não funciona, qual é a alternativa? Fenômenos emergentes vêm sendo amplamente estudados por cientistas da complexidade, por meio da utilização de técnicas, como autômato celular ou modelos baseados em agentes. Um autômato celular é um programa de computador que geralmente divide a tela em uma grade de células. A evolução do sistema é regida por regras simples que descrevem como uma célula afeta as vizinhas. Embora as leis sejam simples no nível local, o comportamento emergente no nível global pode ser extremamente complexo, e não pode ser modelado diretamente com o uso de equações. O autômato celular vem sendo usado para estudar uma ampla gama de fenômenos, inclusive o fluxo de fluidos turbulentos, avalanches, o alastramento de incêndios florestais e o desenvolvimento urbano.

Os modelos baseados em "agentes" consistem em vários agentes de software que podem representar, digamos, investidores no mercado de ações. Os agentes podem influenciar o comportamento uns dos outros, assim como os investidores de verdade se comunicam com os que estão à sua volta. Tomam decisões não com base em leis uniformes, mas em heurística ou princípios indistintos. Os agentes podem aprender e adaptar seu comportamento, da mesma forma que os investidores se tornam mais conservadores depois de serem afetados por uma queda no mercado. Portanto, é impossível atribuir a eles uma curva de demanda fixa e independente do tipo exigido pela "lei da oferta e da demanda".

O efeito coletivo dos agentes é novamente produzir um comportamento emergente que em geral é bastante surpreendente, e pode levar a perspectivas interessantes sobre como o sistema funciona. Os modelos baseados em agentes vêm sendo usados para reproduzir o comportamento de períodos de alta e de baixa dos mercados, e encontraram muitas aplicações em áreas que vão do transporte ao tratamento do câncer.[9] Programas que abordam a complexidade estão começando a aparecer nas escolas e instituições de negócios como a London School of Economics. A primeira maneira de reviver a economia, então, é encorajar essa tendência e, nesse processo, livrar o campo de suas quase-pseudo-leis newtonianas.

Uma desvantagem desse tipo de pesquisa é que não possui o tipo de prestígio e charme sofisticado das grandes leis matemáticas de Newton. É pouco provável que alguém ganhe um Prêmio Nobel por causa de um modelo com base em agente. Da mesma forma, a teoria da complexidade não oferece uma abordagem única. Os modelos são vistos mais como retalhos, cada qual capturando um aspecto da realidade complexa.

Além disso, embora o enfoque dos sistemas complexos seja útil para estimular muitos aspectos da economia, é pouco provável que seja provado que ele é melhor do que a teoria ortodoxa em prever o curso de algo como os mercados imobiliários. O motivo é que o comportamento exato de um sistema depende de todos os detalhes exatos, e a única maneira de prever um sistema seria reproduzi-lo em um computador. Esse é o ponto das propriedades emergentes: não podem ser previstas por uma única equação. Em vez disso, os cientistas da complexidade procuram bolsas de previsibilidade — aspectos do sistema que são passíveis de previsão.[10]

A pesquisa sobre a complexidade tem muitas implicações para a economia (a maior parte das conclusões deste livro baseiam-se no ponto de vista da complexidade), mas sua consequência mais devastadora é que ela derruba todo o enfoque mecanicista de modelagem de sistemas complexos como a economia. O modelo de Newton da previsão numérica, mais uma vez, baseava-se em reduzir um sistema a seus componentes fundamentais, descobrir as leis da física que os regem, expressá-los como equações matemáticas e resolvê-los. Mas esse método reducionista não funciona para propriedades emergentes. Não existem leis fixas — somente princípios indistintos gerais que podem ser capturados em linhas gerais por princípios básicos, mas que raramente se adaptam a equações matemáticas bem definidas. A mensagem dos pitagóricos — de que tudo pode ser reduzido a números — acaba não sendo verdadeira.

No próximo capítulo, vamos considerar o comportamento de grupos de pessoas envolvidas na economia — e perguntar se elas se comportam como indivíduos independentes, como afirma a teoria, ou mais como os componentes de uma nuvem.

capítulo 2

A economia conectada

"O pernicioso gosto pelo jogo se difundiu pela sociedade, e corroeu toda a virtude pública e praticamente toda a virtude privada à sua frente."
CHARLES MACKAY, MEMOIRS OF EXTRAORDINARY
POPULAR DELUSIONS AND THE MADNESS OF CROWDS (1848)

"Não existe essa coisa de sociedade."
MARGARET THATCHER (1987)

OS ECONOMISTAS APRENDEM QUE A ECONOMIA É O RESULTADO LÍQUIDO DAS AÇÕES DE INVESTIDORES INDIVIDUAIS, QUE AGEM DE FORMA INDEPENDENTE PARA MAXIMIZAR SUA PRÓPRIA UTILIDADE. ESSA VISÃO DA ECONOMIA — SEMELHANTE À TEORIA ATÔMICA DA FÍSICA — VÊ O INDIVÍDUO COMO TODO-PODEROSO E DIMINUI O PAPEL DA SOCIEDADE (QUE, DE ACORDO COM UMA DAS MAIS FAMOSAS FRASES DE MARGARET THATCHER, NÃO EXISTE). A REALIDADE, NO ENTANTO, É QUE NÓS NOS INFLUENCIAMOS O TEMPO TODO. COMPRAMOS CASAS NÃO APENAS PARA TERMOS UM TETO QUE NOS ABRIGUE, MAS TAMBÉM PORQUE TODO MUNDO ESTÁ COMPRANDO CASAS E FICAMOS COM MEDO DE FICAR PARA TRÁS NA "ESCALA DA HABITAÇÃO" — HOJE CONHECIDA COMO O *BUNGEE* DA HABITAÇÃO. ESTE CAPÍTULO MOSTRA COMO OS ECONOMISTAS IGNORAM OU MINIMIZAM A IMPORTÂNCIA DO COMPORTAMENTO EM MANADA DOS MERCADOS E, PORTANTO, COMO NÃO CONSEGUEM PREVER OU SE PREPARAR ADEQUADAMENTE PARA ENFRENTAR CRISES ECONÔMICAS.

Um dos discípulos mais famosos de Pitágoras — embora tenha nascido após a morte do mestre — foi o filósofo Demócrito. Seu biógrafo Laércio escreveu que ele derivou todas as suas doutrinas de Pitágoras, a ponto de "podermos considerar que ele tivesse sido seu pupilo, se não houvesse a diferença de idade". Atualmente, Demócrito é conhecido por sua teoria de que a matéria é feita de átomos, que recebeu esse nome por causa da palavra grega *atomos*, que significa indivisível.

A ideia de que um sistema pode ser dividido em seus componentes é um dos sustentáculos na nossa tradição científica reducionista. Muitos cientistas hoje ainda estão explorando esse caminho, em instituições como Large Hadron Collider, ou Grande Colisor de Hádrons, perto de Genebra, lançando pequenos fragmentos de matéria praticamente à velocidade da luz e analisando os restos. A teoria atômica também teve enorme influência em outras áreas, incluindo a economia.

Demócrito chegou à sua ideia imaginando que era possível pegar um objeto — como uma página deste livro, por exemplo — e cortá-lo em dois, várias e várias vezes, interminavelmente. Em determinado momento, ele argumentava, chegaríamos ao menor pedaço possível, porque, caso contrário, continuaríamos para sempre e isso não faria sentido (os gregos não lidavam bem com a ideia do infinito). A menor unidade é o átomo. As substâncias tinham propriedades diferentes por causa da forma de seus átomos — os átomos de óleo, por exemplo, precisavam ser muito macios para que pudessem deslizar uns sobre os outros facilmente.

A teoria atômica nunca fez realmente muito sucesso na época, em parte porque Aristóteles não gostou dela, e foi favorecida somente muito mais tarde quando cientistas como Galileu e Newton a apoiaram. Quando Newton afirmou que a matéria consistia em "partículas sólidas, maciças, rígidas, impenetráveis, móveis", ele estava descrevendo átomos. Como ninguém de fato enxerga os átomos, eles permaneceram um construto principalmente teórico até 1905, quando Albert Einstein convincentemente demonstrou a sua existência e conseguiu até mesmo estimar seu tamanho e velocidade. Sabe-se há muito tempo que, quando vistas sob um microscópio, partículas tais como poeira ou pólen em suspensão tendiam a se bater de forma quase aleatória como se estivessem vivas. Esse movimento browniano — assim chamado por causa do botânico escocês Robert Brown, que foi o primeiro a investigá-lo — era algo misterioso, mas Einstein demonstrou que ele poderia ser mais bem explicado considerando que as partículas eram constantemente fustigadas por átomos individuais em suspensão. Os átomos eram pequenos, mas às vezes podiam se fazer presentes.

Teoria das partículas

Embora os átomos físicos possam ter sido apenas teoria no final do século XIX, o conceito foi avidamente adotado pelos economistas neoclássicos, como William Stanley Jevons, com a diferença de que os átomos da economia eram os indivíduos (ou firmas). Uma vantagem era que as pessoas eram maiores do que os átomos, por isso era possível ver o que estavam fazendo; uma desvantagem era que elas demonstravam considerável variabilidade. No entanto, como Jevons argumentou em sua *Economic Policy Theory* (1871), bastava modelar "um único indivíduo médio, a unidade que constitui a população".

Uma das principais ideias de Newton era de que, para calcular a atração gravitacional de um corpo esférico como a Terra, não era necessário calcular o efeito de cada parte individual do planeta — cada átomo em um punhado de pedras ou grama. Bastava, em vez disso, supor que uma massa de um ponto único, igual à massa da Terra, estava localizada em seu centro. No século XIX, os físicos que trabalhavam no novo campo da mecânica estatística também haviam demonstrado que estados como a temperatura eram regidos não pelo que estava acontecendo com os átomos individuais, mas pela estatística média. Jevons acreditava, da mesma forma, que era possível ignorar o fato de que as pessoas são diferentes, e levar em conta apenas a média da população. Na verdade, isso é exatamente o que os modelos econômicos fazem quando estimam a demanda por um produto como o petróleo: é impossível levar em conta cada pessoa ou empresa, por isso fazem suposições da demanda agregada para um país ou setor.

Tornando a oferta agregada equivalente à demanda agregada, os economistas poderiam, em princípio, prever o nível de equilíbrio da economia, em que a oferta e a demanda estão em perfeito acordo. No entanto, como explicar a aparente flutuação diária nos preços, do tipo visto, por exemplo, nos mercados de ações ou títulos?

Em 1900, mesmo antes da explicação de Einstein do movimento browniano, o economista francês Louis Bachelier elaborou uma teoria semelhante para a economia. Em sua tese de doutorado, ele propôs que os mercados financeiros estavam sempre próximos ao equilíbrio, mas eram fustigados pelas ações de investidores individuais que respondiam de forma diferente às notícias ou apenas ao estado atual do mercado. Qualquer mudança nos preços, portanto, é essencialmente aleatória. Como acontece com um fragmento de pólen que sofre a ação do movimento browniano, o mercado pode parecer que está vivo e que tem um senso de propósito, mas é apenas uma ilusão.

O trabalho de Bachelier inicialmente causou pouco impacto, talvez porque parecesse afirmar que era impossível fazer previsões (o que nunca é muito popular com os previsores). No entanto, Bachelier também realçou que deveria ainda ser possível avaliar a probabilidade de o mercado mudar de forma significativa durante determinado período. Os movimentos dos preços poderiam ser modelados usando a distribuição normal, ou curva de sino, que vinha sendo usada por astrônomos e outros cientistas para explicar o efeito de erros aleatórios em suas observações. Nas décadas de 1950 e 1960, esse aspecto de sua tese foi escolhido pelos economistas, que o usaram para desenvolver uma sofisticada teoria do risco utilizando a mesma matemática que usaram para descrever o movimento browniano.

Mercados atômicos

A teoria econômica do átomo alcançou seu ponto de glória em 1965 com a hipótese dos mercados eficientes, que foi proposta em outra tese de doutorado de Eugene Fama, da Universidade de Chicago. Ele descreveu o mercado como consistindo em um "grande número de maximizadores de lucros racionais" com acesso a todas as informações relevantes e que estavam em competição ativa entre si. Considerando esses pressupostos, argumentou Fama, os preços de qualquer título seriam automaticamente ajustados para refletir seu "valor intrínseco". Qualquer desvio em relação a esse nível seria pequeno e aleatório.

Embora o trabalho de Bachelier só tenha ganhado popularidade após a sua morte, Fama tornou-se uma espécie de celebridade entre os economistas. O motivo foi que ele partiu de uma mesma ideia — de que os movimentos do mercado são aleatórios — e criou algo novo. Em vez de o mercado ser burro e sem vida como um fragmento de poeira, recebeu *status* quase divino: uma divindade com uma etiquetadora capaz de colocar o preço certo em qualquer artigo.[1] A razão pela qual não podemos prevê-lo é porque nenhum previsor consegue ser mais esperto que esse Deus.

A hipótese dos mercados eficientes também rendeu aos reles mortais várias propriedades especiais, tais como racionalidade, uma obsessão por estar a par das notícias e um intenso foco em ganhar dinheiro. Entretanto, o aspecto mais surpreendente disso é que, como átomos inertes, as pessoas nunca interagem, a não ser quando se chocam umas contra as outras no mercado. Ninguém nunca se reúne para conversar sobre os preços das moradias ou do petróleo ou das ações; todas têm de decidir por conta própria. São realmente independentes.

Como um modelo matemático de como as pessoas tomam decisões econômicas, essa teoria é extremamente estranha. Ainda acho bizarro que isso seja ensinado nas universidades e faculdades em que outros departamentos que ensinam ciências sociais como sociologia, ou ciências humanas, como teatro ou literatura, supostamente assumem a posição oposta de que as pessoas realmente afetam as vidas umas das outras. Ainda assim, como escreveu o autor e estrategista de investimentos George Cooper em 2008, a hipótese "permanece sendo a base da visão da sabedoria popular sobre o sistema financeiro, a premissa básica sobre a qual construímos nossos sistemas de risco financeiro".[2] A revista *The Economist* observa que a hipótese "foi extremamente influente no mundo das finanças, tornando-se o pilar de outras teorias que envolvem temas que vão da seleção das carteiras de ações aos preços das opções".[3] George Soros a descreve como "A principal interpretação dos mercados financeiros".[4]

É interessante perguntar se a influência poderia se estender ainda mais. A sociedade ocidental vem lentamente se atomizando e se quebrando em unidades menores durante muitos séculos — nosso senso de individualidade floresceu ao mesmo tempo que nosso senso de comunidade diminuiu — e, na verdade, esse processo acelerou desde a década de 1960.[5] Uma pesquisa recente demonstrou que a maioria dos norte-americanos considera os outros (mas aparentemente não eles mesmos) "incrivelmente atomizados, egoístas e irresponsáveis".[6] Uma visão de mundo que coloca essas qualidades no centro — e isso está relacionado com nossas mais profundas tradições científicas — com certeza terá influência na sociedade que ela procura representar. Perversamente, parecemos determinados em nos encaixar no modelo. Veremos mais sobre esse tópico no Capítulo 9.

Movimento randômico

Um motivo da duradoura popularidade da hipótese dos mercados eficientes é que ela fez uma previsão correta, notadamente, a de que os mercados são imprevisíveis. Até mesmo grandes instituições, como o Fundo Monetário Internacional (FMI) ou a Organização para Cooperação e Desenvolvimento Econômico (OCDE), que têm acesso a grandes modelos de computador e a enormes quantidades de dados, acabam sendo mais visionárias em suas previsões do que os previsores da *Bloomberg* citados na introdução.

A linha grossa da Figura 5 mostra mudanças no produto interno bruto (PIB) ao longo de um período de duas décadas. As linhas estreitas são previsões da Energy Information Administration dos EUA. O modelo é ajustado de tal modo que favorece a moderação: se a economia está no auge ou deprimida, o modelo sempre aponta para um crescimento de cerca de 3%. Na verdade, dá no mesmo (e é muito menos caro) simplesmente fazer essa previsão e não se preocupar com o modelo.

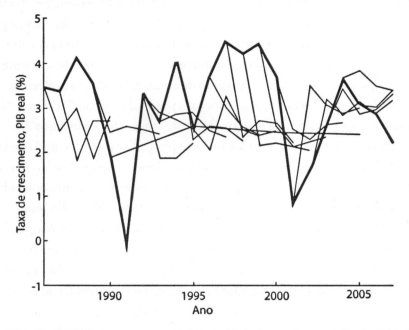

Figura 5. Previsões de crescimento do PIB nos EUA. Fonte: Energy Information Administration.

O histórico dos modelos em outras instituições como a OCDE ou FMI não é melhor.[7] Em abril de 2007, por exemplo, o FMI afirmou que: "Apesar do recente período de volatilidade financeira, a economia mundial ainda parece pronta para um crescimento robusto e continuado em 2007 e 2008." Um ano mais tarde, após o colapso do Lehman, essa previsão foi ligeiramente modificada para baixo, e anunciou uma "recessão branda" nos Estados Unidos, que seria seguida por uma "modesta recuperação" em 2009.[8]

A hipótese dos mercados eficientes explicaria essa falta de previsão indicando que, se um previsor pudesse prever corretamente uma melhora ou piora na economia, isso implicaria que o previsor saberia mais do que o mercado. As mudanças de preço, portanto, não seriam aleatórias, o que, de acordo com a teoria, é proibido.

Podemos nos convencer de que o gráfico do PIB é um rabisco sem sentido e imprevisível que reflete apenas as ações de investidores independentes que reagem ao acaso a notícias aleatórias. Entretanto, embora a hipótese dos mercados eficientes concorde que os mercados são imprevisíveis, não se pode interpretar isso como a confirmação da teoria (as tempestades de neve são imprevisíveis, mas ninguém alega que são eficientes). Em vez de postular que a economia é algum tipo de entidade divina com um dom miraculoso para preços, é mais simples e mais realista supor que as previsões não dão certo porque estão baseadas em uma premissa reducionista falsa. Nossos modelos econômicos são o equivalente moderno dos modelos gregos baseados em círculos do cosmos: são grandes e complicados e podem acomodar dados passados, mas isso não significa que são uma reprodução precisa da realidade.

Na verdade, como será abordado mais adiante, a teoria dos mercados eficientes é desmentida pelo fato de que não prevê corretamente a existência de mudanças súbitas. Na economia descrita pela hipótese dos mercados eficientes, pode não haver padrões climáticos relevantes, nenhuma tempestade ou seca, porque as únicas mudanças são pequenas e aleatórias. O clima nunca é quente ou frio demais, está sempre no ponto certo. Portanto, a economia também seria quase que inteiramente sem risco, ou, aliás, sem qualquer característica interessante. Ainda assim, como mostra a experiência, a economia é tão variável e mutável quanto a meteorologia.

Mutável, com um risco de choques

Um motivo para essa variabilidade é que as pessoas não se comportam como átomos newtonianos, mas interagem e afetam o comportamento uns dos outros. Os mercados são fortemente influenciados por fatores como boatos e tendências. Essas, por sua vez, afetam a economia como um todo, e as medidas de atividade, como o produto interno bruto.

Considere novamente o caso do mercado de habitação do Reino Unido (Figura 2). O Reino Unido tem um alto índice de proprietários de imóveis, e as casas são tradicionalmente valorizadas não apenas por sua capacidade de fornecer abrigo, mas também como investimento. Com a valorização imobiliária no final da década de 1990, muitas pessoas compraram uma segunda casa visando aumentar sua renda com o aluguel. Os bancos começaram a oferecer hipotecas especiais do tipo compre e alugue a taxas de juros atraentes. Alguns investidores amadores montaram carteiras substanciais com dezenas de propriedades, usando uma casa como garantia para comprar a seguinte. Os preços dos imóveis residenciais continuaram a subir, e as pessoas estavam realmente enriquecendo. Quem quer que tivesse uma casa decente em uma cidade de grande porte provavelmente estava ganhando mais dinheiro, pelo menos no papel, do que com o seu trabalho. Áreas afins, como a construção civil e o setor imobiliário, também estavam no auge.

Nada disso passou despercebido por aqueles que ainda não eram proprietários de um imóvel — particularmente os mais jovens que estavam desesperados para pegar essa onda antes que fosse tarde demais. Portanto, estenderam ao limite suas finanças pessoais para adquirir qualquer apartamento conjugado disponível, mesmo que fosse próximo à estrada de ferro. Caso não pudessem comprar nada no Reino Unido, procuravam propriedades que pudessem alugar nos feriados em lugares mais distantes, como na França ou até mesmo na Estônia. A ansiedade foi agravada por uma avalanche de programas de televisão que mostravam como ganhar dinheiro com imóveis: como comprar, reformar e, acima de tudo, alugar a propriedade. Quem não era proprietário de um imóvel estava sujeito à constante pressão social e psicológica para adquirir um e rápido — e os bancos estavam fazendo das tripas coração para ajudar esse sonho a se tornar realidade.

Os psicólogos comportamentais descrevem esse tipo de atitude como comportamento de manada. Todos sentem em que direção sopra o vento, e seguem nessa direção. Esse processo — bem documentado em 1848 por Charles Mackay em *Memoirs of Extraordinary Popular Delusions and the Madness of Crowds* — não parece muito racional e, na verdade, há muitos indícios que demonstram que a emoção desempenha um papel importante na tomada de decisões. No entanto, a questão aqui é um pouco diferente, porque de muitas maneiras os compradores de primeira viagem estão apenas respondendo às melhores informações obtidas com seus colegas e da imprensa, que diziam que os preços continuariam a subir.

A teoria dos mercados eficientes às vezes se justifica pela ideia de que grupos de pessoas tomam decisões melhores do que os indivíduos. As experiências demonstram que, em determinadas situações, tais como adivinhar quantos centavos estão em uma jarra, a média de um número independente de hipóteses de pessoas diferentes é surpreendentemente precisa.[9] Porém, quando a dinâmica de grupo assume o controle, a "sabedoria das massas" pode acabar rapidamente.

Podemos pensar que os bancos que fornecem as hipotecas seriam mais sofisticados e imunes a essas pressões, mas eles também foram levados pelo processo. Assim como as pessoas competiam entre si para comprar as melhores propriedades, que em geral atraíam múltiplas ofertas, os bancos competiam entre si oferecendo acordos com o menor preço em sua busca por uma parcela maior do crescente mercado hipotecário. Muitas vezes, estavam dispostos a abrir mão da exigência de um depósito significativo ou até mesmo de comprovação de renda.

Em setembro de 2007 — um mês depois de o funcionário do Lehman Brothers reclamar de distúrbios "que acontecem uma vez em 10.000 anos" nos mercados de crédito — o banco britânico Northern Rock (também chamado de "a Rocha") solicitou ao Banco da Inglaterra apoio de curto prazo com um problema de liquidez. Com o preço das ações despencando, o governo rapidamente entrou em cena para garantir aos clientes do banco que não havia motivo de preocupação com suas hipotecas ou contas bancárias. Os clientes ouviram e na manhã seguinte fizeram filas bem organizadas nas filiais do banco para sacar seu dinheiro. Foi o primeiro problema com um banco britânico em mais de um século.

De repente, a notícia disseminada durante o cafezinho, nos bares, ou na imprensa, assumiu um tom diferente. A preocupação era acentuada por rumores perturbadores sobre uma séria crise imobiliária nos EUA, que se desenvolvia do outro lado do Atlântico. As pessoas começaram a ficar apreensivas em fazer grandes investimentos, e os preços dos imóveis caíram. Os bancos começaram a cancelar algumas das transações hipotecárias mais baratas e extravagantes. Os ventos estavam mudando de direção.

De acordo com a teoria econômica do átomo, indivíduos ou empresas, por conta própria, devem atuar de forma independente, por isso não são influenciados pelas decisões que cada um toma. Nesse cenário, nossos desejos e preferências, portanto, permanecem fixos. Mas, na verdade, toda decisão que tomamos é afetada pelo que acontece à nossa volta — e não apenas durante os *booms* ou crises financeiras. O nosso comportamento em grupo pode se assemelhar ao da manada, cegamente seguindo a mesma liderança. Entretanto, em termos mais genéricos, ele é tão complexo e mutável quanto o tempo. Como o El Niño, nossas ações refletem o fato de que somos parte de uma rede global — ligados social e financeiramente a amigos, à comunidade, à mídia e até a eventos mais remotos do outro lado do planeta, nas fazendas ou fábricas ou centros empresariais emergentes da China, Índia ou Brasil.

A economia pode obter sua credibilidade da associação com a engenharia e a física; no entanto, é a física do século XIX. Algumas propriedades de determinado material, tais como sua temperatura, são uma função do comportamento médio dos átomos ou moléculas, mas hoje sabemos que existem muitas outras características emergentes de interação entre esses componentes. Mesmo algo tão presente e aparentemente simples quanto a água acaba fugindo de uma análise reducionista: o seu estado (por exemplo, se é água, gelo ou vapor) depende das complexas interações entre as moléculas, que estão envolvidas em uma dança constante com suas vizinhas. É por esse motivo que as nuvens, e os efeitos em grande escala, como o El Niño, permanecem tão difíceis de modelar ou prever; e é por isso também que precisamos atualizar nossa visão sobre a economia.

Tempestade elétrica

Se pensarmos nos mercados como sendo semelhantes a fenômenos atmosféricos de larga escala como o El Niño, então o sistema bancário é mais como uma grade de eletricidade. Na maior parte do tempo, funciona muito bem e sequer temos de pensar nisso — mas, de vez em quando, ela nos deixa na mão. Quando isso acontece, pode ser catastrófico.

Um desses eventos ocorreu durante o apagão de 14 de agosto de 2003. Quem acordou naquele dia no nordeste dos Estados Unidos ou na província de Ontário, no Canadá, não teria percebido nada de estranho no suprimento de eletricidade. O barbeador ligou normalmente; as luzes não piscaram; a máquina de café funcionou como deveria. Ninguém imaginou que, à noite, teria de voltar para casa sem iluminação no trânsito.

O que acionou o evento foi uma condição climática. As temperaturas na região estavam altas (como mostra a Figura 4; 2003 era um ano do El Niño) e as pessoas estavam ligando seus ares-condicionados. A alta demanda causou o superaquecimento dos cabos de força, por isso expandiram em comprimento e penderam mais baixo do que o normal entre as torres. De acordo com um relatório oficial, parece que o blecaute começou quando uma usina de geração nos arredores de Cleveland, no estado de Ohio, saiu do ar por volta das 13h30, em virtude de um problema técnico.[10] As linhas de alta tensão em áreas rurais precisaram transportar energia extra para compensar. Os cabos penderam e, com o peso, um deles entrou em contato com as árvores, que tinham sido inadequadamente podadas. A energia passou para outra linha, que também se curvou e atingiu uma árvore. Linhas adicionais caíram, colocando todo o restante do sistema de Ohio sobre pressão adicional.

Encontrando-se de repente sem energia, o estado puxou dois gigawatts do estado vizinho de Michigan. Em resposta, as linhas de transmissão dos dois estados caíram. A rede foi logo tomada por enormes flutuações, causadas por cortes pela demanda em algumas áreas devido aos blecautes, e surtos de energia de outras estações. Grades locais se separaram para tentar controlar o dano, mas sem sucesso. As falhas se espalharam pelo sistema, culminando com 256 usinas de força fora da linha e mais de 50 milhões de pessoas sem energia elétrica.

Como a grade de eletricidade, o sistema bancário é um serviço vital de que todos nós dependemos. Também é uma enorme rede interconectada que controla o fluxo de dinheiro em vez de elétrons. Quando um banco ou instituição financeira quebra, ele coloca os demais nós da rede sob pressão adicional. Não só é preciso compensar a lacuna financeira, mas também são submetidos a maior escrutínio. Uma corrida a um dos bancos inquieta os clientes de outros bancos; e linhas de crédito prejudicadas podem causar um incêndio.

A crise de crédito foi como se houvesse uma pane elétrica mundial em câmera lenta. As primeiras instituições a sair da linha foram os credores com excesso de alavancagem como o Northern Rock no Reino Unido e o Countrywide nos Estados Unidos. Em março de 2008, o banco de investimentos Bear Stearns, à beira do colapso, foi incorporado pelo JP Morgan Chase. Durante a crise, nomes conhecidos como Merrill Lynch, Fannie Mae, Freddie Mac, Lehman Brothers e a seguradora gigante AIG faliram, ficaram sujeitos a tomadas de controle hostis ou foram resgatados pelo governo.

O blecaute de crédito não respeitou fronteiras nacionais: países inteiros, como a Islândia, viram-se no escuro, com seu sistema bancário isolado do mundo. Algumas das nações mais afetadas estavam no Leste Europeu, pois baseavam suas finanças nos bancos ocidentais, incluindo a Hungria, a Lituânia e a Letônia. Esta verificou uma queda anual no preço dos imóveis residenciais de quase 60% no ano seguinte ao da crise.[11] No Oriente Médio, Dubai sofreu uma queda semelhante nos preços dos imóveis, fazendo com que a empresa Dubai World congelasse seus pagamentos da dívida no final de 2009, com efeitos dramáticos nos mercados internacionais.[12]

Então, será que existe algo que podemos fazer para nos proteger dessas falhas — ou será que seremos sempre vulneráveis a tempestades elétricas?

A ciência das redes

Os sistemas bancário e elétrico são dois exemplos de redes tecnológicas. Outros incluem a rede de transporte, a rede de telecomunicações e a World Wide Web.

Redes semelhantes são onipresentes na natureza: os sistemas biológicos são caracterizados por complexas redes de genes e proteínas que interagem, e os ecossistemas, por relações predador-presa. Os sociólogos utilizam as redes sociais para investigar a transmissão de ideias e tendências na sociedade.

Os pesquisadores no campo da ciência da rede consideram tais sistemas em termos de nós, que representam indivíduos ou agentes na rede, e links, que unem os nós e representam interações de algum tipo. Os nós poderiam representar elementos diferentes em modelos diferentes. Em um modelo biológico, os nós poderiam representar proteínas ou células; em um modelo de ecossistema, espécies; em uma rede social, as pessoas; em um modelo da rede elétrica, centrais ou consumidores; em um modelo de economia, empresas. Por exemplo, um artigo publicado por Domenico Delli Gatti et al., da Universidade Católica de Milão, em junho de 2008, observou que: "O complexo padrão de relações de crédito é uma questão natural de pesquisa a ser tratada por meio de análise da rede. É fácil pensar em agentes como *nós* e nos contratos de dívida como *elos* de uma *rede de crédito*... a inadimplência de um agente pode causar uma *avalanche de falências* [grifos do autor]."[13] Se os autores tivessem atrasado a publicação por alguns meses, poderiam ter usado o Lehman como exemplo.

Os pesquisadores descobriram que essas redes — sejam elas tecnológicas, biológicas, ecológicas, sociais ou econômicas — frequentemente têm muito em comum, e podem ser divididas em determinadas categorias. Uma delas é a rede Mundo Pequeno, em que as conexões entre os nós individuais são organizadas de tal forma que é necessário apenas um pequeno número de etapas para ligar um nó ao outro. A World Wide Web tem essa propriedade, e empresas de busca como o Google a exploram para obter seus algoritmos. Outra categoria é a das redes Livre de Escala. O termo "livre de escala" significa que não existe um número normal ou esperado de conexões para qualquer nó: a maioria dos nós tem poucas conexões com outros nós, mas um pequeno número de núcleos possui muitas conexões. Um exemplo é a rede de tráfego aéreo: alguns aeroportos como o de Heathrow, em Londres, são hubs globais, enquanto aeroportos regionais menores voam apenas para alguns destinos.

Redes artificiais com essas e outras propriedades podem ser facilmente produzidas e estudadas no computador. A modelagem da rede da economia tornou-se uma área de pesquisa ativa nas universidades e instituições em geral, incluindo o Bank of England. Uma das questões-chave que preocupa engenheiros e cientistas dessa área é a robustez da rede, que frequentemente depende muito da forma como a rede está organizada. Os sistemas naturais, como ecossistemas ou sistemas biológicos, têm muito a nos ensinar simplesmente porque já existem há muito tempo e com certeza devem ter aprendido um truque ou dois. Alguns "princípios de projeto" compartilhados por redes robustas — mas não pelo nosso atual sistema financeiro — incluem modularidade, redundância, diversidade e um processo para o encerramento controlado.[14] Juntos, eles fornecem pistas sobre como podemos reduzir a possibilidade de um outro desastre.

Modularidade

A modularidade de uma rede refere-se ao seu grau de compartimentalização. Por exemplo, em uma rede Mundo Pequeno, cada nó está conectado a qualquer outro nó por um pequeno número de conexões. Isso é bom, se o objetivo é a comunicação, mas em outros casos, pode ser um problema. Os cientistas estudaram a propagação de epidemias através de modelos de rede detalhados das sociedades artificiais, em que os nós representam indivíduos, e as conexões entre os nós representam a potencial propagação da doença de uma pessoa para outra. Acontece que um dos principais fatores que determinam a taxa de disseminação é a rede de transporte — a pandemia de gripe suína de 2009 se espalhou rapidamente por causa das conexões de longa distância possibilitadas pelas viagens aéreas.

O sistema bancário também se tornou cada vez mais integrado e, portanto, vulnerável ao contágio de uma espécie diferente. Após a Grande Depressão, a Lei Glass-Steagall foi aprovada nos Estados Unidos para separar os bancos comerciais, responsáveis por serviços bancários diários, dos bancos de investimento, que estavam principalmente envolvidos com atividades especulativas. A revogação desta lei em 1999 pela Lei Gramm-Leach-Bliley acabou com essa separação, e permitiu que bancos como o Citigroup enlouquecessem com derivativos, perdessem bilhões e fossem resgatados pelo governo dos EUA. (A mesma lei também levou à desregulamentação dos mercados da eletricidade e à saga da Enron.) Em nível internacional, o grau de conectividade entre os principais mercados financeiros aumentou drasticamente nas últimas décadas — o que significa que, se alguém pega um resfriado, todos ficam resfriados.[15] Organismos vivos ou sistemas naturais complexos, tais como cadeias alimentares, tendem a ser compostas por sub-redes menores e com conexões mais tênues, o que reduz a probabilidade de contágio de uma área para a outra.[16]

A topologia geral, ou a estrutura da arquitetura de rede também é importante. Um motivo comum nas redes biológicas e de engenharia é a estrutura em "gravata borboleta", em que múltiplas entradas (um lado da gravata) ingressam em uma unidade de controle central (o nó) para produzir múltiplas saídas (do outro lado da gravata). Um exemplo é novamente a internet, em que uma grande variedade de materiais, tais como páginas da Web, e-mails, vídeo, entre outros, primeiramente é comprimida em uma linguagem de computador homogênea e padronizada, antes de expandir novamente como saída na tela de um usuário. De acordo com os teóricos do controle, que estudam o controle de sistemas dinâmicos em engenharia, a estrutura de gravata borboleta evoluiu em sistemas naturais e antrópicos, pois permite um equilíbrio entre a robustez e eficiência.[17] O sistema é bastante eficiente, pois utiliza uma linguagem padronizada para lidar com todas as diversas entradas e saídas, mas, ao mesmo tempo, é fácil monitorar eventos e corrigir erros. Em finanças, o equivalente a um módulo de controle central seria uma câmara de compensação central de instrumentos, como derivativos. Esses são frequentemente vendidos atualmente no balcão, o que torna impossível medir ou controlar o risco sistêmico.

Redundância

Outro truque que a natureza utiliza para melhorar a robustez é sempre manter uma reserva, ou *backup*. Se um nó ou elo da rede falhar, outro pode tomar seu lugar. Aquele rim extra pode parecer um desperdício até o outro rim falhar (ou você precisar doar um). Em termos financeiros, isso apoia a ideia de que os bancos devem manter um nível mínimo de reservas de caixa mais elevado, que poderia ser ajustado para cima para grandes instituições ou estratégias de investimento que representam um risco sistêmico.

Grande parte do apelo dos produtos financeiros complexos desenvolvidos na última década envolve o fato de que eles permitiram que as instituições financeiras contornassem as exigências de reservas. Os bancos de investimento como o Lehman Brothers estavam alavancadas em razões extremamente elevadas (acima de 30 para 1), pois estavam essencialmente apostando com o dinheiro dos outros. O perigo, como informou a presidente da US Federal Deposit Insurance Corporation, Sheila Bair, em uma conferência em junho de 2007, é que "Sem regulação de capital adequada, os bancos podem operar no mercado com pouco ou nenhum capital. E os governos e as seguradoras de depósito acabam sofrendo as consequências, assumindo boa parte do risco e do custo do fracasso. (...) O preço final a pagar por regulação de capital inadequada pode ser alto demais. Em suma, os reguladores não podem deixar as decisões totalmente nas mãos dos bancos. Nós não estaríamos fazendo o nosso trabalho ou atendendo ao interesse público se deixássemos."[18] Os bancos canadenses sobreviveram à crise de crédito relativamente incólumes, em grande parte porque têm exigências mais rígidas do que sua contrapartida americana.[19]

Diversidade

Um grau de diversidade de um sistema pode ajudá-lo a se adaptar à mudança. Em um ecossistema, isso equivale a uma série de espécies; no sistema financeiro, equivale à diversidade de estratégias de negociação. Na superfície, o nosso sistema financeiro parece ser muito diversificado. No entanto, uma surpresa evidenciada na crise foi o fato de que todos pareciam estar utilizando as mesmas estratégias. Mesmo os fundos de hedge que assumiram riscos e que deveriam propor formas inovadoras de ganhar dinheiro ficaram suscetíveis ao pensamento grupal. A intensa concorrência entre as instituições significava que elas tinham medo de ter um desempenho abaixo de seus pares, por isso estavam de fato mais propensas a adotar as mesmas técnicas. Como um trader descreveu, eles "conversam entre si e muitos oferecem os mesmos produtos. Essas pessoas são as mesmas que dizem: "Vejo um padrão e tenho que segui-lo."[20]

A tendência foi exacerbada pelo fato de que os fundos em geral utilizam estratégias baseadas em regras quantitativas, que são inerentemente fáceis de copiar. Os bancos também adotaram modelos de risco praticamente idênticos, embora fossem sabidamente defeituosos, exatamente porque eram amplamente aceitos pela indústria. Os cientistas da complexidade estão começando a monitorar essas diferentes estratégias, e as relações entre elas, da mesma forma que os ecologistas monitoram as espécies em um ecossistema.[21]

Encerramento controlado

Quando as células do corpo humano são lesionadas sem possibilidade de recuperação, digamos, após a exposição a toxinas ou radiação, em geral são selecionadas para uma forma de morte controlada conhecida como apoptose. Nesse processo, os elementos que constituem a célula são separados e reciclados para uso em outra parte do corpo. Nas células cancerígenas, a máquina de apoptose é desativada, e as células no interior do tumor tornam-se necróticas — elas arrebentam, lançando seu conteúdo de forma a prejudicar as células adjacentes.

Quando o Lehman faliu, seu colapso foi necrótico em vez de apoptótico. Somente nos EUA, o banco tinha mais de um milhão de transações de derivativos pendentes com cerca de 6.500 parceiros comerciais. Organizar esse imbróglio manterá centenas de advogados ativos por muitos anos. Os bancos muitas vezes se estruturam de forma deliberadamente labiríntica para fugir dos impostos, o que dificulta muito seu processo de liquidação. Propostas de documentos com providências a serem tomadas em caso de falência dos bancos estão sendo consideradas por instituições, como a Financial Services Authority do Reino Unido.[22]

Para melhorar a robustez do nosso sistema financeiro, portanto, é necessário aumentar a modularidade, a redundância e a diversidade, oferecendo um mecanismo para o encerramento controlado. Isso se aplica não só aos bancos, mas a outros setores, como agricultura ou varejo, que, como discutido anteriormente, apresentam muitos dos mesmos problemas. Só existe um problema: nenhuma dessas medidas seria considerada desejável de acordo com o dogma ortodoxo. O motivo, mais uma vez, está relacionado com a ideia dos mercados eficientes.

Ajustando a grade

De acordo com a teoria, os mercados se tornam eficientes se cada átomo (i.e., indivíduo ou empresa) buscar seus próprios interesses. O autointeresse aqui refere-se em geral a interesses de curto prazo, porque se determinada empresa subestimar o curto prazo, será superada pelos concorrentes. E o que acontece após o seu colapso é irrelevante. A economia gosta de viver apenas no presente.

As empresas, incluindo os bancos, portanto, gastam muito tempo se preocupando com seu próprio risco de curto prazo, e muito menos com o risco sistêmico.[23] Os governos e as instituições reguladoras em geral seguiram a ideia de que os mercados são autorregulados (embora, após a crise de crédito, Alan Greenspan tenha admitido que essa ideia foi "um erro no modelo... que define como o mundo funciona").[24] A rede financeira, portanto, pode evoluir em direção a um estado que parece ser altamente eficiente no curto prazo, mas que está constantemente acumulando risco sistêmico.

Introduzir a modularidade, por exemplo, separando as atividades especulativas das atividades bancárias comerciais normais, ou dividindo os grandes bancos globais em componentes nacionais claramente definidos, provavelmente reduziria a eficiência de curto prazo, tanto quanto trazer flexibilidade e capacidade extra para o sistema, i.e., aumentando a quantidade de dinheiro que os bancos precisam para manter suas reservas.[25] Tais medidas só podem ser tomadas por uma agência reguladora forte. Algum progresso agora está sendo feito — existe no ar certamente um desejo por reformas —, mas as mudanças ocorrerão apenas sob protesto dos bancos, que aparentemente aprenderam algumas lições com a crise, a menos que eles possam confiar nos resgates dos contribuintes. Na verdade, após o colapso de muitas instituições, o setor bancário está mais concentrado do que antes da crise.

É interessante perguntar se a crise de crédito teria acontecido se os políticos e especialistas em risco nos bancos tivessem sido treinados ou preparados em campos como teoria das redes e complexidade, em vez da economia ortodoxa.[26] Quando o governo norte-americano tomou a decisão de deixar o Lehman falir de forma descontrolada, parece que a administração ficou chocada com os efeitos gerados. Era como um jovem aprendiz de engenheiro sem instrução, correndo de um lado para o outro na sala de controle, que arranca o cabo grosso com a placa que diz "NÃO DESLIGUE" acima dele.[27] E o resultado foi quase um apagão na economia. Três dias após a falência do Lehman, em 18 de setembro, o Federal Reserve precisou intervir para impedir uma onda de saques bancários nas contas correntes do mercado monetário nos EUA. Como explicou o deputado Paul Kanjorski, da Pensilvânia, eles temiam que, se tivessem autorização para continuar, "US$ 5,5 trilhões teriam sido retirados do sistema do mercado monetário dos EUA, que teria causado o colapso de toda a economia dos EUA e, 24 horas depois, de toda a economia mundial. Teria sido o fim do nosso sistema econômico e do nosso sistema político como o conhecemos."[28]

A próxima forma de reviver a economia, então, é educar os nossos quadros muito bem pagos de "engenheiros financeiros" sobre os princípios e códigos de engenharia. Isso inclui a construção de aceiros e de salvaguardas para evitar falhas sistêmicas e o desenvolvimento de ferramentas de diagnóstico para a coleta e análise de dados da rede. "No momento", observa Andrew Haldane do Bank of England, "a avaliação dos riscos nos sistemas financeiros é ínfima". Os riscos são avaliados nó a nó. Em uma rede, essa abordagem confere pouco senso de risco para os nós, muito menos para o sistema global. Corre o risco de deixar os políticos imersos em uma névoa densa na hora de avaliar a dinâmica do sistema financeiro.[29] Desastres e colapsos sempre ocorrerão, mas os efeitos podem ser minimizados e os procedimentos instaurados para fazer o sistema voltar a funcionar tão rapidamente quanto possível (o "apagão" no nordeste dos EUA foi resolvido na maioria dos lugares em menos de um dia). Novas ideias e ferramentas de áreas matemáticas, como a teoria das redes e complexidade, podem ajudar a estruturar os problemas, testar e refinar hipóteses, explorar e comunicar soluções, e motivar mudanças. Como mostra a influência da economia neoclássica, os modelos podem ter um efeito enorme sobre a concepção de estruturas financeiras.

Até agora, vimos que a economia deriva sua autoridade do uso que faz das equações matemáticas e de ideias como o atomismo, que são fundamentais para a nossa tradição de pensamento científico reducionista. No capítulo seguinte, analisaremos outro tópico muito apreciado tanto pelos gregos antigos quanto por economistas modernos — a noção de estabilidade.

capítulo 3

A economia instável

"Para entender o que está acontecendo, precisamos de um novo paradigma. O paradigma predominante atualmente, ou seja, que os mercados financeiros tendem ao equilíbrio, é falso e enganoso; nossos problemas atuais podem ser atribuídos em grande parte ao fato de que o sistema financeiro internacional foi desenvolvido a partir desse paradigma."
GEORGE SOROS (2008)

"Nada no mundo é constante, a não ser a inconstância."
JONATHAN SWIFT (1707)

OS ECONOMISTAS APRENDEM QUE A ECONOMIA É INTRINSECAMENTE ESTÁVEL — AS VARIAÇÕES DE PREÇOS SÃO PEQUENAS E ALEATÓRIAS, POR ISSO AS PERTURBAÇÕES SÃO RAPIDAMENTE AMORTECIDAS PELA "MÃO INVISÍVEL" DAS FORÇAS DE MERCADO. ESSA HIPÓTESE SERIA PERFEITA, EXCETO PELO FATO DE SER CONTRARIADA POR TODA A HISTÓRIA FINANCEIRA. EXPANSÕES E RECESSÕES NÃO SÃO EXCEÇÕES; SÃO O CURSO NORMAL DA VIDA. ESTE CAPÍTULO MOSTRA COMO O PRESSUPOSTO DA ESTABILIDADE TEM SIDO UMA CARACTERÍSTICA DA MODELAGEM CIENTÍFICA DOS SISTEMAS NATURAIS DESDE A ÉPOCA DOS GREGOS ANTIGOS — E POR QUE PRECISAMOS AVALIAR MELHOR O CARÁTER DINÂMICO, IMPREVISÍVEL E REFLEXIVO DA ECONOMIA.

Se ha três palavras que caracterizam a visão ortodoxa da economia, são elas: eficiência, estabilidade e racionalidade. Os economistas parecem compelidos a convencer o restante de nós que o mercado é uma espécie de máquina tecnológica magnífica, que automaticamente aloca recursos com precisão matemática e está imune a vibrações, oscilações ou surtos de loucura ou delírio.

No século XIX, quando a economia neoclássica foi inventada, o pressuposto da estabilidade era necessário porque, sem ele, teria sido impossível resolver as equações usando a matemática da época. No entanto, essa desculpa não é mais relevante, agora que temos computadores para fazer o trabalho. Por isso, é estranho, como observou J.P. Bouchaud, que "a economia clássica não tenha uma estrutura para compreender mercados 'selvagens', embora sua existência seja tão óbvia para o leigo".[1] Essa parece ser uma omissão grave — especialmente desde que a crise de crédito reintroduziu o elemento surpresa na economia. Então, por que os economistas se apegam à noção de estabilidade? Para encontrar a resposta, mais uma vez precisamos entender o contexto histórico.

O maior objetivo da matemática sempre foi encontrar o que é eterno e imutável em um mundo que parece estar em constante movimento. A beleza do teorema de Pitágoras sobre os triângulos retângulos é que ele se aplica não apenas a alguns triângulos retângulos, ou à maioria dos triângulos, mas a todos os triângulos retângulos, agora e em qualquer momento no futuro. Claro, se você realmente desenhar um triângulo retângulo, e medir os lados, e comparar a soma dos quadrados dos catetos com o da hipotenusa, não chegará a um número perfeito, mas isso é porque o triângulo que você desenhou está ligeiramente torto, e as medidas têm um pequeno erro. A lei se aplica apenas a triângulos perfeitos, que, como os próprios números, são abstrações matemáticas.

Platão generalizou essa ideia com sua teoria das formas. Segundo Platão, cada objeto, como uma mesa ou uma cadeira, é uma versão imperfeita da forma de mesa ou da forma de cadeira, que existe em algum plano superior da realidade. Objetos de uso diário estão sujeitos a alterações, mas as suas formas vivem para sempre. Percebemos o mundo através de nossos sentidos, mas as formas só podem ser conhecidas por meio do intelecto — e só elas podem levar ao conhecimento verdadeiro.

Conforme discutido no Capítulo 1, a busca por leis imutáveis ainda orienta boa parte da ciência. Mesmo que o cosmos esteja em constante movimento, as leis que o regem são consideradas permanentes e imutáveis.[2] A matemática é uma forma de fixar a natureza, uma espécie de dispositivo fotográfico para capturar o eterno.

Na história clássica de Arthur Koestler, *Os Sonâmbulos*, ele criticou Platão pelo que considerou ser medo de mudar: "Quando a realidade se torna insuportável, a mente deve se afastar e criar um mundo de perfeição artificial. O mundo das ideias e formas puras de Platão por si só deve ser considerado real, enquanto o mundo da natureza que percebemos é apenas uma cópia barata comprada na Woolworth, é uma fuga para a ilusão." (A Woolworth conferiu pungência a essa citação, desaparecendo em meio à falência como uma das primeiras vítimas da crise de crédito no Reino Unido.)

Eficiência, estabilidade e racionalidade

Como os gregos antigos, os economistas neoclássicos viam a economia como um "mundo de perfeição artificial" que era governado por ordem e estabilidade. Três das principais figuras que construíram as bases da teoria neoclássica foram William Stanley Jevons (1835-1882), Léon Walras (1834-1910) e Vilfredo Pareto (1848-1923). Embora buscassem uma visão abstrata da estabilidade plácida em seu trabalho, é irônico que todos tenham sido personagens fortes que levaram vidas interessantes e não particularmente estáveis. Minha impressão é que eles teriam coletivamente saído correndo aos berros da maioria dos departamentos universitários de economia atuais.

Já falamos de William Stanley Jevons, que foi o primeiro a traduzir a teoria da utilidade em formato matemático. Jevons era um verdadeiro polímata, com interesses em química, física (ele publicou dois trabalhos sobre o movimento browniano), botânica, meteorologia (um documento sobre a formação de nuvens), economia, política social e música.

Nascido em Liverpool, em 1835, Jevons frequentou a University College de Londres por dois anos, mas após o colapso do negócio do pai, ele foi forçado a procurar trabalho por razões financeiras. Aceitou uma posição na nova casa da moeda na Austrália, se mudou para Sydney, onde passou cinco anos, continuando suas investigações científicas nas horas de folga. Ele então retornou ao Reino Unido para completar a formação universitária. Enquanto se sustentava como instrutor e palestrante no Owens College, em Manchester, ele escreveu vários artigos sobre lógica e, em 1865, conquistou a fama com seu tratado sobre a Questão do Carvão, que argumentava, de forma contundente, que o país estava praticamente sem carvão. Promovido a professor, ele passou a maior parte do tempo trabalhando com lógica. Sentiu-se motivado a retornar para a economia, depois que Fleeming Jenkin o enviou uma cópia de um trabalho que incluía uma interpretação geométrica da oferta e da demanda (Figura 1) que se assemelhava às próprias teorias de Jevons.

Seu livro de 1871, *Theory of Political Economy*, traçava comparações explícitas entre a teoria da utilidade e a física. Como um físico que trabalha com problemas abstratos em que os efeitos como fricção e turbulência são ignorados, Jevons analisou somente mercados idealizados, em que cada indivíduo toma decisões com base em seus próprios requisitos ou interesses particulares; em que as intenções da troca são conhecidas por todos e em que há uma "competição perfeitamente livre" entre os participantes. Ele comparou o mecanismo de preços com a noção de pêndulo, que cessa ao alcançar o equilíbrio ideal entre a oferta e a procura.

Em 1876, Jevons mudou-se novamente para a University College em Londres, mas considerou suas atividades profissionais estressantes e extenuantes demais, e decidiu pedir demissão após quatro anos. Sua saúde fraca, insônia e depressão o acompanharam ao longo da vida (a família tinha um histórico de doença mental, e seu irmão mais velho e irmã mais próxima acabaram enlouquecendo). Ele faleceu em um acidente de natação aos 46 anos de idade, próximo a Hastings, deixando como legado vários milhares de livros, uma enorme quantidade de papel em branco (ele estava prevendo um desabastecimento no mercado) e uma fama duradoura como um dos economistas mais influentes da história.[3]

Ponto fixo

Em seguida, veio Léon Walras. Nascido na França em 1834 e filho de um economista, matriculou-se na Paris School of Mines. Entretanto, ele não gostou de engenharia e, por isso, tentou uma série de outras carreiras, inclusive as de romancista, jornalista, funcionário de uma ferroviária e gerente de banco. Influenciado pelo pai, escreveu alguns artigos sobre economia e, em 1870, foi convidado a assumir a cadeira de economia política na Academia de Lausanne, na Suíça. Mais tarde, ele afirmou que a economia tinha lhe proporcionado "os prazeres e as alegrias que a religião confere a seus fiéis."[4]

Walras é mais conhecido por sua obra *Elements of Pure Economics* (Elementos da economia pura), que é considerado o texto que funda a teoria do equilíbrio, um dos principais sustentáculos da economia ortodoxa. Enquanto Jevons considerou apenas exemplos simplificados, Walras estimulou o funcionamento integrado dos mercados com vários produtos, em que o preço de um produto (por exemplo, trigo) poderia ter efeitos indiretos sobre outros produtos (por exemplo, pão). Ele percebeu que a economia precisava ser modelada com um todo interconectado, com um sistema solar em que um corpo exerce força gravitacional nos demais. Para isso, ele escreveu uma série de equações que modelavam as interações entre vendedores e compradores de uma série de produtos. Usando o livro de Louis Poinsot, *Éléments de Statique* (Elementos de estática), cuja cópia ele afirmava manter sempre a seu lado, Walras argumentou que, como o número de incertezas equivalia ao número de equações, era possível resolver as equações. Na verdade, ele mesmo não conseguia resolvê-las, mas em princípio deveria existir uma solução.

As ideias de Walras tiveram relativamente pouco impacto enquanto ele era vivo, mas desde então sua reputação vem aumentando constantemente. Em 1954, o economista J.A. Schumpeter escreveu que "Walras é, na minha opinião, o maior de todos os economistas. Seu sistema de equilíbrio econômico que reúne a qualidade de uma criatividade 'revolucionária' com a qualidade de uma síntese clássica, é a única obra de um economista que se compara às conquistas da física teórica."[5]

Quando Walras se aposentou, foi sucedido por seu discípulo, o economista e sociólogo italiano Vilfredo Pareto. O pai de Pareto era um aristocrata e engenheiro civil italiano exilado. Pareto estudou engenharia em Turim, e foi o primeiro da turma com sua tese sobre os Princípios Fundamentais do Equilíbrio em Corpos Sólidos. Ao se formar, tornou-se diretor, primeiro de uma companhia ferroviária e depois de uma siderúrgica em Florença. Também envolveu-se com a política, defendendo o liberalismo e contra a regulação governamental.[6]

Após a morte dos pais em 1889, então com 41 anos, Pareto largou o emprego, casou-se com uma jovem russa e mudou-se para uma aldeia no campo, onde começou a escrever e a dar palestras sobre economia. O governo reagia aos seus discursos provocativos prendendo-o e proibindo suas palestras quando podia. Pareto não se sentia intimidado (ele era exímio atirador e excepcional esgrimista, o que provavelmente ajudava). Seu trabalho finalmente chamou a atenção de Léon Walras — com quem compartilhava a formação em engenharia — e, por meio dele, conseguiu o cargo em Lausanne.

Em 1906, Pareto publicou seu Manual de Economia Política, que se baseava no equilíbrio walrasiano e estendia sua base matemática. Ele também introduziu a ideia da otimalidade de Pareto, definida como um estado em que qualquer mudança que proporciona uma melhoria nas condições de vida de determinada pessoa reduzirá a riqueza de outra. Pareto é mais famoso hoje, no entanto, por sua descoberta empírica da assim chamada regra 80-20. Ele observou que, na Itália e em outros países, 20% das pessoas detinham cerca de 80% da riqueza. Além disso, a riqueza seguia uma distribuição livre de escalas, o que, como mencionado antes, significa que não existe um grau típico de riqueza: a maioria das pessoas têm pouco dinheiro, mas algumas são milionárias.

Juntamente com outros economistas neoclássicos, Jevons, Walras e Pareto lançaram as bases estáveis sobre as quais a economia moderna construiu suas impressionantes e imponentes estruturas. Na década de 1960, os economistas Kenneth Arrow e Gérard Debreu rigorosamente demonstraram o primeiro teorema do estado assistencial, que afirma que, sob determinadas condições, o livre mercado leva ao resultado ótimo de Pareto. Qualquer mudança, como uma regulamentação governamental, só diminuirá esse equilíbrio ideal. Evidentemente, o teorema faz muitas hipóteses, inclusive a da concorrência perfeita, do conhecimento perfeito dos participantes do mercado, de custos de transação negligenciáveis e assim por diante. Durante a Guerra Fria, o teorema do bem-estar social foi promovido como prova matemática de que o capitalismo, e não o comunismo, era o ponto fixo final do desenvolvimento humano.

O pêndulo do mercado

A teoria do equilíbrio neoclássico não pressupunha que a economia é completamente estável. O mercado é constantemente perturbado, por exemplo, por eventos políticos, aos quais ele rapidamente se ajusta. Existem também efeitos causados pelo crescimento tecnológico, o assim chamado ciclo de negócios. Entretanto, suas contribuições foram consideradas relativamente pequenas e de pouco impacto, de modo que, para todos os propósitos práticos, poderiam ser ignoradas no que dizia respeito aos preços diários.

Jevons estava de fato muito ciente do ciclo de negócios — membros da sua família foram à falência por causa da crise do "*boom* ferroviário" em 1847 — e ele foi um dos primeiros economista a estudá-la em detalhes. Inspirado por sua pesquisa na área de meteorologia, ele acreditava que o fenômeno era periódico e regido por manchas solares. As manchas afetavam o clima, que afetava a agricultura, que afetava o restante da economia. Ou, como ele mesmo disse: "Se os planetas governam o sol, e o sol governa as colheitas e as safras de uvas e, portanto, os preços dos alimentos e das matérias-primas, e o estado do mercado monetário, então, talvez as configurações dos planetas possam ser as causas remotas dos maiores desastres comerciais."[7] O fato de que o ciclo médio de negócios, que ele considerou ser de dez anos e meio, não correspondia exatamente ao ciclo da mancha solar o levou a tecer uma longa argumentação com astrônomos sobre a qualidade de suas observações solares. (Uma característica sempre presente na economia neoclássica é que se os dados não se encaixam na teoria, então os dados devem estar errados.)

Embora Jevons e outros tenham importado o conceito de estabilidade da física e da engenharia para a nova economia, eles não conseguiram de fato provar que as soluções para as suas equações seriam estáveis. Era tido como certo o fato de que o livre mercado ajustaria os preços em determinado nível que, assim que fosse alcançado, permaneceria inalterado, a não ser por algumas pequenas perturbações. Em certo sentido, eles foram forçados a aceitar tais pressupostos, porque as ferramentas matemáticas disponíveis na época eram adequadas apenas para estudar sistemas estáticos ou, na melhor das hipóteses, sistemas que variavam de forma periódica. E, como Jevons observou, é "muito mais fácil determinar o ponto em que um pêndulo vai parar do que calcular seu movimento geral".

Entretanto, não é necessariamente verdade que, mesmo se um sistema tiver equilíbrio econômico, ele será alcançado na prática; ou se for alcançado, que ele permanecerá estável. Por exemplo, uma caneta equilibrada verticalmente em uma mesa pode estar em equilíbrio, mas o equilíbrio não é muito estável, uma vez que o menor movimento a fará cair. Essas perguntas são tema da dinâmica não linear, e o campo da engenharia relacionado a esse tema é o da teoria do controle, que também encontra suas raízes no século XIX.

O regulador

Ao mesmo tempo em que os economistas estavam meticulosamente construindo sua teoria de uma economia estável, os físicos estavam tentando descobrir o que exatamente tornava um sistema estável em primeiro lugar. Um líder nesta área foi o físico teórico e matemático escocês James Clerk Maxwell (1831-1879).

Maxwell era quatro anos mais velho do que Jevons e, do mesmo modo, morreu cedo, aos 48 anos de idade, de câncer. Sua maior conquista foi a formulação matemática das leis do eletromagnetismo, conhecidas como equações de Maxwell, que mostraram que as ondas eletromagnéticas se propagam no espaço à velocidade da luz. Ele concluiu que a eletricidade, o magnetismo e a luz eram apenas aspectos diferentes do mesmo fenômeno subjacente — uma descoberta que Einstein descreveu como "a mais profunda e a mais frutífera que a física já experimentou desde a época de Newton".

Durante sua curta, mas surpreendentemente produtiva carreira acadêmica, Maxwell também fez importantes contribuições à mecânica estatística, astronomia e engenharia, e encontrou tempo para produzir a primeira fotografia colorida (de uma fita escocesa, e não das suas férias). Mas o aspecto do seu trabalho que nos interessa aqui é o trabalho clássico de 1876, "On Governors", que ainda é ensinado nas aulas introdutórias de teoria de controle.

O título se refere a dispositivos mecânicos aparafusados em motores a vapor para regular sua velocidade. A invenção desses reguladores desempenhou um papel fundamental na revolução industrial, porque tornou possível que um motor se mantivesse em funcionamento, mesmo sob diferentes cargas mecânicas. Um exemplo de um regulador da época é mostrado na Figura 6. Se o motor

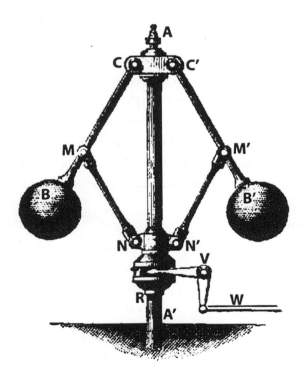

Figura 6. Um regulador centrífugo.[6]

estiver funcionando rápido demais, então as duas bolas de metal, que giram ao redor com o motor, são afastadas pela força centrífuga. Isso aciona uma alavanca que desacelera a velocidade. Inversamente, quando a velocidade for muito baixa, as bolas descem e a velocidade aumenta.

Se o regulador estiver corretamente dimensionado, com o peso das bolas e o comprimento dos braços e tudo o mais ajustado corretamente, o sistema mantém o motor em uma velocidade que é mais ou menos constante; qualquer pequena perturbação é rapidamente amortecida. No entanto, essa não era a única possibilidade. Maxwell classificou as diferentes respostas da seguinte forma:

1. A perturbação aumenta.
2. A perturbação diminui.
3. Uma oscilação de amplitude crescente.
4. Uma oscilação de amplitude decrescente.

No primeiro caso, qualquer ligeiro aumento da velocidade faria o motor ficar fora de controle. No segundo caso, a velocidade se autoajustaria para um nível estável, conforme desejado. No terceiro, a velocidade oscilaria descontroladamente entre baixa e alta, até a máquina ser destruída. No quarto, a velocidade oscilaria, mas acabaria se estabilizando.

A estabilidade, portanto, era apenas uma das opções disponíveis, e o sistema precisava ser cuidadosamente projetado, a fim de alcançá-la — fazer as bolas pesadas demais, por exemplo, poderia piorar a situação. Os engenheiros que pressupunham a estabilidade, sem fazer os cálculos necessários, talvez tivessem de arcar com os altos custos de reparo.

No entanto, se um sistema tão simples como duas bolas de metal conectadas a uma máquina a vapor poderia apresentar essa variedade de comportamentos, como os economistas poderiam supor que a economia alcançaria de imediato um estado de equilíbrio perfeito? Não seria possível que ela também ficaria fora de controle, ou oscilaria violentamente até ser destruída, como um motor a vapor desregulado?

Harmonia de tensões

A razão pela qual os motores a vapor com reguladores apresentam um comportamento complexo, como Maxwell verificou, é a presença de loops de feedback.

Um loop de feedback positivo é aquele em que uma pequena perturbação é amplificada. O exemplo clássico é um microfone apontado para um alto-falante; qualquer som captado pelo microfone é enviado para o alto-falante, que o envia de volta para o microfone, que, por sua vez, envia o sinal amplificado de volta para o alto-falante, e assim por diante. Um feedback negativo é aquele que, como o regulador, tende a resistir à mudança.

Na análise de Maxwell do sistema de regulador/motor a vapor, os casos (2) e (4) representam situações em que o feedback negativo está no comando: uma mudança em relação à velocidade estabelecida é diminuída diretamente, ou a velocidade oscila em torno do ponto fixo, mas o balanço diminui em termos de magnitude. Nos casos (1) e (3), o feedback positivo domina: qualquer perturbação ou apenas aumenta de tamanho, ou oscila entre velocidade alta e baixa de forma altamente instável.

Feedback é um conceito que veio da teoria de controle e da engenharia, mas os loops de feedback são onipresentes em qualquer tipo de sistema complexo orgânico. No sistema climático, por exemplo, as nuvens têm um efeito particularmente importante e sensível na temperatura. Se a temperatura sobe durante o dia, então o vapor d'água aumenta devido à evaporação, o que aumenta a cobertura de nuvens, o que, por sua vez, resfria a atmosfera (feedback negativo na temperatura). Mas, à noite, a cobertura de nuvens aquece a atmosfera (feedback positivo). O duplo papel das nuvens torna extremamente difícil simulá-las, pois uma pequena alteração no modelo pode levar a um equilíbrio muito diferente entre esses efeitos opostos.

Os sistemas biológicos também são caracterizados por loops de feedback positivo que permitem uma resposta rápida, juntamente com feedback negativo que fornece controle. Por exemplo, se você cortar seu dedo, um loop de feedback positivo desencadeia a rápida produção de proteínas para criar um coágulo de sangue e parar o sangramento. Essas mesmas reações, em geral, são rigidamente controladas, porque poderiam levar, de outro modo, a casos de trombose. Na verdade, qualquer sistema vivo parece conter esse tipo de tensão interna, um equilíbrio entre forças opostas. O filósofo grego Heráclito, que foi contemporâneo de Pitágoras, definiu melhor: "O que está em desacordo chega a um acordo consigo mesmo, uma harmonia de tensões opostas, como no arco ou na lira."

Agora, se afirmarmos, como fizeram os neoclássicos, que a economia está sempre em equilíbrio, então isso equivale a dizer que a dinâmica é completamente dominada por feedback negativo. Na verdade, segundo a teoria dos mercados eficientes, qualquer problema não é apenas amortecido ao longo de um período de tempo — ele é removido instantaneamente. A principal fonte de feedback negativo é considerada a lei da oferta e da demanda (Capítulo 1). Se o preço de um bem sobe muito, então a oferta vai aumentar e os preços voltarão ao equilíbrio. Se o preço de um bem cai, a oferta vai diminuir e a estabilidade voltará a ser restaurada.

Outro exemplo de feedback negativo na economia é a "lei dos rendimentos decrescentes". Se uma fábrica aumenta a sua força de trabalho em 20%, provavelmente não vai ter mais 20% de produto na saída, porque a fábrica ficará superlotada. Da mesma forma, se você tem um emprego, então, começar um outro não vai duplicar a sua produtividade, porque você não será capaz de trabalhar tanto. Isso pode ser visto como uma espécie de força de estabilização na economia, porque limita a quantidade que uma única pessoa ou empresa pode fabricar ou adquirir.

Como os economistas acadêmicos ainda estão ensinando aos estudantes que a economia é inerentemente estável, e que o paradigma econômico atual pressupõe que "os sistemas financeiros são autorregulados e tendem a um equilíbrio" segundo dizia George Soros; e uma vez que, como visto mais tarde, os modelos de risco usados pelos bancos também supõem implicitamente que os mercados são estáveis e autorregulados; então podemos supor que os loops de feedback positivo devem ser extremamente fracos ou muito difíceis de encontrar.[9] Então, vamos fazer uma análise cuidadosa e considerar se esse realmente é o caso.

A economia reflexiva

Uma fonte de feedback positivo foi discutida no Capítulo 1. Quando os preços de um ativo, como imóveis residenciais ou determinada ação, estão subindo, eles atraem uma classe de investidores, conhecidos como compradores impulsivos, que veem as pessoas ganharem dinheiro e decidem pegar o bonde. Isso funciona como um feedback positivo elevando os preços ainda mais. Por outro lado, se os preços estão caindo, os investidores impulsivos vão vender o ativo, ampliando, assim, mais uma vez a mudança no preço. Um mercado dominado por investidores impulsivos seria como a classe (3) de Maxwell, em que o sistema está sujeito a mudanças cada vez maiores até perder totalmente o controle.

Outro tipo de feedback positivo é em virtude dos efeitos de rede vistos no Capítulo 2. Os investidores não são independentes, mas estão em comunicação constante uns com os outros. Quando as pessoas começaram a ganhar dinheiro com os aumentos nos preços dos imóveis no Reino Unido no final da década de 1990, aqueles que estavam se beneficiando não guardaram segredo. A notícia se espalhou, e rápido. A mídia amplificou o efeito, aumentando a sua cobertura quanto mais os preços aumentavam. Havia um número muito maior de programas na TV sobre o *boom* imobiliário em 2007 do que em 1995. Por isso, as pessoas que talvez não se considerassem compradoras impulsivas em 1995 acabaram mudando de ideia.

É claro que os preços dos imóveis só aumentaram porque os bancos estavam dispostos a emprestar os fundos necessários. A quantidade de dinheiro que um banco está preparado para emprestar dependerá de seu balanço. Considerando que os empréstimos são garantidos por hipotecas, se os preços dos imóveis sobem, seus balanços melhoram, por isso colocam ainda mais dinheiro para circular, por meio de empréstimos. Isso, por sua vez, impulsiona ainda mais os preços dos imóveis. Da mesma forma, os mutuários com hipotecas de grande monta acharam que seus próprios balanços — ou seja, seu patrimônio pessoal — havia aumentado também, por isso pegaram ainda mais dinheiro emprestado para comprar uma casa maior ou melhorar o seu estilo de vida.

Mais uma vez, esses feedbacks também funcionam no sentido contrário. Os movimentos de queda nos preços dos imóveis residenciais são rapidamente ampliados pelos vendedores impulsivos, relatos da mídia e o aperto de crédito, à medida que os bancos tentam sair do mercado de hipotecas. De acordo com o site de comparações Moneysupermarket.com, o número de ofertas de hipotecas disponíveis de bancos do Reino Unido caiu de 27.962 em 2007, no auge do boom, para apenas 2.282 em julho de 2009.[10]

Outra fonte de feedback positivo são ferramentas de gestão de risco, tais como Valor em Risco (VaR). Os bancos são obrigados pelas autoridades reguladoras a usar o VaR para calcular os prejuízos máximos esperados, com base na volatilidade dos ativos relevantes ao longo do último ano. O número determina quanto capital eles são obrigados a manter em reserva. Se os mercados estão calmos e operando sem problemas, então o risco calculado é baixo, e os bancos são livres para alavancar para cima; mas quando os mercados estão turbulentos, o risco calculado sobe e os bancos precisam vender ativos para trazer o VaR de volta a um limite aceitável.

Como os bancos usam a mesma fórmula, com pequenos ajustes, a consequência é que quando aumenta a volatilidade, todos são obrigados a vender ativos ao mesmo tempo. Isso cria maior volatilidade, o que aumenta o VaR, o que significa que mais recursos precisam ser vendidos para satisfazer a exigência regulatória, e assim por diante. A fórmula de risco bem-intencionada pode acabar fazendo com que os mercados fiquem mais arriscados. Esse tipo de desalavancagem sincronizada foi uma das causas da turbulência do mercado em 2007.[11] Como discutido no próximo capítulo, o método de VaR tem muitos outros problemas, mas o ponto aqui é que qualquer fórmula numérica que calcula o risco com base apenas nas flutuações de preços passados desestabilizará os mercados, desde que seja adotada de forma uniforme.

Corridas aos bancos como a que aconteceu em Northern Rock é o exemplo clássico de feedback destrutivo. Os bancos só podem funcionar se contarem com a confiança de seus clientes e de outros bancos. Se há rumores de que determinado banco está enfrentando dificuldades, por qualquer motivo, então, existem duas possibilidades: os clientes começarão a tentar sacar seu dinheiro do banco, e os outros bancos de repente param de responder a suas chamadas. Mesmo que o banco não estivesse realmente com problemas, ele logo estará. Suas ações não caem de forma ordenada — o mercado para elas, de repente, desaparece. Uma das principais funções dos bancos centrais é de intervir e atuar como emprestador de última instância em tais situações.

O feedback positivo também é evidente nas fortes oscilações dos mercados cambiais. A operação favorita dos *traders* de moeda é a operação de carregamento. Envolve tomar dinheiro emprestado em moedas que rendem pouco, como o iene japonês, ou (à época em que o livro foi escrito) o dólar americano, e investir os recursos em moedas que rendem muito. O *trader* embolsa a diferença das taxas de juro. O único risco é que a moeda que rende muito vai se desvalorizar em relação à moeda do empréstimo, tornando, assim, o empréstimo mais difícil de pagar. Se, por exemplo, um dos governos envolvidos ajusta as taxas de juros, então o que pode acontecer é que os negociantes correm para marcar suas posições, a moeda que rende muito desvaloriza em resposta, o negócio torna-se ainda menos atraente, e as moedas de repente saltam para um novo nível.

O feedback positivo é, portanto, uma característica intrínseca e abrangente da economia, que aparece de muitas formas diferentes. Tem sido a força motriz em bolhas e crises ao longo da história financeira, apenas variando o tema. A moda das tulipas holandesas de 1637 viu o recém-lançado bulbo de tulipa tornar-se uma das commodities mais cobiçadas de todos os tempos, pois os preços cresceram a níveis insanos antes de murcharem de repente. Em 1720, a bolha do Mar do Sul foi impulsionada pela especulação nas ações da South Sea Company, que detinha o monopólio do comércio nas colônias sul-americanas da Espanha. Não havia muita atividade comercial na época, mas os boatos de acesso a suprimentos ilimitados de ouro da América Latina fizeram com que o preço das ações subisse de £175 para mais de £ 1.000 em poucos meses. Em seguida, o preço caiu para £135. Na década de 1840, foi a crise ferroviária; no final do século XX, tivemos a crise da bolha pontocom.

Essas manias, e as crises que as acompanham, são dramáticas; porém, a presença de loops de feedback positivo e negativo significa que, mesmo em épocas aparentemente mais estáveis, o mercado está constantemente reagindo a si mesmo. Em parte, isso ocorre porque os mercados são compostos por pessoas que refletem sobre as condições atuais e respondem a elas, mas é interessante notar que essa reflexividade, para usar a expressão de George Soros, é uma propriedade dos sistemas complexos orgânicos em geral. Os sistemas biológicos como os nossos próprios corpos, ou ecossistemas, ou mesmo a biosfera como um todo, também estão constantemente evoluindo e se adaptando. Na verdade, uma característica de tais sistemas é que eles operam em uma condição longe do equilíbrio, no sentido de que seus componentes estão constantemente em funcionamento em vez de relaxar em um estado de repouso. Os únicos sistemas que alcançam a estabilidade são objetos inertes, o que não é o caso da economia, pois esta encontra-se muito viva.

Momento Minsk

Na comparação entre as realizações de Jevons et al. com as de Maxwell, é fácil entender por que a economia muitas vezes é acusada de sofrer de "inveja da física".[12] É um pouco exagerado comparar, como fez Schumpeter, a "síntese clássica" de Walras com a síntese das leis do eletromagnetismo. Ao mesmo tempo, porém, tenho uma boa dose de admiração pelos fundadores da teoria econômica neoclássica. Eles eram inteligentes, energéticos, politicamente engajados, interessados em diferentes disciplinas. Queriam usar as técnicas da ciência e da engenharia para entender a economia e fazer um mundo melhor. A tragédia é que a economia dominante não se desenvolveu muito além de sua visão inicial de uma economia estável, regida por leis mecânicas simples.

Talvez o mais conhecido defensor da ideia de que os mercados são instáveis tenha sido o economista norte-americano Hyman Minsky. Antes de morrer, em 1996, Minsky era um dos poucos economistas a falar contra a desregulamentação e os riscos de expansão do crédito. De acordo com sua hipótese da instabilidade financeira, existem três níveis de devedores e tomadores de crédito: hedge, especulativo e Ponzi. Os devedores hedge podem fazer pagamentos com base em juros e capital. Uma pessoa com uma hipoteca tradicional é um devedor hedge. Os devedores especulativos só podem pagar os juros, como um proprietário de imóvel com uma hipoteca só de juros. Os devedores Ponzi (em homenagem ao famoso vigarista Charles Ponzi) não têm condição de pagar juros, confiam basicamente no valor de seus ativos. São como titulares de hipoteca subprime, sem renda, sem emprego, mas com muita esperança.

Segundo Minsky, em épocas prósperas, a dívida tende a se acumular, em primeiro lugar, entre os devedores hedge e especulativos e, finalmente, entre os Ponzi, como resultado de feedback positivo. "O sucesso gera o desrespeito à possibilidade de fracasso."[13] No entanto, a dívida torna-se cada vez mais insustentável, até que finalmente a economia atinge um ponto crítico, hoje conhecida como o momento Minsky. O primeiro a cair são os devedores Ponzi, depois, os especulativos, até que, finalmente, até mesmo os devedores hedge passam a ser atingidos. Na linguagem da dinâmica não linear, o momento Minsky é o ponto em que o feedback muda de direção para derrubar os mercados.

Minsky foi considerado um estranho e um dissidente entre os economistas. Em 1996, um crítico escreveu que "o seu trabalho não teve uma grande influência nas discussões macroeconômicas dos últimos 30 anos".[14] Até 2008, a maioria dos economistas provavelmente pensava que Momento Minsky era um grupo de *synth pop** da década de 1980.

A teoria de controle e a dinâmica não linear estão se tornando mais conhecidas nos círculos da economia — hoje existe uma Sociedade de Dinâmica Não Linear e Econometria, com o seu próprio periódico —, mas talvez tenham tido

---

* Estudo de música baseado em teclados e sintetizadores. Junção de rock com música eletrônica. (*N. do E.*)

maior impacto na área de previsão de negócios.[15] Como mencionado no Capítulo 1, um dos motivos pelos quais a economia é tão difícil de prever envolve as propriedades emergentes que desafiam a análise reducionista. Um problema igualmente importante para os responsáveis pelas previsões é a interação entre loops de feedback positivo e negativo. Para cada tendência, ao que parece, uma tendência oposta logo se desenvolve; para cada promotor de uma nova tecnologia, existe um bloqueador.

Considere uma empresa como o Facebook. Esse tipo de site de rede social é um excelente exemplo no mundo real de uma propriedade emergente. Quando surgiram os computadores rápidos, todo mundo achava que seria possível realizar verdadeiras maravilhas, como reduzir o tempo de trabalho, mas poucos previram que uma de suas principais aplicações seria as redes sociais. O Facebook foi fundado em 2004, e seu crescimento inicial foi extraordinário. Cada novo usuário fazia a rede aumentar e se tornar mais atraente para os outros, num ciclo de feedback positivo. Em 2009, o Facebook tinha cerca de 250 milhões de usuários. No entanto, sua popularidade está provavelmente chegando ao auge (sei disso porque recentemente me convenceram a entrar, o que é um sinal claro de que já não é mais um modismo). Os concorrentes aparecem e roubam participação de mercado, ou a moda muda.

A dificuldade para os analistas de negócios é tentar adivinhar como esse equilíbrio entre o feedback positivo ou negativo se desenrolará — e qual será a próxima grande onda. Previsões exatas são impossíveis, mas estudos e simulações de modelo ainda podem ser úteis para explorar possíveis cenários futuros e encontrar maneiras de melhorar o desempenho.[16]

Fora de controle

Pode parecer estranho que a teoria de controle não teve maior influência sobre a teoria neoclássica, uma vez que ambas foram estabelecidas ao mesmo tempo; e que as economias de mercado sejam famosas por sua criatividade e dinamismo, o que muitas vezes parece ser o oposto de estabilidade. Só faz sentido quando se pensa em economia, não como uma verdadeira teoria científica, mas como a codificação de uma história ou ideologia em relação ao dinheiro e à sociedade. Vista dessa forma, a teoria do equilíbrio é atraente por três razões. Em primeiro lugar, implica que a organização econômica atual é de alguma forma ideal (se a economia estivesse em movimento, então em algum momento ela deve ser mais ideal do que em outros). Isso é bacana, por exemplo, para os professores da Harvard Business School ensinarem a seus alunos antes de eles entrarem para a elite do mundo empresarial.

Em segundo lugar, mantém todo mundo no jogo. Como discutiremos no Capítulo 7, os benefícios do aumento da produtividade nas últimas décadas não foram aproveitados pelos trabalhadores, mas por gestores e investidores. Se os acadêmicos e o governo deixassem de lado o fato de que a economia é instável e não ideal, então os trabalhadores poderiam começar a questionar seu papel de mantê-la funcionando.

Em terceiro lugar, ela permite que os economistas mantenham alguma da sua autoridade oracular. Se o mercado fosse altamente dinâmico e mutável, então, as ferramentas cuidadosamente construídas por economistas ortodoxos seriam de pouca utilidade prática. A teoria dos mercados eficientes, por exemplo, não faz sentido a menos que o equilíbrio seja tomado como pressuposto. "Os testes de eficiência do mercado são testes de alguns modelos de equilíbrio do mercado e vice-versa", segundo Eugene Fama. "Os dois são inseparáveis."[17]

A crença na estabilidade leva a uma espécie de miopia sobre os mercados. Durante a década de 1990 e início dos anos 2000, a economia mundial parecia crescer de forma suave, estável e sustentável. Os mercados, ao que parecia, poderiam se autorregular. No Reino Unido, o chanceler (e futuro primeiro-ministro) Gordon Brown anunciou o "fim de altos e baixos". Nos Estados Unidos, falava-se da "Grande Moderação". O triunvirato do presidente do Federal Reserve, Alan Greenspan, e os secretários do Tesouro Robert Rubin e Larry Summers, com sucesso se opuseram à regulação dos derivativos financeiros, alegando que "isso causaria caos", de acordo com um especialista.[18] Mas, como demonstrado pelo conjunto de equações menos famosas de Maxwell, o caos é uma característica de muitos sistemas dinâmicos. A economia estava fluindo de forma livre e rápida, como um motor a vapor sem regulagem, perdendo o controle em sua relação com o momento Minsky.

Como observa o biólogo de sistemas Hiroaki Kitano: "A robustez só pode ser controlada com uma boa compreensão e análise aprofundada da dinâmica do sistema."[19] Ele estava falando da biologia do câncer, mas a afirmação se aplica a esse grande sistema biológico mais abrangente conhecido como economia. Loops de feedback reguladores são necessários para o controle; sem eles, o resultado pode ser uma instabilidade perigosa.[20] Uma lição da recente crise é que os bancos centrais precisam prestar tanta atenção aos efeitos desestabilizadores do excesso de crédito e o aumento dos preços de ativos quanto a outros fatores como a inflação, por exemplo. Os instrumentos disponíveis incluem requisitos de margem e exigências mínimas de capital dos bancos, que podem ser controlados dinamicamente em resposta às condições de mercado e feedback. Quando os mercados estão eufóricos, ambos podem ser rigorosos; quando os mercados estão deprimidos, podem ser liberados (note que isso é exatamente oposto ao que acontece com o VaR).[21] A utilização de controles deve ser flexível, em vez de baseada em regras, para evitar ser trocada por vantagens comerciais. É claro que as instituições financeiras irão se ressentir com tais limitações regulatórias impostas sobre elas, o que é um problema, porque elas têm uma quantidade incrível de influência política.

A principal mensagem para os investidores é lembrar que a confiança e o risco estão unidos de forma naturalmente instável. Quando a confiança é alta, as empresas assumem mais alavancagem e os investidores são atraídos para o mercado. A economia parece forte, mas o risco está crescendo. Após um desastre, evapora-se a confiança, mas o risco pode realmente estar em seu nível mais baixo. É impossível controlar os mercados, mas podemos evitar o excesso de alavancagem durante os bons momentos, ou o excesso de zelo durante os momentos difíceis.

A propriedade de sistemas complexos como a economia é que muitas vezes eles podem parecer relativamente estáveis por longos períodos de tempo. No entanto, a aparente estabilidade é realmente uma trégua entre fortes forças opostas — os loops de feedback positivo e negativo. Quando a mudança acontece, muitas vezes acontece de repente — como terremotos ou desastres financeiros. Como veremos a seguir, é na avaliação do risco que a hipótese de equilíbrio pode ser particularmente enganosa e perigosa.

capítulo 4

A economia extrema

"A mesma falha encontrada em modelos de risco que ajudaram a causar a crise financeira está presente em modelos econômicos utilizados por 'especialistas'. Qualquer um que depende desses modelos para tirar conclusões está enganado."
NASSIM NICHOLAS TALEB E MARK SPITZNAGEL (2009)

"Não existe erro mais comum do que supor que, porque cálculos matemáticos precisos e prolongados foram estabelecidos, a aplicação do resultado a algum fato da natureza é absolutamente certa."
A. N. WHITEHEAD (1911)

OS ECONOMISTAS APRENDEM QUE O RISCO NA ECONOMIA PODE SER GERENCIA-DO USANDO TÉCNICAS CIENTÍFICAS BEM ESTABELECIDAS, A MENOS É CLARO QUE ALGO MUITO INCOMUM ACONTEÇA. O PROBLEMA É QUE, OS ASSIM CHAMADOS EVENTOS EXTREMOS NÃO SÃO TÃO INCOMUNS QUANTO A TEORIA SUGERE: NO ÚLTIMO QUARTO DE SÉCULO, TIVEMOS A SEGUNDA-FEIRA NEGRA, A CRISE FI-NANCEIRA ASIÁTICA, A CRISE FINANCEIRA RUSSA, O ESTOURO DA BOLHA PONTO-COM E A CRISE DE CRÉDITO RECENTE. ESTE CAPÍTULO ANALISA O OUTRO LADO DOS MODELOS DE RISCO UTILIZADOS PELOS BANCOS E OUTRAS INSTITUIÇÕES FINANCEIRAS, E DESCOBRE QUE ELES SE BASEIAM EM PRESSUPOSTOS PERIGOSOS — ESTABILIDADE, INVESTIDORES INDEPENDENTES E ASSIM POR DIANTE —, QUE COLOCAM NOSSAS POUPANÇAS, PENSÕES E EMPRESAS EM PERIGO.

Em outubro de 2008, os investidores estavam à beira de um abismo. Por um tempo, parecia que o sistema financeiro inteiro estava a um passo do colapso. Era como se o mundo todo tivesse procurado um caixa eletrônico, digitado sua senha, escolhido a opção de saque e recebido a seguinte resposta: SALDO INSUFICIENTE.

Será que perderíamos nossos empregos? As nossas casas? Nossa aposentadoria? Haveria um colapso completo, um retorno à Idade da Pedra? Será que toda a ordem social chegaria ao fim? Será que iríamos acabar revirando o lixo na mata e vivendo de vermes e larvas?

Naturalmente, a situação melhorou logo, pelo menos para a maioria. Aqueles que soaram os alarmes cedo demais tiveram de voltar para casa um tanto envergonhados. Mas o episódio de quase morte foi suficiente para abalar a fé das pessoas no sistema financeiro. E logo todo mundo começou a perguntar como a economia, que durante anos vinha tendo um desempenho tão bom, poderia ter acumulado tais riscos invisíveis. Pensões e imóveis, que pareciam ser um investimento seguro e sem sobressaltos, na verdade, acabaram se tornando apostas de risco. Quem diria? Poderia acontecer de novo? Pensando bem, será que algo assim já não aconteceu? Para responder a essas perguntas, e ver o que o futuro pode trazer, vamos novamente precisar olhar para o passado e, em particular, para a história do risco. A maioria dos modelos de risco baseia-se em um objeto matemático de 350 anos, desenvolvido inicialmente para os jogadores. Infelizmente, ele dá as respostas erradas, mas nós vamos mostrar como isso pode ser corrigido.

Jogos de azar

Nosso desejo de prever o futuro é espelhado por um desejo de controlá-lo. A razão pela qual queremos prever eventos futuros é para que possamos nos posicionar corretamente e até mesmo influenciar o futuro.

Dizem que Pitágoras ensinava técnicas de previsão com base em adivinhação por meio de números. Seu aluno Empédocles recebeu o nome de Alexanamos, ou "Avesso aos Ventos", pela sua capacidade de prever e controlar o clima. No entanto, em geral, os gregos mantiveram a dicotomia entre o mundo abstrato da matemática, que era governado pela estabilidade e simetria, e o mundo cotidiano, que era regido por um bando de deuses brigões. A matemática envolvia beleza e precisão e formas eternas, e não a realidade provisória e desorganizada. Para tentar entender o futuro, as pessoas consultavam o oráculo, que tinha uma linha direta com Apolo, o deus da previsão.

Essa separação é estranha, porque, em muitos aspectos, a matemática e os riscos parecem ser feitos um para o outro, pelo menos quando se trata de jogos de azar. Assim como a astronomia precisou aguardar figuras renascentistas, como Copérnico, para se livrar do domínio estático da filosofia grega, a matemática teve de aguardar a chegada dos mesmos livres-pensadores para começar a entender o risco. A primeira pessoa a escrever um texto sobre probabilidade foi um matemático, médico, astrólogo e dedicado apostador italiano chamado Girolamo Cardano (1501-1576).

Cardano soa como o tipo de pessoa para quem "gestão de risco" teria sido um conceito útil. Era filho ilegítimo de um advogado com talento para a matemática, a quem Leonardo da Vinci tinha consultado sobre problemas matemáticos. Depois de formado em medicina, Cardano não foi aceito no Colégio de Médicos de Milão. O motivo oficial foi o seu nascimento ilegítimo, mas é mais provável que tenha sido por causa de sua natureza argumentativa. Para se sustentar, ele tornou-se um jogador em tempo integral. Não se saiu tão bem assim — ele penhorou os bens da esposa e acabou falido —, mas assim que superou a fase de penúria, começou a tratar pacientes particulares e logo se tornou famoso por algumas curas surpreendentes. Por fim, o Colégio o aceitou e, na mesma época, começou a publicar seus livros sobre matemática.

Cardano é hoje mais conhecido por seus livros sobre álgebra, e por inventar a junta universal, mas ele também escreveu um texto, *Liber de Ludo Aleae* (Livro sobre jogos de azar), que mostra como calcular as chances de obter diferentes combinações nos dados, por exemplo, como tirar dois seis. Como um apostador viciado que sempre carregava uma faca e uma vez acabou cortando o rosto de um trapaceiro durante um jogo de cartas, ele sabia uma coisa ou outra sobre como calcular as probabilidades. Cardano talvez tenha sido a primeira pessoa a perceber plenamente que as leis matemáticas, que até então tinham sido reservadas para assuntos especiais, como a mecânica celeste, também poderiam se aplicar a algo tão mundano como o lançamento de dados.

Claro que, como Cardano certamente percebeu, nem todos os riscos da vida podem ser quantificados em equações. Ele ficou famoso por suas conquistas médicas e matemáticas, mas em 1560 seu filho mais velho foi considerado culpado de envenenamento da esposa, sendo torturado e executado. Seu outro filho era um jogador, e foi preso várias vezes por roubo. Esses eventos arruinaram Cardano emocionalmente e quase destruíram sua carreira. Em 1570, ele foi preso pela Inquisição por seis meses por publicar um horóscopo de Jesus Cristo.

Seu livro sobre a sorte foi encontrado entre os seus manuscritos, e só foi publicado quase um século após sua morte. Talvez por esse motivo, a teoria da probabilidade só teve outro grande avanço em 1654, quando o nobre Chevalier de Méré fez uma pergunta urgente para as mentes matemáticas mais brilhantes da França: como dividir os pontos quando um jogo de *balla* é interrompido por causa do almoço?

A aposta de Pascal

Blaise Pascal é mais conhecido hoje pela aposta de Pascal — a sua afirmação de que, apesar de a existência de Deus não poder ser provada racionalmente, o mais sensato a fazer é se comportar como se Deus existisse. A vantagem dessa aposta é muito boa (salvação), a desvantagem, pequena. Se, em vez disso, alguém optar por se comportar como se Deus não existisse, então há uma desvantagem potencialmente enorme (condenação) e poucas vantagens.

O que estava em jogo no problema proposto por Méré era menos crítico, mas há tempos ele vinha intrigando muita gente. O vencedor no jogo medieval de "cara ou coroa" era o primeiro a ganhar seis rodadas (o restante das regras se perdeu na história). Em 1494, o monge franciscano Luca Paccioli havia argumentado que, se uma pessoa estava na frente por 5 a 3 quando o jogo era interrompido, então os pontos deveriam ser divididos na mesma proporção. Em colaboração com o grande matemático francês Pierre de Fermat, Pascal usou (na verdade, inventou) a teoria da probabilidade para mostrar que essa resposta não era bem assim.

Para ilustrar isso, a Figura 7 relaciona os diferentes resultados possíveis, caso o jogo continuasse a partir de 5 a 3. O resultado do próximo jogo, chamado de G1 na coluna da esquerda, pode ser 6 a 3, caso em que o primeiro jogador ganha, ou 5 a 4, caso em que o jogo continua para mais uma rodada. A única maneira de o segundo jogador ganhar é vencer três jogos seguidos (indicado em negrito). Se as chances de ganhar determinado jogo são exatamente iguais, então a chance de ganhar três jogos de uma vez é $\frac{1}{2} \times \frac{1}{2} \times \frac{1}{2} = 1/8$.

Como as probabilidades devem somar 1, a chance de ganhar do primeiro jogador é 1 menos 1/8, ou 7/8, que é 7 vezes a probabilidade de que o segundo jogador ganhe. As apostas devem ser divididas a uma razão de 7:1, que é muito maior do que 5:3 proposta por Paccioli.

Início			5:3			
G1	6:3			**5:4**		
G2			6:4		**5:5**	
G3				6:5		**5:6**

Figura 7. Diferentes resultados possíveis para um jogo de cara ou coroa, partindo do primeiro caso em que um jogador está vencendo por 5 a 3. A coluna da esquerda lista os jogos. O segundo jogador só poderá ganhar o jogo se ganhar três rodadas consecutivas.

Uma característica inovadora do método de Pascal é que este se baseava não apenas no que já aconteceu, mas em eventos futuros que ainda vão acontecer. Por isso, ele estabeleceu os princípios básicos da gestão de risco que ainda estão em uso hoje: considerar todos os diferentes resultados futuros possíveis, estimar a probabilidade de cada um, em seguida, usar os resultados mais prováveis como base para tomar decisões.

Pascal generalizou seu método para obter o que hoje é conhecido como o triângulo de Pascal, mostrado na Figura 8 (a mesma figura foi estudada pelo matemático chinês Yanghui cerca de 500 anos antes, por isso, lá é conhecida como o triângulo de Yanghui). Ele é construído de forma muito simples: os números no início e no fim de cada linha são 1, e os outros números na linha são iguais à soma dos dois números mais próximos na linha acima. Como veremos, essa figura é extremamente elucidativa sobre o risco financeiro.

As linhas do triângulo correspondem ao lançamento de moedas separadas. No jogo G1, os resultados possíveis são: 1 cara (o 1 na coluna 1H) ou 1 coroa (1 na coluna 1T). Uma seta aponta para cada um desses resultados, que têm igual probabilidade.

Agora, suponha que vamos jogar outro jogo, e acompanhar a pontuação total. Se o resultado do jogo G1 foi 1 coroa, então o jogo G2 vai gerar outra coroa, e o resultado será 2 coroas; ou 1 cara, de modo que o resultado é um empate. Se, por outro lado, o jogo Gl deu cara, então, depois de G2, o resultado total será um empate ou 2 caras. Portanto, existem duas maneiras de gerar um empate, o que significa que esse resultado tem o dobro de probabilidade de 2 coroas ou 2 caras. Isso é indicado pelo número 2 na coluna central, com as duas setas apontando para ele da linha de cima. O total de probabilidades deve somar 1, então precisamos dividir cada número na linha pela soma da linha. Aqui, a soma é 4, então a probabilidade de 2 coroas é ¼; a probabilidade de 1 cara e 1 coroa é 2/4; e a probabilidade de duas caras é 1/4.

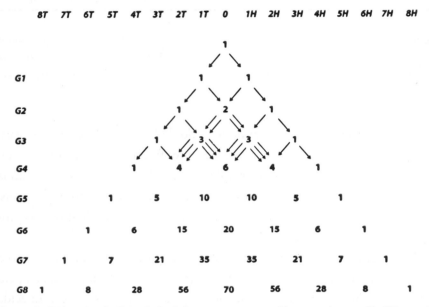

Figura 8. Triângulo de Pascal. As linhas representam diferentes jogos: Gl, G2 etc. As colunas representam uma contagem de caras ou coroas, então, por exemplo, 2H corresponde ao caso em que as caras estão vencendo por 2. A coluna central corresponde a um empate. O esquema para a determinação das entradas é mostrado para os primeiros quatro jogos. Em cada linha, o número é a soma dos dois números mais próximos na linha acima. O processo de soma é indicado graficamente pelas setas, de modo que cada número é igual ao número de setas apontadas para ele da linha de cima. Esse triângulo pode ser usado para calcular a probabilidade de qualquer resultado de uma sequência de lançamento de moedas (ou de qualquer outro jogo em que as chances são iguais).

Após a terceira rodada, os resultados possíveis são 3 coroas (que têm uma seta apontando para ela), 1 cara e 2 coroas (3 setas), 2 caras e 1 coroa (3 setas), ou 3 caras (1 seta). Podemos considerar que as setas contam o número de caminhos possíveis para um resultado. Como cada caminho é igualmente provável, o número total de setas reflete a probabilidade do resultado. Podemos dividir novamente pelo total de linhas para obter as probabilidades. As chances de conseguir um resultado misto são 3/8, que é três vezes maior do que a chance de 1/8 de todas as caras ou coroas.

Continuando dessa maneira, podemos ler a probabilidade relativa de qualquer combinação de caras e coroas após qualquer número de jogos, e transformá-la em probabilidades, dividindo pelo total para essa linha. Por exemplo, após seis jogos, o total da linha é 1+6+15+20+15+6+1 = 64. A chance de jogar 6 caras consecutivas, portanto, é de 1 (o número na coluna 6H) dividido por 64, ou cerca de 0,016 (ou seja, 1,6%). Isso é muito menor do que a chance de que o resultado ficará empatado, que é 20 (o número na coluna central) dividido por 64, ou cerca de 0,31 (ou seja, 31%).

Se formos calcular essas probabilidades para o resultado de um grande número de jogos, temos um gráfico de barras semelhante ao mostrado na Figura 9, que mostra o resultado depois de 40 jogos. A altura de cada barra mostra a probabilidade daquele resultado, que varia na escala inferior de -40, indicando 40 coroas, a +40, indicando 40 caras. A forma do gráfico é simétrica, pois a probabilidade de obter certo número de caras é sempre a mesma que obter certo número de coroas (estamos supondo que a moeda seja bem balanceada). O gráfico também é em forma de sino, o que significa que as chances de um resultado moderado (um empate ou uma vitória por uma pequena margem) são muito maiores do que as chances de um resultado desequilibrado a favor de um ou de outro. Note que, após 40 jogos, as chances de obter somente caras ou coroas são quase zero.

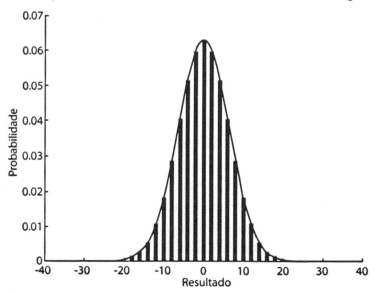

Figura 9. Gráfico de barras das probabilidades calculadas pelo triângulo de Pascal, para 40 jogos. Também é mostrada a distribuição normal correspondente (linha sólida). O desvio padrão é de aproximadamente 6,3.

Por quem os sinos dobram

Em 1733, o matemático Abraham de Moivre demonstrou que, após um número infinitamente grande de jogos, os resultados iriam convergir para a assim chamada curva de sino (também conhecida como distribuição normal ou gaussiana). Isso é mostrado pela linha sólida na Figura 9. A curva é especificada por dois números; a média, que aqui é zero, e o desvio-padrão, que é uma medida da largura da curva. Em uma distribuição normal, cerca de 68% dos dados estão dentro do âmbito de desvio padrão da média, cerca de 95% dos dados estão dentro de dois desvios-padrão, e cerca de 99% dos dados estão dentro de três desvios-padrão. Na Figura 9, o desvio-padrão é cerca de 6,3, então depois de 40 jogos, há uma probabilidade de 99% de que o resultado esteja na faixa de -19 a +19. As chances, portanto, são, aproximadamente, de 1 em 100 de que alguém vencerá por 20 jogos ou mais.

De Moivre foi um matemático respeitado e amigo de Isaac Newton, mas ele não era acadêmico e se mantinha dando aulas particulares de matemática, jogando xadrez por dinheiro e prestando consultoria matemática ocasional a apostadores ou à indústria de seguros. Uma das primeiras aplicações da distribuição normal foi em relação ao problema de estimar as receitas provenientes das anuidades dos seguros, porque o tempo de vida das pessoas também acompanhava a curva de sino. O método de De Moivre para estimar o seu próprio tempo de vida foi um pouco diferente. Já velho, quando sua saúde estava debilitada, ele percebeu que estava dormindo 15 minutos a mais todas as noites. Fazendo as contas, ele descobriu que, no dia 27 de novembro de 1754, ele dormiria 24 horas. Sua previsão se mostrou correta, e ele morreu naquele dia. (Girolamo Cardano também previu corretamente o dia de sua morte, mas acredita-se que ele tenha trapaceado, cometendo suicídio.)

A distribuição normal também encontrou muitas outras aplicações na ciência e na engenharia (e é por isso que ficou conhecida como normal). Cientistas, incluindo Pierre-Simon Laplace, e particularmente Carl Friedrich Gauss, utilizaram o método para analisar os erros em dados astronômicos (é por isso que seu outro nome é distribuição gaussiana). Eles descobriram que, se muitas medidas separadas e independentes fossem feitas, digamos, da posição de uma estrela no céu, então a distribuição de erros tenderia a acompanhar a curva normal (outro nome na época era lei dos erros). O desvio-padrão dos erros, portanto, conferia uma medida de precisão.

A curva de sino foi adotada de forma ainda mais entusiasmada pelos cientistas sociais, que descobriram que ela poderia ser usada para praticamente qualquer coisa. Por exemplo, descobriu-se que a altura dos homens ingleses seguia uma curva de sino quase perfeita. Um dos maiores promotores da técnica foi o polímato vitoriano Francis Galton, que escreveu:

"Que eu saiba, não há nada tão propenso a impressionar a imaginação quanto a maravilhosa forma da ordem cósmica expressa pela 'lei dos erros'. Um selvagem, se ele pudesse entender, iria adorá-la como a um deus. Ela reina solenemente, inconspícua diante da mais louca confusão. Quanto maiores forem a confusão e a anarquia, mais perfeito será seu domínio. Essa é a lei suprema da Irracionalidade."[1]

A justificativa matemática para a onipresença da distribuição normal veio com o chamado Teorema do Limite Central. Isso demonstrou que a distribuição normal poderia ser usada para modelar a soma de todos os processos aleatórios, desde que uma série de condições fossem atendidas. Em particular, processos separados tinham de ser independente e identicamente distribuídos.

Em sua tese de 1900, *Théorie de la spéculation* (Teoria da especulação), Louis Bachelier usou a distribuição normal para modelar a variação dos preços na bolsa de Paris (Capítulo 2). Mas foi somente na década de 1960, com a hipótese dos mercados eficientes de Eugene Fama, que a curva de sino iria realmente assumir o seu lugar como a "lei suprema da Irracionalidade".

Lei suprema da irracionalidade

Segundo a hipótese dos mercados eficientes, o mercado está sempre em um estado de equilíbrio quase perfeito entre compradores e vendedores. Qualquer alteração no preço de um ativo é resultado de pequenas perturbações independentes e aleatórias nas operações de compra ou venda. O resultado líquido de muitas dessas mudanças será como o resultado final de uma sequência de lançamentos de moedas, que De Moivre demonstrou ser regido pela curva de sino. Consequentemente, mesmo que a variação de preços em determinado dia seja imprevisível, ainda é possível calcular a probabilidade de uma mudança de preço em particular — assim como os analistas de seguros podem calcular a probabilidade de um adulto viver uma vida saudável até os 80 anos, sem saber exatamente o dia de sua morte. Portanto, é possível derivar uma medida de risco.

Por exemplo, suponha que desejamos calcular o risco de manter determinado ativo, tais como ações de determinada empresa. Segundo a hipótese dos mercados eficientes, se não atentarmos para os efeitos de longo prazo, como o crescimento, e nos concentrarmos apenas nas flutuações diárias de preços, então, as variações de preço serão puramente aleatórias. Um dia eles vão subir, no próximo cairão, mas não há um padrão subjacente. Podemos, portanto, modelá-los estatisticamente com a distribuição normal. Um gráfico da evolução dos preços deve seguir uma curva de sino, como indica a Figura 9. O desvio padrão é, então, uma medida do risco de manter esse ativo, pois quanto maior ele for, maior será o potencial de grandes oscilações de preço. Se outro ativo, como ações de uma outra empresa, menos arriscada ou um título do governo, tiver um desvio padrão menor, aparentemente, será menos arriscado. (Naturalmente, isso pressupõe que a volatilidade é uma boa medida de risco, um tema que retomaremos adiante.) Como a maioria das pessoas está disposta a pagar para evitar o risco, acredita-se que o desvio padrão deve influenciar o preço do ativo. Uma carteira ótima maximizará o crescimento, mas minimizará os riscos.

Os economistas das décadas de 1960 e 1970 começaram a elaborar fórmulas complexas para medir e controlar o risco. O Modelo de Precificação de Ativos de Capital de William F. Sharpe (CAPM) computava o valor de qualquer ativo financeiro, tendo em conta o seu risco. Baseava-se na Teoria Moderna do Portfólio de Harry Markowitz, que apresentou uma técnica para minimizar os riscos, optando por classes de ativos que não estão correlacionadas entre si. Fischer Black e Myron Scholes elaboraram um método inteligente para calcular os preços das opções — derivativos financeiros que dão o direito de comprar ou vender um título por um preço fixo em algum momento no futuro.[2] Nasceu, então, o campo de engenharia financeira. Vários de seus fundadores, incluindo Sharpe, Markowitz e Black, mais tarde foram agraciados com o Prêmio Nobel de economia.

Todas essas técnicas consideravam os mitos econômicos fundamentais: que os investidores são racionais e independentes; que os mercados são livres e justos; que os mercados são estáveis e refletem corretamente valor e risco, e que, como resultado de tudo isso, as mudanças de preços são aleatórias e seguem uma distribuição normal. As técnicas utilizadas foram, por conseguinte, todas baseadas em fórmulas desenvolvidas para a astronomia do século XVIII, que, por sua vez, baseavam-se no triângulo de Pascal.

Ainda hoje, a distribuição normal é o padrão ouro para calcular o risco.[3] Foi consagrada no Acordo da Basileia II como um método para os bancos calcularem seu próprio risco. Como veremos no Capítulo 6, a suposição de normalidade também desempenhou um papel importante na valorização dos instrumentos financeiros complexos que levaram à crise de crédito. A principal atração da distribuição normal é a sua conveniência: que permite que os traders estimem o risco em um único parâmetro, o desvio-padrão. Não há necessidade de fazer um julgamento complexo com base em uma compreensão detalhada do ativo ou do mercado como um todo — basta inserir um número e está feito.

A distribuição normal, portanto, desempenhou um papel fundamental em nosso sistema financeiro no último meio século. Isso é tempo suficiente para compilar uma boa quantidade de dados. Então, como se saiu até agora?

A resposta a essa pergunta parece ser: não tão bem. O primeiro grande teste veio em 19 de outubro de 1987 (também conhecido como Segunda-feira Negra), quando o Índice Dow Jones Industrial surpreendeu a todos e caiu 29,2%. Segundo a teoria, as chances disso acontecer eram cerca de 1 em 10 seguido de 45 zeros — isto é, impossível.

Em 1998, a empresa Long-Term Capital Management usou a teoria dos mercados eficientes para fazer apostas altamente alavancadas, basicamente através da venda de seguro contra a possibilidade de eventos extremos. Quando tais eventos se materializaram, — o governo russo não honrou com o pagamento das suas obrigações —, a empresa quase foi à ruína e teve de ser socorrida em uma transação de 3,6 bilhões de dólares antes que derrubasse o restante da economia. Segundo a teoria, as chances disso acontecer novamente eram incrivelmente pequenas. Pelo menos deveriam ter sido, pois o fundo tinha certo número de gurus econômicos na sua folha de pagamento, incluindo Myron Scholes. Um memorando da Merrill Lynch concluiu que os modelos utilizados "podem fornecer uma maior sensação de segurança do que de fato existe, por isso a confiança nesses modelos deve ser limitada".[4]

Na verdade, as técnicas ortodoxas de avaliação de risco não conseguiram avaliar realisticamente o risco de todas as crises financeiras das décadas passadas, inclusive a crise asiática de 1997, a crise das empresas pontocom de 2000 e, é claro, a crise de crédito de 2007-2008. Como teoria, parece não ser sustentada por dados observacionais. A razão é que, apesar da sua evidente atração e facilidade de uso, a teoria sofre de um problema significativo e fundamental, que é o fato de as variações de preço não seguirem uma distribuição normal. Elas são anormais.

Instabilidade

Enquanto a matemática financeira tem suas raízes nos jogos de azar, a verdade é que a vida real não segue os padrões organizados das cartas ou dos dados. Como o autor e ex-comerciante Nassim Taleb observa: "O cassino é o único empreendimento humano que eu conheço em que as probabilidades são conhecidas, gaussianas (leia-se: curva de sino), e quase computáveis."[5] Os mercados financeiros não são uma espécie de experimento gigante de lançamento de moedas — são algo muito mais complexo, intratável e extremo.

Isso é verdadeiro mesmo para alterações diárias de preços. O Painel A da Figura 10 mostra as flutuações dos preços diários no Índice S&P 500 (índice de valor ponderado das 500 maiores empresas de capital aberto nos Estados Unidos) a partir de 1950. A queda recorde na Segunda-feira Negra está claramente visível, assim como a turbulência mais recente da crise de crédito.

Como termo de comparação, o Painel B mostra como seriam as variações nos preços se seguissem uma distribuição normal com o desvio-padrão calculado para as variações de preços reais. Você não precisa ser um especialista em estatística para ver que esses dados têm aparência muito diferente. Os dados do S&P 500 têm períodos de calmaria seguidos por explosões de atividade intensa, enquanto os dados normais oscilam sempre dentro de uma faixa constante. Os dados reais também têm extremos muito maiores do que os dados normais.

Os painéis inferiores da Figura 10 são histogramas que expressam a distribuição de probabilidade, como na Figura 9. O Painel D de distribuição normal reproduz a curva de sino familiar, conforme esperado. A maior oscilação de preços em um dia é cerca de 4,5%. Os dados reais, no Painel C, podem não parecer tão diferentes assim; no entanto, uma inspeção mais minuciosa revela que eles têm o que é conhecido como cauda longa: os extremos da distribuição se estendem a valores muito maiores e menores. Como visto mais facilmente no painel superior, a oscilação de preços ultrapassou 4,5% em 54 dias diferentes, durante o período de 60 anos — de modo que um evento que, segundo a teoria, quase nunca deveria acontecer, de fato acontecia cerca de uma vez por ano em média.

Agora, muitas vezes se argumenta que os mercados são normais na maioria das vezes, apenas com o lapso ocasional em que se observa comportamento anormal. Talvez a Segunda-feira Negra e a crise de crédito sejam eventos inerentemente imprevisíveis que surgiram do nada. Se for esse o caso, então não

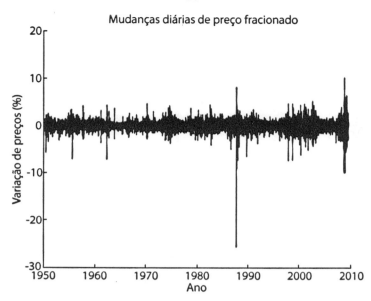

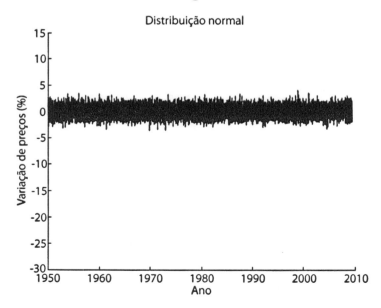

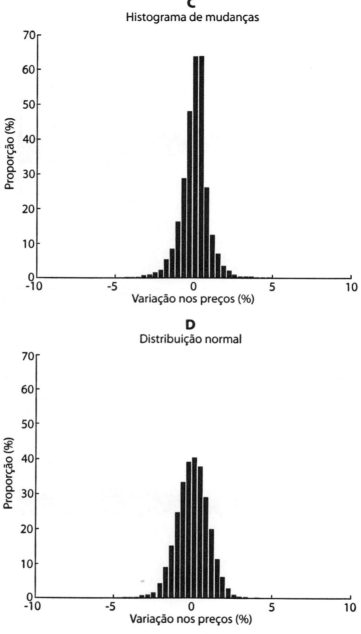

Figura 10. O Painel A mostra percentuais de mudanças diárias nos preços no índice S&P 500 ao longo de um período de quase 60 anos. O Painel B mostra como seriam as variações de preços se seguissem uma distribuição normal com o mesmo desvio padrão. O Painel C é um histograma da variação nos preços do Painel A. O Painel D é um histograma da distribuição normal correspondente ao Painel B.

há muito que possamos fazer sobre esses "Cisnes Negros", para usar o termo de Taleb. Mas se analisarmos os dados financeiros com um pouco mais de atenção, veremos que eles têm, não uma regularidade, mas uma espécie de característica.

Por exemplo, as crises financeiras são muitas vezes comparadas a terremotos. Essa não é uma metáfora aleatória: em um sentido muito concreto, os desastres financeiros parecem um terremoto que acontece em câmera lenta. O painel superior da Figura 11 é uma visão ampliada dos dados do S&P 500 para o período da crise de crédito recente. O painel inferior mostra 50 minutos de gravação de dados sismográficos durante o terremoto de 17 de janeiro de 1995 em Kobe, no Japão. Há uma semelhança assustadora entre os dados. Assim, quando um dos operadores do Lehman Brothers disse a um repórter da BBC em setembro de 2008 que "é terrível (...) como um terremoto de grandes proporções", a comparação estava sendo precisa.[6]

Contudo, essa relação é ainda mais profunda do que isso, pois acontece que a frequência dos dois fenômenos é descrita pelo mesmo tipo de lei matemática. Se dobrarmos o tamanho de um terremoto, ele se torna cerca de quatro vezes mais raro. Isso é chamado de lei exponencial, porque a probabilidade depende do tamanho elevado a 2. (Um número elevado à potência 2 é o número ao quadrado; um número elevado à potência 3 é o número ao cubo; e assim por diante.) As crises financeiras são semelhantes. Numerosos estudos têm demonstrado que a distribuição das variações nos preços para os principais índices internacionais segue uma distribuição da lei exponencial com uma potência de aproximadamente 3.[7]

As distribuições da lei exponencial são livres de escala, no sentido de que não há nenhum representante "típico" ou "normal". Existe apenas a regra de que quanto maior determinado evento for, menos provável ele se tornará. Em muitos aspectos, as distribuições da lei exponencial são, portanto, o oposto da distribuição normal. A curva de sino está concentrada em torno da média, com um desvio-padrão bem definido. A lei exponencial, em contraste, é livre de escala, mas tende em direção a eventos menores. (Se os economistas fizessem o trabalho de um geofísico, diriam que os terremotos não existem — há apenas um nível baixo e constante de vibração na terra.)

Considerando que a nossa capacidade de previsão de terremotos não é melhor do que a de crises financeiras, é mais tentador interpretar as crises

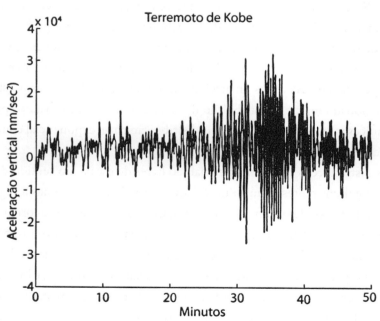

Figura 11. O painel superior é uma visão ampliada dos dados do S&P 500 mostrando o período da crise de crédito de 2008. O painel inferior mostra os dados sismológicos do terremoto de 1995, em Kobe, no Japão.[8]

como eventos isolados. Contudo, a natureza livre de escala dos dados financeiros implica que esse não é o caso. Não há uma fronteira clara entre o normal e o extremo: apenas o conhecimento de que, quanto maior a mudança, menores são as chances de ela acontecer. Para entender isso mais claramente, talvez seja interessante analisar novamente o triângulo de Pascal, que também tem uma lei exponencial incorporada.

Mercados fractais

A Figura 12 mostra uma versão modificada do triângulo de Pascal, em que os números ímpares são cobertos com triângulos, deixando apenas os números pares visíveis. Agora imagine isso se estendendo para versões maiores do triângulo (que corresponde a mais lançamentos de moedas). O resultado, então, converge para um objeto geométrico peculiar conhecido como a Gaxeta de Sierpinski, descoberta pelo matemático polonês Vaclav Sierpinski em 1916. Essa figura aparece no painel inferior.

A maneira usual de construir essa figura é começar com um triângulo; dividi-lo em quatro triângulos menores e remover o triângulo central. Esse processo é repetido para os três triângulos restantes, e assim por diante, *ad infinitum*.

A Gaxeta de Sierpinski é um exemplo precoce do que o matemático Benoit Mandelbrot chamou de fractais. Um factar é uma figura geométrica que pode ser dividida em partes, cada uma das quais semelhantes ao objeto original. Os fractais têm infinitos detalhes, sendo geralmente autosimilares e independem de escala. Em muitos casos, os fractais podem ser gerados por um padrão repetido de um processo recorrente.

Como Mandelbrot notou, os dados financeiros também são autossimilares — se analisarmos os dados obtidos ao longo dos anos, meses, semanas, dias ou mesmo segundos, é difícil saber a partir da forma do gráfico qual é a escala de tempo.[8] E acontece que a gaxeta é quase uma história visual das crises do mercado de ações.

Para entender isso, vamos supor que cada um dos triângulos brancos da figura 12 corresponde a uma variação no preço, com o tamanho da base superior do triângulo igual ao tamanho da taxa de variação de preço em um único dia. A figura é dominada por um pequeno número de grandes eventos, mas quando você se aproxima mais e mais, pode ver que há inúmeros pequenos triângulos que correspondem às flutuações muito menores.

Figura 12. O painel superior mostra o triângulo de Pascal com os números ímpares cobertos. Se você estender esse padrão para versões maiores da figura, o resultado começa a assemelhar-se com a Gaxeta de Sierpinski (painel inferior). As flutuações de preço do mercado seguem um padrão semelhante ao tamanhos dos triângulos.

Nos mercados reais, as maiores variações nos preços tendem a ser crises, que acontecem em momentos de pânico. Se a figura global tem lados com comprimento de 100, então os lados do triângulo central devem medir 50. Vamos dizer que isso corresponde a uma queda de 50% em um dia — a pior crise imaginável, espero, e aquela que ainda não foi aferida por um índice importante. Existem, então, três crises de metade do tamanho (25%); nove crises de um quarto do tamanho (12,5%) e 27 crises de um oitavo do tamanho (6,25%). Em geral, cada vez que dividimos o tamanho da variação nos preços, ocorre três vezes mais variação.

Essa relação é equivalente à lei exponencial, semelhante a dos terremotos, exceto pelo fato de que a potência usada é um pouco diferente. Ela também capta o comportamento dos mercados financeiros. A Figura 13 mostra as cem maiores variações nos preços no índice S&P 500, classificadas em ordem decrescente (linha sólida). A linha pontilhada é o resultado que se obtém, assumindo que as variações nos preços seguem a mesma distribuição que a Gaxeta de Sierpinski. Obviamente não é um ajuste perfeito (isso pode ser melhorado pelo ajuste da potência). No entanto, é muito melhor do que os resultados calculados usando a distribuição normal, mostrados pela linha tracejada, que são demasiadamente pequenos. Vemos, então, que a presença de crises de mercado extremas não são mais bizarras ou inexplicáveis do que a presença dos triângulos grandes na gaxeta: todos eles pertencem à figura, e são criados pelos mesmos processos.

Não são apenas as crises financeiras e os terremotos que têm esses padrões fractais; as linhas costeiras, o tamanho de crateras na Lua, o diâmetro dos vasos sanguíneos, as populações das cidades, a organização de espécies em ecossistemas e muitos outros sistemas naturais e artificiais apresentam estatísticas fractais. Como veremos no Capítulo 7, os tamanhos de empresas seguem um padrão fractal — há muito mais empresas menores e apenas um pequeno número de grandes multinacionais no topo. A lei de Pareto 80-20 foi uma observação de que a riqueza escala fractalmente. Na verdade, os fractais são uma espécie de assinatura dos complexos sistemas orgânicos que operam longe do equilíbrio, que tendem a evoluir para um estado conhecido como criticidade auto-organizada.[10]

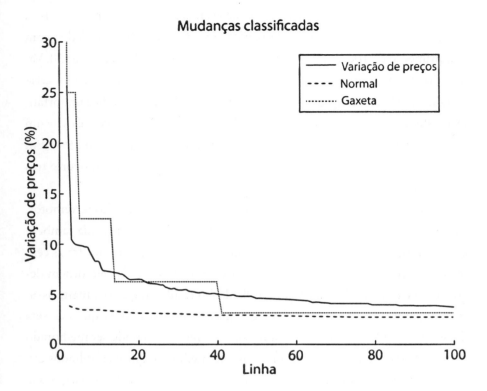

Figura 13. Gráfico comparando as cem maiores variações nos preços do índice S&P 500, classificadas em ordem decrescente (linha sólida), com as cem maiores variações nos preços da distribuição normal (linha tracejada) e o resultado que se obtém, assumindo que as variações de preços seguem a mesma distribuição que a Gaxeta de Sierpinski (linha pontilhada). A maior queda de 50% é presumida (não mostrada). O efeito decrescente é porque os triângulos na Gaxeta vêm em grupos de mesmo tamanho — por exemplo, existe um do maior tamanho, três de maior tamanho seguinte e assim por diante.

Atingindo o nível crítico

O exemplo clássico de criticidade auto-organizada é um simples monte de areia. Imagine um monte de areia de formato cônico com os lados com certa inclinação. Se a inclinação é muito íngreme, o monte ficará instável e acrescentar um único grão poderá causar o seu colapso. Esse é o estado caótico, o que demonstra sensibilidade às condições iniciais. Por outro lado, se a inclinação for pequena demais, adicionar alguns grãos extras ao topo do monte não causará muita perturbação. Nesse estado, o sistema é estável. Agora, se você continuar a adicionar grãos de areia, o monte acabará convergindo, ou se auto-organizando, para um estado crítico. Em certo sentido, esse estado é eficiente ao máximo, porque possui os lados mais inclinados e atinge o mais alto nível possível, sem se tornar totalmente instável. No entanto, não é muito robusto. Adicionar mais grãos de areia vai criar avalanches que variam em tamanho, desde extremamente pequenas a muito grandes, e que seguem uma distribuição livre de escala e regida pela lei exponencial. O sistema não é caótico ou estável, mas está no limiar entre os dois.

Podemos, portanto, supor que os mercados, como a crosta terrestre ou as espécies nos ecossistemas, se auto-organizam em um estado crítico e, por isso, apresentam estatísticas fractais. Essa é uma visão interessante, que vincula os mercados financeiros ao mundo natural. Infelizmente, não ajuda muito a fazer previsões precisas, ou mesmo, a calcular as probabilidades de uma crise no futuro.[11] Uma razão é que só é possível conhecer a distribuição exata fazendo uma amostra estatística de dados existentes. Se você souber que os dados são distribuídos normalmente, então é possível estimar rapidamente a média e o desvio padrão, utilizando as técnicas convencionais. Mas se os dados são livres de escala, então os eventos maiores e mais importantes ocorrem muito raramente. Mesmo várias décadas de dados do índice S&P 500 mostram apenas um pequeno número de grandes crises. Isso torna muito mais difícil chegar a estimativas estatísticas precisas para a probabilidade de eventos similares.[12]

Além disso, as estatísticas fractais informam apenas sobre a distribuição das variações nos preços, e não o calendário ou o grau de agrupamento. Sabemos que os terremotos seguem uma distribuição da lei exponencial, mas ainda não temos ideia de quando ocorrerá o próximo tremor.[13] (Uma dica útil é que a volatilidade demonstra um nível de agrupamento — se os mercados estão turbulentos, não é seguro esperar que se acalmem logo.) Finalmente, um modelo que era válido na década de 1960 ou de 1980 não será válido na década de 2010, porque toda a economia vai ser diferente — a combinação de empresas, investidores, reguladores, e assim por diante terá mudado.

Os traders e os investidores gostam de ter fórmulas simples que possam entender. O grande apelo da distribuição normal é que transforma o risco em um único número, o desvio-padrão. É possível chegar a versões mais elaboradas da curva de sino, que incluem eventos extremos, assimetria, ou agrupamentos temporais, mas isso introduz um fator complicador e parâmetros extras, e o problema de amostragem significa que as estimativas resultantes para eventos extremos são um pouco melhor do que suposições. Alguns fundos de hedge usam sofisticados algoritmos estatísticos, mas eles tendem a se concentrar em profissões especializadas que exploram bolsões isolados de previsibilidade. Um segredo sujo de finanças quantitativas é que as ferramentas utilizadas são geralmente bastante simples — os doutorados em matemática e física em grande parte são só aparência. Então, na prática, o campo mais amplo da modelagem de risco não mudou muito desde Pascal e seu triângulo.

Um bom exemplo é a técnica mais utilizada de modelagem de risco, *Value at Risk*, Valor em Risco, ou VaR, visto anteriormente. Como o nome sugere, a técnica é usada para estimar o pior prejuízo possível que uma instituição poderia enfrentar em determinada posição financeira. O método foi aprovado e sancionado pelos bancos, órgãos reguladores e instituições de classificação de crédito, e é importante para os investidores e analistas. O risco é estimado levando-se em conta dados históricos em um intervalo de tempo que varia de poucos meses a vários anos, dependendo do caso, e aplicando-se técnicas de estatística-padrão para dar ideia da probabilidade de uma perda particular. Ele é normalmente expresso em termos de desvio-padrão ou de nível de confiança percentual. Um evento com 3 desvios-padrão é aquele que tem uma probabilidade de 99,9% de não acontecer, então isso define um tipo de limite máximo para as perdas esperadas. Um evento com 1,65 desvio padrão tem uma probabilidade de 95% de não acontecer.

Apesar de sua popularidade, o modelo falha com regularidade. Conforme mencionado na introdução, o Goldman Sachs reclamou de eventos com 25 desvios padrão durante 2007. No dia 29 de fevereiro de 2008, o Bear Stearns reportou um VaR de US$ 62 milhões a 95% de confiança. Em meados de março, o preço da ação caiu de US$ 70 para US$ 2, representando uma perda de US$ 8 bilhões. O Bear Stearns, naturalmente, estava ciente das desvantagens do VaR, mas como afirmou no seu relatório final à Comissão de Valores Mobiliários e Câmbio, "a empresa acredita que os modelos de VaR são uma metodologia estabelecida para a quantificação do risco na indústria de serviços financeiros, apesar destas limitações".[14] Na verdade, muitas vezes parece que o VaR é usado como um dispositivo para sancionar o comportamento de assunção de risco, além de fornecer uma desculpa quando as coisas vão mal.

Mesmo antes da crise, houve muitas tentativas para tornar o VaR mais robusto por meio da introdução de variáveis extras (ou fatores de correção) no modelo para explicar os riscos invisíveis. No entanto, pelo fato de os riscos serem invisíveis e, portanto, não observáveis, não há nenhuma maneira confiável para prever seus valores futuros.[15] O risco calculado dependerá também dos valores exatos dessas variáveis, fazendo com que as técnicas sejam difíceis de compartilhar na indústria. É por isso que o risco ainda tende a ser expresso em termos de desvios-padrão, embora o conceito tenha pouco significado para distribuições não normais.

O perigo, como afirma o gestor de fundo de hedge, David Einhorn, é que o gerenciamento de risco quantitativo dá aos usuários uma "falsa sensação de segurança (...) como um air bag que funciona o tempo todo, a não ser quando ocorre um acidente".[16] Diminuindo a possibilidade de eventos externos, ele aumenta o comportamento de risco, tornando o desastre mais provável. A próxima forma de melhorar a economia, então, é usar os achados das estatísticas fractais e de complexidade, não para prever o momento ou a magnitude da próxima crise, mas para modelar o sistema financeiro e encontrar formas para reduzir a probabilidade e o impacto de eventos extremos. Podemos não ser capazes de construir um air bag perfeito, mas podemos tornar as estradas mais seguras.

Buscando o normal

Uma observação útil da teoria da complexidade é que, em complexos sistemas biológicos, existe uma compensação entre eficiência e robustez.[17] No regime caótico, o sistema oscila descontroladamente. No sistema estável, as mudanças são pequenas e seguem a distribuição normal. Se forem deixados à própria sorte, os sistemas, muitas vezes, evoluem para o estado crítico, na fronteira entre o caos e a ordem. Aqui as flutuações seguem uma distribuição livre de escalas, da lei exponencial: o sistema é altamente eficiente, no sentido de que ele está sendo forçado ao máximo, mas não é robusto porque é suscetível a flutuações extremas.

Da mesma forma, nosso sistema financeiro é muito eficiente, no sentido estrito que gera grandes lucros para os bancos e investidores em curto prazo (isso não tem nada a ver com a hipótese dos mercados eficientes, que envolve variações nos preços com distribuição normal). No entanto, suas flutuações seguem uma distribuição de lei exponencial, e são suscetíveis a falhas que têm um grave impacto sobre o restante da sociedade. Como um monte de areia gigante, os investidores estão acumulando mais e mais dinheiro no topo, na esperança de que poderão obter lucro rápido antes que tudo desmorone. Nesse estado, os eventos extremos não são aberrações — eles são parte da paisagem.

Uma questão interessante, então, é se é possível melhorar o equilíbrio entre a estabilidade e eficiência: criar um sistema financeiro que seja menos rentável no curto prazo, mas também menos propenso a colapsos prejudiciais. Afinal de contas, o sistema financeiro não é um sistema natural, mas algo que nós mesmos criamos, por isso, deveríamos ser capazes de estruturá-lo para que ele se comporte de forma mais estável. Ao contrário de um monte de areia, podemos ao menos exercer alguma influência sobre o nosso destino.

Quatro passos surgem de imediato. O primeiro refere-se a um maior controle sobre a introdução de novos produtos financeiros. O setor financeiro tornou-se cada vez mais desregulamentado nas últimas décadas, com base no dogma de que os mercados são estáveis e autorregulados. Sempre que os governos propõem novas regras, os bancos se queixam de que isso vai sufocar a inovação no campo da engenharia financeira. Mas, em outros tipos de engenharia ou tecnologia, regulamentos são aplicados com rigor porque poupam dinheiro e vidas — mantêm nossos sistemas operacionais em um regime estável, em vez de permitir que desviem para o caos. Isso reduziria a eficiência em algumas medidas, porque significaria que os novos produtos demorariam mais tempo a chegar ao mercado, mas os benefícios superariam os custos.

Como discutido no Capítulo 6, um dos principais fatores que contribuíram para a crise do crédito foi a proliferação de novos produtos financeiros (esquemas, por exemplo) que permitiram que o risco fosse decomposto e vendido a terceiros. Os cálculos do risco foram realizados utilizando técnicas-padrão, que previsivelmente não conseguiram grandes avanços. Na verdade, esses novos produtos, tais como swaps de crédito e as obrigações com garantia hipotecária, acabaram por ter o mesmo efeito sobre o risco que uma fábrica de salsicha tem em um animal doente — em vez de controlar o risco, disfarçaram e ajudaram a propagá-lo. Além disso, não foram devidamente regulamentados pelas autoridades financeiras, justamente o seu lado mais atraente. A sua adoção foi um pouco como a indústria farmacêutica lançando um novo medicamento e alegando que não havia necessidade de realizar os testes necessários antes de levar o produto ao mercado.

Na verdade, algumas empresas de saúde (ou charlatães) tentam fazer isso o tempo todo, razão pela qual os organismos reguladores têm de estar muito atentos. Durante a pandemia de gripe suína de 2009, a Food and Drug Administration (FDA) dos EUA foi forçada a tomar medidas contra os 120 produtos que afirmavam ser capazes de curar ou prevenir a doença. Esses produtos incluíam um "gênio de fóton", de US$ 2.995, para estimular o sistema imunológico, e uma garrafa de "Silver Shampoo", que mataria o vírus da gripe suína, caso ele estivesse em seu cabelo.[18] A FDA afirmou que essas alegações eram "uma ameaça potencialmente significativa à saúde pública porque poderiam criar uma falsa sensação de segurança e possivelmente impedir que as pessoas procurassem a ajuda médica adequada".[19] Algo muito parecido com os modelos de risco então.

Pode parecer que os mercados financeiros são tão complexos que são impossíveis de regular. No entanto, essa impressão deve-se em grande parte aos mitos cuidadosamente mantidos de que os mercados são eficientes e ideais e que, portanto, qualquer tentativa de interferir com sua função será contraproducente. Como observa Adair Turner, presidente da Financial Services Authority do Reino Unido, "toda a teoria dos mercados eficientes, o consenso de Washington, o sistema de desregulamentação do livre mercado" resultou em "captura regulatória através do *zeitgeist* intelectual". O abandono desse marco coloca os reguladores em "um espaço muito mais preocupante, porque não existe um sistema intelectual para sustentar cada uma das suas decisões".[20]

Uma regulação eficaz não significa que os reguladores têm de ser mais espertos do que os gestores de fundos de hedge. O primeiro passo é mudar sua posição de que permitir novos produtos financeiros sejam lançados a menos e até que demonstrem ser falhos, para (o padrão em outros setores importantes como medicina ou energia nuclear) *não* permiti-los a menos que seja possível demonstrar que eles fornecem uma melhoria mensurável em relação a outras alternativas, e que não causam efeitos colaterais perigosos. Custa cerca de um bilhão de dólares lançar um novo medicamento contra o câncer no mercado, e uma das razões é que ele tem de superar muitos obstáculos regulatórios para que possa ser adotado como uma terapia. As pessoas não assumem automaticamente que as agências reguladoras dos medicamentos são mais inteligentes ou espertas do que os desenvolvedores dos medicamentos, mas eles parecem bastante eficazes em suas funções.

Vivendo no limite

O próximo método para levar a economia para um regime menos arriscado é o de reduzir os incentivos para os bancos fazerem apostas que possuem uma elevada probabilidade de êxito no curto prazo, gerando, assim, bônus fabulosos, mas que certamente acabarão dando errado. A assimetria nessas apostas é como a da aposta de Pascal: elas têm uma grande vantagem (o bônus) e uma desvantagem mínima (em algum momento, a aposta dará errado, mas não haverá bônus negativos; e, quando isso acontecer, a pessoa provavelmente estará na praia). Após a crise de crédito, houve grande procura do público por medidas, tais como limites de pagamento e retenção de uma parte de bônus por alguns anos para limitar a obsessão pelo curto prazo. No entanto, no momento em que este livro estava sendo escrito, os reguladores haviam feito pouco progresso. Como Mervyn King afirmou, parafraseando Winston Churchill: "Nunca tão poucos deveram tanto dinheiro para tantas pessoas. E, poderíamos acrescentar, com tão pouca reforma verdadeira."[21]

A terceira sugestão, também mencionada no Capítulo 3, é que a geração de crédito e de alavancagem deve ser controlada. O montante total da dívida no sistema econômico em 2008, em relação ao produto interno bruto, era de cerca de três vezes o que era na década de 1980.[22] Isso é bom quando os mercados estão subindo, mas quaisquer eventos inesperados rapidamente se amplificam e criam efeitos em cadeia. Os regulamentos não deveriam se aplicar apenas aos bancos, mas a qualquer instituição que cria crédito, incluindo os mercados de derivativos.

A alavancagem é, naturalmente, ligada ao risco percebido: se você conseguir convencer uma instituição de crédito de que o investimento proposto tem baixo risco, ela vai emprestar mais dinheiro. Finalmente, então, os modelos de risco usados pelos bancos e instituições financeiras devem ser modernizados para melhor refletir a natureza fractal dos mercados e da possibilidade de eventos extremos. Técnicas das áreas da matemática como a análise fractal podem ajudar, por exemplo, pela geração de testes de estresse realistas para produtos financeiros ou instituições. Contudo, é igualmente importante reconhecer as limitações dos modelos matemáticos de qualquer tipo.[23] As principais implicações são que os bancos precisam manter reservas maiores, ou seja, guardar dinheiro debaixo do colchão, mesmo quando o risco parece baixo, e desenvolver ceticismo em relação à sua capacidade de prever o futuro. Só porque uma fórmula afirma que a operação é segura, isso não significa que realmente é. As técnicas de gestão de risco testadas pelo tempo, como a intuição baseada na experiência, bom senso e conservadorismo, poderiam até voltar à moda.

Talvez a coisa mais importante a aprender com os sistemas complexos é que os modelos podem até ser contraproducentes se forem interpretados muito literalmente. A avaliação do risco baseada em modelos problemáticos pode dar uma ilusão reconfortante de controle, mas pode vir a ser altamente perigosa. O excesso de confiança nos modelos nos torna cegos para os perigos que espreitam sob a superfície. Assim como os engenheiros e os sistemas biológicos exploram a redundância para assegurar uma margem de segurança, e os construtores de embarcações projetam seus navios para suportar intempéries além da "onda normal", precisamos preparar o sistema econômico contra choques inesperados.

Para resumir, a compensação entre eficiência e robustez em sistemas complexos sugere que poderemos baixar o nível de risco da economia, se estivermos dispostos a aceitar menores níveis de eficiência de curto prazo. Junto com as mudanças estruturais do tipo discutido no Capítulo 2, isso também exigirá um alto grau de regulamentação. Isso não deveria ser surpreendente — todas as formas de vida, de bactérias a um ecossistema, são estritamente reguladas. Os economistas falam sobre a mão invisível, mas se você olhar para sua própria mão, tudo sobre ela — a temperatura, a pressão arterial, a salinidade das células, e assim por diante — está sujeito a um forte grau de regulação que causaria inveja a qualquer regulador financeiro. Claro, é possível ir longe demais na direção oposta — queremos estabilizar a economia, não pará-la. Um primeiro passo no sentido de encontrar este equilíbrio é mudar o *zeitgeist* intelectual, absorvendo novas ideias da ciência.

Muitas vezes parece que o nosso sistema financeiro está vivendo no limite. Perspectivas de complexidade, teoria de redes, dinâmica não linear e estatísticas fractais podem nos ajudar a encontrar nosso caminho de volta a um regime mais estável e menos tenso. Naturalmente, o setor financeiro é inerentemente arriscado, e quando se trata de calcular o perigo, os modelos matemáticos são apenas uma peça do quebra-cabeças. O risco é, em última análise, um produto do comportamento humano, que tem uma forma de frustrar ótimas equações matemáticas.

capítulo 5

A economia emocional

"Em um mundo insano, quem é racional tem problema.
O dinheiro é tão viciante quanto a cocaína."
ANDREW LO, PROFESSOR DE ENGENHARIA FINANCEIRA (2009)

"Se tudo na Terra fosse racional, nada aconteceria."
FIÓDOR DOSTOIÉVSKI (1880)

OS ECONOMISTAS ORTODOXOS CONSIDERAM QUE A ECONOMIA É RACIONAL E EFICIENTE. ISSO É BASEADO NA IDEIA DE QUE OS INVESTIDORES INDIVIDUAIS TOMAM DECISÕES RACIONALMENTE. CERTAMENTE, DEVE FAZER ALGUM TEMPO QUE ESSES ECONOMISTAS VISITARAM UM SHOPPING PELA ÚLTIMA VEZ. EMBORA ÀS VEZES APLIQUEMOS RAZÃO E LÓGICA PARA TOMAR NOSSAS DECISÕES FINANCEIRAS, NÓS TAMBÉM SOMOS ALTAMENTE INFLUENCIADOS PELAS OPINIÕES DE OUTRAS PESSOAS, ANUNCIANTES E COMPULSÕES ALEATÓRIAS QUE INVADEM NOSSAS MENTES SEM MOTIVO PARTICULAR ALGUM. DE FATO, OS MERCADOS DEPENDEM DAS EMOÇÕES E DA CONFIANÇA PARA EXISTIR: SEM CONFIANÇA NÃO HÁ CRÉDITO E NÃO ASSUMIMOS RISCOS. ESTE CAPÍTULO MOSTRA QUE A ÊNFASE NA RACIONALIDADE NA TEORIA ECONÔMICA REVELA MAIS SOBRE OS ECONOMISTAS E A SUA FORMAÇÃO DO QUE SOBRE O MUNDO REAL; E DISCUTE NOVAS ABORDAGENS QUE LEVAM EM CONTA O FATO DE QUE O DINHEIRO ENVOLVE EMOÇÃO.

As crises de mercado muitas vezes parecem acontecer no outono do hemisfério norte. Os piores dias da crise em Wall Street de 1929 foram 24 de outubro (conhecido como "Quinta-feira Negra") e 29 de outubro ("Terça-feira Negra"). A crise de 19 de outubro de 1987 foi em uma "Segunda-feira Negra".

Durante a crise de crédito, houve toda uma "Semana Negra": cinco dias de negociação, iniciados em 6 de outubro de 2008, e que definiram recordes de queda de volume e declínio semanal. Historicamente, de longe, o pior mês para os investidores norte-americanos é setembro: o índice S&P 500 cai em média 1,3% durante esse mês.[1] Há claramente algo sobre o fim do verão e o início do inverno naquele país que faz os investidores enxergarem tudo negativamente.

Esse padrão será familiar para as pessoas que vivem em climas típicos do hemisfério norte (eu cresci em Edmonton, por isso sei do que estou falando). É a época do ano em que os dias estão encurtando em um ritmo mais rápido. Achei estranhamente reconfortante perceber esse fato durante o pico da crise de crédito. Claro, eu pensei: os mercados estão sofrendo de Transtorno Afetivo Sazonal ou depressão de inverno. Eles vão se animar na primavera, quando o sol começar a brilhar novamente.

Agora, isso pode não ser uma interpretação muito lógica da história do mercado de ações. Mas a ideia de que os mercados têm uma vida própria, que inclui momentos de depressão e euforia, não é nova. Mesmo Alan Greenspan se refere à "exuberância irracional" que precedeu o estouro da bolha das empresas pontocom.

Na verdade, quando analisamos friamente a economia, ela não parece ser a coisa mais racional sobre a face da terra. Os operadores da bolsa, por exemplo, que ficam em cubículos vestindo camisetas coloridas e gritando as instruções ao telefone para comprar ou vender ações ou contratos futuros, parecem um pouco, digamos, fora de controle. Suponho que suas ações poderiam estar direcionando os preços novamente ao equilíbrio de forma imparcial, até newtoniana, mas não aposto nisso.

Boa parte das negociações atualmente é realizada por algoritmos de negociação informatizados, que presumivelmente são imunes a mudanças de humor ou doenças psicológicas. Mas não é menos verdade que o dinheiro traz à tona reações emocionais intensas. Um estudo neurológico no University College London mostrou que a resposta física do nosso cérebro, quando experimentamos perdas financeiras, é a mesma causada pelo medo ou pela dor.[2] Quando o índice de ações despenca, as pessoas em todo o mundo reagem a contragosto, quando as ações sobem, é como se tomassem uma injeção de ânimo.

Por isso, é estranho que a teoria econômica ortodoxa considere os indivíduos inteiramente frios, racionais e sem emoção. Esse é o mito do *Homo economicus*: também conhecido como o homem econômico racional.

Números irracionais

Antes de sondar as profundezas, ou superficialidades, do homem econômico racional, um pequeno desvio matemático pode ser interessante. Em matemática, a palavra "racional" tem um significado bem diferente e especializado: é usada para descrever números que podem ser expressos como uma razão de dois números inteiros — por exemplo 1/2 ou 2/3 ou 237/12. Os pitagóricos acreditavam que tudo no mundo foi criado a partir de números inteiros — especificamente, inteiros positivos — e, portanto, que qualquer número deveria ser expresso como uma fração, i.e., era racional. Por isso, causou um certo rebuliço quando um membro do séquito de Pitágoras descobriu a existência de números irracionais.

Conforme o teorema de Pitágoras nos diz, um triângulo retângulo que tem dois lados iguais de tamanho 1 terá uma hipotenusa de comprimento igual à raiz quadrada de 2. Hipaso tentou expressar esse número como fração, mas verificou que era impossível. Em vez disso, ele forneceu prova matemática de que a raiz quadrada de 2 era um número irracional. Como se isso não bastasse, ele então cometeu o erro de vazar o resultado para pessoas fora da seita secreta. Pouco tempo depois ele morreu no mar em circunstâncias suspeitas.

Mais de 2.000 anos depois, quando os primeiros economistas neoclássicos estavam ocupados tentando dar um rumo lógico à economia, a história dos números irracionais enveredou por outro caminho. Em 1874, o matemático Georg Cantor demonstrou que os números irracionais realmente superam em quantidade os números racionais. Na verdade, se houvesse uma forma de selecionar arbitrariamente um número no intervalo 0 a 1, puramente por acaso, então a probabilidade de escolher um número racional seria zero. Os números racionais são como agulhas em um palheiro — a única maneira de encontrar um é se alguém disser exatamente onde ele está.

Para os contemporâneos de Cantor, sua alegação parecia absurda, porque existe obviamente um número infinito de números racionais. Mas Cantor mostrou que existem diferentes tipos de infinito. Os números racionais são enumeráveis, no sentido de que você pode construir uma longa lista desses números que você, se tivesse a aptidão e uma quantidade infinita de tempo, poderia ler. No entanto, os números irracionais são não enumeráveis — a tal lista não pode ser criada, mesmo em teoria.

A reação a essas revelações foi que a popularidade de Cantor caiu tanto quanto a de Hipaso. Henri Poincaré condenou seu trabalho como uma "doença grave" na matemática; outros o chamaram de "charlatão científico" e até mesmo um "corruptor de menores".[3] Cantor já sofria de depressão, mas a resposta hostil ao seu trabalho piorou a sua condição, fazendo passar seus últimos anos de vida em um sanatório. Os números racionais ajudaram a enlouquecê-lo.

Agora, pode parecer que os números racionais têm pouco a ver com seres humanos racionais ou teorias econômicas. No entanto, quando Hipaso mostrou que a raiz de 2 é irracional, ele estava provando que a teoria pitagórica dos números ocultava uma contradição interna. A estrutura não se sustentava — nem tudo pode ser expresso em termos de números inteiros, como o seu dogma ditava. Quando Cantor mostrou que existem diferentes tipos de infinito, com mais números irracionais do que racionais, seu resultado mais uma vez revelou contradições e inconsistências no edifício supostamente estável da matemática que ainda não estão completamente resolvidas.

A teoria econômica neoclássica baseia-se em um conjunto de trabalho com um tipo diferente de racionalidade em seu núcleo. Ao assumir que as pessoas se comportam de maneira lógica e racional, ações e motivações podem ser reduzidas a equações matemáticas, assim como os números racionais podem ser reduzidos a proporções de números inteiros. E, mais uma vez, as provas da irracionalidade demonstram que essas bases aparentemente sólidas são construídas sobre a areia.

O piano lógico

Antes de se dedicar à economia, o primeiro amor de William Stanley Jevons foi o estudo da lógica. Escreveu vários livros e artigos sobre o assunto, incluindo o livro didático *Elementary Lessons on Logic* (Lições elementares de lógica). Em 1870, ele até produziu e apresentou na Royal Society seu "Piano Lógico", uma espécie de computador mecânico semelhante a um teclado que podia realizar tarefas lógicas elementares e mostrar como as conclusões são derivadas de um conjunto de premissas.

O objetivo de Jevons, e de outros economistas neoclássicos, era basear o estudo do dinheiro em um conjunto de princípios lógicos. Os dois principais ingredientes eram o conceito de "homem médio" e a teoria da utilidade de Jeremy Bentham (1748-1832).

Segundo Bentham, a humanidade era regida por "dois mestres soberanos — a dor e o prazer (...) O princípio da utilidade reconhece essa sujeição, e a assume como base desse sistema, cujo objeto é desenvolver a malha da felicidade pelas mãos da razão e da lei.[4] A busca do prazer, portanto, era um empreendimento racional que podeira ser explicado pela lógica. Questionar isso era "tratar de sons em vez de sentido, agir com capricho em vez de com a razão, na escuridão em vez de na luz". (John Stuart Mill descreveu Bentham como alguém curiosamente ingênuo diante das complexidades do mundo real: "Conhecendo tão pouco dos sentimentos humanos, sabia menos ainda das influências que formam esses sentimentos: todos os mais sutis mecanismos tanto da mente propriamente dita quanto do mundo exterior sobre a mente lhe escapavam.")[5]

É claro, o prazer de uma pessoa é muitas vezes a dor de outra, mas o que contava era a resposta do "homem médio". Essa pessoa hipotética foi proposta pela primeira vez pelo cientista francês Adolphe Quetelet em seu livro *A Treatise on Man* (Um tratado no homem, publicado em inglês em 1842). Quetelet revelou que muitas estatísticas humanas — tais como mortalidade, altura e peso, criminalidade, insanidade, e assim por diante — podem ser modeladas utilizando a curva de sino, com uma média bem definida — o homem médio — e determinada distribuição, devido a desvios da média. Ele argumentou que o homem médio, portanto, capturava a verdadeira essência da sociedade. "Quanto maior o número de indivíduos observados, mais as peculiaridades, sejam físicas ou morais, são elipsadas e permitem que os fatos gerais predominem, por meio dos quais a sociedade existe e é preservada." Seu livro ainda transformou a ideia do homem comum em uma espécie de ideal moral — algo ao qual aspirar. Como ele disse: "Se um indivíduo em qualquer época da sociedade possuísse todas as qualidades do homem comum, ele representaria tudo o que é ótimo, bom ou belo."[6]

Armado com essas ideias de utilidade e do homem médio, os economistas neoclássicos argumentaram que, em média, os investidores agem racionalmente para maximizar sua própria utilidade. Mesmo se algumas pessoas tivessem apenas um conhecimento básico de lógica, o que contava era o homem médio, que certamente saberia fazer a coisa certa e razoável. Assim, foi possível construir um modelo matemático detalhado da economia baseada em equações. A irracionalidade individual era vista apenas como uma espécie de ruído aleatório que pode ser ignorado.

A economia do modelo

O ponto culminante desse esforço foi o que muitos consideram ser a joia da coroa da economia neoclássica: o modelo de Arrow-Debreu, criado por Kenneth Arrow (o tio do economista Larry Summers) e Gerard Debreu na década de 1950.[7] Finalmente, foi comprovada, de forma matematicamente rigorosa, a conjectura de Léon Walras no sentido de que as economias de mercado idealizadas teriam um equilíbrio.

O modelo consiste em uma série de ingredientes:

- Um inventário dos bens disponíveis, com preços em uma moeda única. Mercadorias em diferentes horários ou locais são processadas e tratadas como coisas diferentes: quando uma banana chega em Londres vinda de Porto Rico, ela recebe um número de inventário novo e terá um preço diferente.
- Uma lista de empresas, cada uma das quais com um conjunto de processos de produção que descreve como a empresa produz ou consome produtos.
- Uma lista das unidades familiares, cada qual com um plano de consumo específico, que descreve a forma como pretende consumir bens e serviços; uma provisão, que inclui itens como bens e serviços (incluindo a mão de obra) que podem ser vendidos, e outros ativos, como participações em empresas.

O plano de consumo de cada unidade familiar é determinado por uma função de utilidade exclusiva, que reflete suas preferências em relação aos produtos disponíveis (na verdade, é necessário apenas que cada unidade familiar classifique as mercadorias disponíveis em termos de preferência). Assume-se que as preferências permaneçam constantes ao longo do tempo. Para as empresas, a função de utilidade envolve simplesmente seus lucros. Dado determinado conjunto de preços, é possível calcular o plano de consumo ideal para as famílias, e o processo de produção ideal para empresas. Desses pode-se calcular a demanda total por produtos disponíveis ao preço especificado, e também o suprimento total das empresas.

O modelo, portanto, descreve, em termos muito gerais, uma economia de mercado básica. Sua descrição pode parecer muito árida, abstrata e matemática, mas esse é precisamente o ponto. Assim como o teorema de Pitágoras funciona para qualquer triângulo retângulo, independentemente da dimensão exata, o modelo de Arrow-Debreu não faz distinção entre os bens que a economia produz ou as preferências exatas das famílias — ele funciona para todos os produtos e qualquer preferência.

A conquista de Arrow e Debreu foi provar matematicamente que, dadas certas condições, existe um conjunto de preços em equilíbrio para os quais a oferta e a demanda estão perfeitamente equilibradas. O modelo não disse se o equilíbrio era estável, ou único, nem explicou como ou se o mercado iria alcançá-lo; mas afirmou que, pelo menos em teoria, existia um ponto assim. Além disso, de acordo com o primeiro teorema fundamental da economia do bem-estar, um equilíbrio assim será eficiente em termos da distribuição de Pareto, o que significa que é impossível realocar as mercadorias sem fazer com que pelo menos uma unidade doméstica sofra as consequências.

Para conseguir esse nível de generalidade, o modelo teve de partir de uma série de pressupostos. Um deles era o pressuposto da concorrência perfeita, que afirma que nenhum dos indivíduos ou empresas pode influenciar os preços, exceto através do mecanismo de preços — ou seja, não há monopólios ou sindicatos. Conforme discutido em mais detalhes no Capítulo 7, essa visão ignora as diferenças de poder na economia real. Mas talvez a grande sacada tenha sido o fato de que, para comprovar a teoria, era necessário que todos os participantes no mercado agissem racionalmente a fim de maximizar a sua utilidade, agora e no futuro.

Dado que o futuro é desconhecido, o modelo assumiu que as famílias e as empresas poderiam criar uma lista de todos os estados futuros possíveis, e elaborar um plano de consumo para cada um. Por exemplo, o consumo ideal de uma família dependeria do preço dos alimentos, o que, por sua vez, dependeria do clima. Por isso, seria necessário ter um plano separado para cada um dos estados climáticos diferentes (enchentes, secas, nublado com chuvas esparsas, furacão etc.), agora e para sempre. O mesmo teria de ser feito para outros eventos, incluindo a chegada de novas tecnologias, mudanças na disponibilidade de commodities como o petróleo, e assim por diante. A função de utilidade da família seria estendida para abranger todas essas contingências diferentes.

Só para ficar claro, a pretensão aqui não é que as pessoas se esforcem para tomar as decisões corretas com base nas informações que estão imediatamente à sua disposição. A alegação é que, em primeiro lugar, elas podem criar uma lista de todos os possíveis estados futuros do mundo. Então, tomam as melhores decisões tendo em conta cada um desses mundos futuros separados. Essas pessoas não são apenas racionais, são hiper-racionais.

Agora, se você olhar para trás em sua própria vida — e não acho que eu esteja dizendo algo muito absurdo aqui — provavelmente houve momentos em que, se você soubesse como as coisas se desenrolariam, talvez tomasse decisões diferentes. Pode ter havido uma compra, por exemplo, que foi abaixo do ideal, pois o produto em questão se desfez um dia após a garantia expirar. Ou talvez uma opção melhor estivesse disponível, que você teria escolhido se soubesse da sua existência. Talvez estivesse à venda em outra loja, e você perdeu o anúncio. Ou talvez você simplesmente tenha se confundido e escolhido a opção errada por engano.

Se um economista aparecesse à sua porta e pedisse que você elaborasse um plano de consumo para o restante de sua vida, você também poderia enfrentar alguns problemas. Especialmente se o economista estendesse o pedido gerando uma lista infinita de contingências: o que vai acontecer se você conseguir o emprego para o qual se candidatou, ou se você se machucar, ganhar na loteria ou tiver um bebê, ou se eclodir uma guerra etc.?

Na verdade, fazer uma lista de todas as contingências futuras é impossível, da mesma forma que é impossível fazer uma lista de números irracionais. Em 1968, o economista norte-americano Roy Radner conseguiu enfraquecer algumas dessas condições, mas ele concluiu que, para o modelo funcionar, todos os participantes na economia precisam ser dotados de capacidade computacional infinita.[8] O modelo de Arrow-Debreu não representava uma economia de seres humanos — era uma economia de deuses.

Verdade e beleza

Enquanto o modelo de Arrow-Debreu, obviamente, fez algumas suposições não razoáveis — o economista Mark Blaug o descreveu como "claramente e até mesmo escandalosamente não representativo de qualquer sistema econômico reconhecível" — não era fácil modificar qualquer um desses pressupostos sem causar o colapso do sistema inteiro.[9] Os economistas poderiam adaptá-lo ou estendê-lo ligeiramente para levar em conta fatores como informações assimétricas (por exemplo, os compradores saberem menos do que os vendedores sobre os produtos), a concorrência imperfeita, ou moedas reais com taxas de câmbio flutuantes. Mas isso acrescentava complicações adicionais, e era mais fácil e mais elegante tratar o modelo como uma economia de mercado perfeita à qual as economias reais aspiram. Como tal, o modelo tornou-se logo referência central para a teoria econômica neoclássica.

Então, qual a importância disso? Uma interessante defesa da economia neoclássica foi fornecida por Milton Friedman, que afirmou que os pressupostos de uma teoria não são importantes, contanto que esta faça previsões exatas.[10] Friedman foi provavelmente o economista mais influente da segunda metade do século XX. Seu interesse pela matemática foi inspirado por um professor de geometria do ensino médio que estabeleceu uma relação entre o poema "Ode a uma urna grega" de John Keats — "A beleza é verdade, verdadeira, beleza" — com o teorema de Pitágoras.[11] Ele tornou-se chefe da Chicago School of Economics, da Universidade de Chicago, que era famosa por sua ideologia de livre mercado, oposta à regulação — Friedman opunha-se até mesmo ao controle das drogas — criticando também a cobrança de impostos e a forte presença do governo na economia. Como afirmou Friedman, em uma entrevista em 1975, "obrigado a Deus pelos desperdícios do governo. Se o governo está agindo mal, é só o desperdício que impede que o dano seja maior."[12] (Um tanto irônico, considerando que Friedman e os economistas neoclássicos, em geral, eram mantidos, em larga medida, por subsídios do governo.)

A principal contribuição de Friedman ao pensamento econômico — e sua previsão mais famosa — diz respeito ao seu trabalho sobre o monetarismo. A ideia básica do monetarismo é que os mercados são inerentemente estáveis, e o papel do governo no controle da economia deve ser limitado a garantir que o fornecimento de dinheiro equivale ao aumento do PIB. Isso contrasta com as visões de John Maynard Keynes (provavelmente o economista mais influente da primeira metade do século XX), que acreditava que a política fiscal era essencial para moderar o ciclo de negócios — por exemplo, aumentando as taxas de juros durante um período de crescimento econômico, e diminuindo-as em períodos de recessão.

De acordo com Keynes, a economia era fortemente afetada por fatores psicológicos. Ele acreditava que muitas das nossas decisões "só podem ser tomadas como resultado de impulsos animais — um desejo espontâneo de agir, em vez de ficar inerte, e não como resultado de uma média ponderada dos benefícios quantitativos multiplicados pelas probabilidades quantitativas".[13] As políticas governamentais poderiam, portanto, atuar com influência estabilizadora. Friedman, no entanto, argumentou que os governos não conseguiam entender a economia bem o suficiente para fazer tais julgamentos. Em vez disso, ele previu que as pessoas aprenderiam a antecipar as ações do governo, tornando essas ações inúteis.

Por exemplo, se o governo tentasse estimular a economia por meio da impressão de dinheiro extra durante uma recessão, então, isso poderia causar a alta dos preços e estimular a oferta. No entanto, se a inflação persistisse por muito tempo, os trabalhadores, sendo pessoas racionais, transfeririam a expectativa de inflação futura para reivindicações salariais e as empresas, para aumentos nos preços planejados. Isso, por sua vez, levaria à perda de empregos e ao aumento do desemprego. A cura do governo, portanto, era pior que a doença.

A opinião de Friedman parece ter sido confirmada na década de 1970 pelo surgimento, nos países industrializados, da estagflação — uma combinação sem precedentes de altos índices de desemprego e inflação alta — que desafiou a análise ou o tratamento keynesiano. Nos Estados Unidos, o assim chamado índice de miséria — a soma das taxas de desemprego e inflação — chegou a 21%. No Reino Unido, o "inverno do descontentamento" de 1978-1979 se caracterizou por greves generalizadas, com dirigentes sindicais exigindo acordos de aumento salarial. Friedman e outros culpavam as políticas keynesianas pelo desastre.

Um dos resultados da estagflação foi o fato de o presidente Carter, nos EUA, e o primeiro-ministro britânico, James Callaghan, serem afastados do poder e substituídos por futuros amigos e admiradores de Friedman, Ronald Reagan e Margaret Thatcher. Outro foi que a economia passou a ser dominada pelo paradigma das "expectativas racionais" — a ideia de que os participantes na economia agem para maximizar a sua utilidade a longo prazo, com base em suas expectativas para o futuro. Como Naomi Klein documenta em seu livro *The Shock Doctrine*, esse modelo da Escola de Chicago foi exportado para os vários países do mundo, do Chile à África do Sul.[14] Juntamente com a otimização de Pareto do modelo de Arrow-Debreu, e a hipótese dos mercados eficientes, ele formava um quadro contundente da economia como intrinsecamente racional e eficiente. Alguém poderia argumentar que os investidores individuais não eram completamente racionais o tempo todo, mas para todas as finalidades práticas, a economia se comportava como se fossem.

O teste de previsão

Inspirado por toda essa racionalidade, as instituições, como o Banco Central dos EUA (FED), partiram para desenvolver elaborados modelos de Equilíbrio Geral Computável (EGC) para simular a economia. Esses modelos são semelhantes, em princípio, ao modelo de Arrow-Debreu, mas são versões simplificadas no sentido em que se agregam em torno de grandes grupos de consumidores e outros setores da economia. Eles assumem que o sistema financeiro funciona perfeitamente, então não há necessidade de se preocupar com os intermediários, tais como bancos ou fundos de hedge. O objetivo dos modelos é de prever como o equilíbrio da economia vai reagir a mudanças na política governamental, nos preços das commodities e assim por diante.

Tais modelos ainda são amplamente usados pelos responsáveis pelas decisões políticas e os reguladores.[15] Versões mais recentes levam em conta fatores dinâmicos e estocásticos, tais como choques aleatórios, mas ainda acreditam na existência de um equilíbrio subjacente. Os modelos cristalizam as teorias econômicas em uma única estrutura consistente que pode ser usada para fazer previsões sobre o mundo real. Eles já existem há tempo suficiente para ter um bom histórico, então como conciliá-los com o teste de Friedman para fazer previsões precisas?

A resposta, como já vimos, não é tão fácil. Conforme discutido no Capítulo 1, e ilustrado nas Figuras 3 e 5, a capacidade de modelos econômicos preverem eventos como os preços do petróleo ou o crescimento do PIB não é muito melhor do que aleatória. Eles também não mostraram ser bons em prever os efeitos de mudanças políticas importantes.[16] Como o economista Alan Kirman observou: "Quase ninguém contesta o fraco desempenho preditivo da teoria econômica. As justificativas são muitas, mas a conclusão não é sequer objeto de debate."[17]

O problema não é apenas que os modelos não conseguem fazer previsões, mas sim que, assim como os modelos de risco falhos utilizados pelos bancos, dão uma falsa ilusão de controle. Em uma palestra de 2009, o economista Paul Krugman afirmou que grande parte das últimas três décadas de macroeconomia foi "espetacularmente inútil na melhor das hipóteses e positivamente danosa na pior". Robert Solow, em 2008, observou que a macroeconomia tem sido "notável por prestar muito pouca atenção aos dados... não há nada no desempenho empírico desses modelos que chega perto de superar um ceticismo modesto. E, mais certamente, não há nada para justificar a confiança nesses modelos para uma análise política séria.[18] Willem Buiter, que era membro do Comitê de Política Monetária (MPG) do Bank of England entre 1997 e 2000, afirmou em seu blog que a formação em macroeconomia moderna era "um grave obstáculo" quando se tratava de enfrentar a crise de crédito.[19]

O principal efeito dos modelos, em toda a sua elegante perfeição, tem sido o de dessensibilizar os legisladores quanto às realidades confusas e os riscos ocultos da economia. Outro ex-membro do Comitê de Política Monetária, David Blanchflower, escreveu que, embora os dados empíricos tenham sinalizado uma desaceleração da economia do Reino Unido em meados de 2007, o Comitê "ignorou esses dados, e até o final de agosto de 2008, a maioria argumentava que não haveria recessão".[20] Que dirá a mais longa recessão da história. Um problema é que os modelos não desempenham adequadamente o papel do setor financeiro na economia (que, em uma economia perfeita, não é necessário). O modelo de equilíbrio geral do Bank of England, por exemplo, omite os bancos.[21]

Embora Friedman tenha sido um dos primeiros a ver a estagflação como uma possibilidade, nem todas as suas previsões eram tão precisas. Sua teoria de que a inflação pode ser controlada apenas por meio da base monetária, por exemplo, acabou por ser um grande erro quando levou a inflação nos EUA e no Reino Unido a índices altíssimos.[22] A alegação de que a economia neoclássica pode ser defendida com base na sua capacidade de fazer previsões é o tipo de coisa extraordinariamente contraintuitiva que as pessoas só podem dizer quando são levadas pela crença inabalável e quase religiosa de que estão seguindo o caminho certo. Na verdade, o mentor de Friedman na Universidade de Chicago, Frank Knight, acreditava que os professores devem ensinar as teorias econômicas como se fossem "uma característica sagrada do sistema" em oposição a meras hipóteses.[23]

A alegação de Friedman de uma precisão preditiva faz mais sentido se a analisarmos como se desafiando as outras teorias. Tradicionalmente, a ciência evolui quando uma teoria é substituída por outra que faça previsões melhores. Se não surgir uma teoria nova e melhor, mas houver obviamente problemas com a teoria existente, então não há regra clara sobre como proceder. Qualquer que seja a tendência, ou o que quer que tenha o mais sólido e institucionalizado suporte, tenderá a dominar.[24] "Para dizer que algo falhou", diz Myron Scholes, "é preciso ter outra coisa para substituí-lo e, até agora, não temos um paradigma para substituir os mercados eficientes".[25]

Então, será que realmente não existe um modelo econômico alternativo que possa fazer previsões melhores do que as do modelo neoclássico? A resposta ainda não está clara, mas há, pelo menos, uma nova abordagem, e no seu âmago está a própria ideia do que significa ser humano.

Humanos irracionais

Uma peculiaridade psicológica dos seres humanos é que nós gostamos de encontrar explicações racionais específicas para as coisas. No início da década de 1970, uma das causas mais citadas para a estagflação foi a falência da indústria da pesca de anchovas no Peru, em 1972, que em grande parte se deveu a uma passagem violenta do fenômeno El Niño. As anchovas eram uma importante fonte de alimentação do gado, por isso o efeito foi pressionar para cima os preços dos alimentos. Outro fator que contribuiu para o desastre foi o sucesso da Organização dos Países Exportadores de Petróleo (OPEP) em restringir o fornecimento de petróleo, o que também impulsionou os preços. Para os monetaristas, a causa da estagflação foi a impressão de dinheiro excessiva por parte do governo inepto.

Embora as causas exatas sejam questionadas, uma coisa era certa: o efeito de estagflação foi tornar as pessoas infelizes. Não há nada como a alta dos preços e o risco de perder o emprego para irritar o eleitorado — que é o motivo pelo qual os políticos estão sempre atentos ao índice de miséria. Eles sabem que o dinheiro é um negócio emocional. Também pode acontecer que a causa da inflação tenha menos a ver com fatores como o petróleo, anchovas, ou base monetária, do que com emoções humanas básicas.

Em 1971, os psicólogos israelenses Daniel Kahneman e Amos Tversky publicaram um estudo que explorava a diferença entre a intuição, que eles chamaram de pensamento Sistema 1, e o raciocínio, ou Sistema 2. O Sistema 1, de acordo com Kahneman, é "rápido, fácil, associativo e muitas vezes tem forte carga emocional".[26] Também é regido pelo hábito, o que o torna difícil de mudar ou controlar. O Sistema 2, em contraste, é "consciente, intencional; mais lento, serial, envolve esforço e é deliberadamente controlado, mas pode seguir regras".

O documento, intitulado "Crença na lei dos pequenos números", apresentava resultados empíricos mostrando que os respectivos sujeitos experimentais, quando atuam no modo do Sistema 1, não conseguiam fazer estimativas precisas das probabilidades. Eles cometiam erros muito básicos, e pareciam não ter compreensão das regras do acaso. Talvez isso não fosse surpreendente, se não fosse o fato de que as pessoas que estavam sendo estudadas eram estatísticos experientes.

A "Lei dos Pequenos Números" no título do artigo era uma referência à "Lei dos Grandes Números". Esse é o nome de um teorema, definido sem provas por Girolamo Cardano e finalmente comprovado pelo matemático Jacob Bernoulli, em 1713, que afirma que a precisão de uma amostra estatística aumenta com o número de amostras — ou, como afirmou Quetelet: "O número de indivíduos observados." Por exemplo, a qualidade de uma pesquisa de opinião será muito melhor se for feita por milhares de pessoas, em vez de por dez pessoas.

Os estatísticos sabem disso muito bem — ou pelo menos o lado do Sistema 2 do seu cérebro sabe disso muito bem. Mas Kahneman e Tversky descobriram que, na prática, eles não precisavam de um grande número de amostras para chegar a uma conclusão — em vez disso, "consideravam uma amostra aleatoriamente tirada de uma população como altamente representativa, ou seja, semelhante à da população em todas as suas características essenciais". O Sistema 1 já estava produzindo a resposta antes de o Sistema 2 sequer ligar a calculadora de bolso. Como resultado, as pessoas poderiam ser facilmente enganadas.

Durante a sua longa colaboração, Kahneman e Tversky encontraram uma série de resultados que questionavam diretamente o pressuposto neoclássico de que tomamos decisões de forma racional. Se existe algo como o homem médio (ou a mulher média), então é correto afirmar que existem algumas peculiaridades psicológicas distintas nele. Por exemplo, ele tem uma atitude assimétrica em relação a perdas e ganhos — ele é cerca de duas vezes mais sensível às perdas — por isso tende a evitar assumir riscos. Ele é influenciado por acontecimentos recentes, portanto, se o mercado vem tendo um período recente de alta, então ele espera que a tendência continue. Ele não gosta de mudanças, prefere manter o que tem do que trocá-lo por algo similar, e odeia desistir de uma antiga crença. Ele subestima a probabilidade de eventos extremos e superestima sua própria capacidade de lidar com eles.

Alguém poderia pensar que um grupo de pessoas tomaria decisões melhores e, de certo modo, tomam. Mas, como Kahneman explica, "quando todos em um grupo são suscetíveis a desvios semelhantes, os grupos são inferiores aos indivíduos, porque os grupos tendem a ser mais extremos (...) Em muitas situações, ocorre um fenômeno de assunção de risco chamado de mudança arriscada. Ou seja, os grupos tendem a assumir mais riscos do que os indivíduos".[27] Os grupos também tendem a ser mais otimistas, suprimir as dúvidas e apresentar um pensamento homogêneo. Em grupos informais maiores, tais como os mercados, isso pode se traduzir em comportamento de manada, em que os investidores correm para entrar no mercado, ou sair dele, ao mesmo tempo.

O trabalho de Kahneman e Tversky ajudou a criar o campo das finanças comportamentais. A área foi recentemente complementada pelo campo ainda mais recente da neuroeconomia, que usa técnicas como as varreduras do cérebro para descobrir como os nossos cérebros lidam com decisões econômicas. Por exemplo, exames mostraram que a oferta de uma recompensa afeta partes diferentes do cérebro, dependendo se a recompensa é imediata ou futura. O primeiro caso desencadeia uma resposta mais forte, o que pode explicar por que muitas pessoas não economizam o suficiente para a aposentadoria.[28] Na verdade, estudos de pacientes que por razões neurológicas são incapazes de processar a informação emocional mostram que é extremamente difícil tomar decisões sem algum estímulo emocional.[29] Se realmente tivéssemos capacidade computacional infinita, mas nenhuma emoção, como o modelo neoclássico exige, seríamos incapazes de comprar um par de meias.

Não mencione a bolha

Os achados da economia comportamental e da neuroeconomia mudam a maneira como encaramos o sistema financeiro. De acordo com o argumento monetarista, a inflação torna-se estabelecida e é resistente ao controle do governo, porque a expectativa racional dos trabalhadores é que a inflação vai continuar, por isso insistem em aumentos de salário. Mas um outro enfoque é considerá-la um fenômeno do Sistema 1. Depois que a inflação está presente há alguns anos, tendemos a considerá-la uma tendência estabelecida, em vez de um evento aleatório (isto é um exemplo típico da "Lei dos Pequenos Números", em que criamos padrões com base em dados insuficientes). Ao mesmo tempo, nossa percepção do aumento dos preços é impulsionada pela ancoragem — comparamos os preços com aqueles com os quais nos habituamos e somos sensíveis à qualquer mudança. Nossa atitude assimétrica com relação à perda significa que a redução do nosso poder aquisitivo supera os ganhos salariais. A visão de outros trabalhadores a negociar aumentos salariais nos faz ter medo de estarmos ficando para trás. O resultado é um loop de feedback positivo em que inflação gera inflação. Outros fatores, tais como o dinheiro circulante e o estado geral da economia, claramente desempenham um papel, mas o problema em relação ao lado humano não envolve apenas expectativas racionais — mas também expectativas irracionais.

Da mesma forma, as bolhas nos preços dos ativos são movidas tanto por uma "exuberância irracional" quanto por fatores técnicos. Os Modelos de Equilíbrio Geral supõem que a economia reage passivamente aos choques externos, como uma máquina inerte, mas a realidade é que a economia é capaz de gerar surtos maníacos e mergulhos desesperados por conta própria. Um estudo das cem maiores variações nos preços diários do índice S&P ao longo de quatro décadas descobriu que, em vez de serem conduzidas pela notícia, a maior parte das grandes mudanças ocorreu em dias em que pouca coisa aconteceu.[30]

Embora Kahneman tenha sido agraciado com a versão econômica do Prêmio Nobel por seu trabalho (Tversky havia morrido), os resultados da economia comportamental têm sido vistos com desconfiança pela corrente dominante. Para os puristas dos mercados eficientes, eventos como bolhas, ou comportamentos irracionais, são invenções de pessoas que não entendem a sabedoria dos mercados. Como afirmou Eugene Fama em 2007, no auge da bolha imobiliária nos EUA, "os economistas são pessoas arrogantes. E quando não conseguem explicar algo, aquilo se torna irracional (...) A palavra "bolha" me deixa louco!"[31] De fato, de acordo com o economista comportamental Robert Shiller, "você não vai encontrar a palavra 'bolha' na maioria dos tratados ou livros didáticos de economia. Da mesma forma, uma busca em documentos de trabalho elaborados por bancos centrais e departamentos de economia nos últimos anos revela poucos exemplos de "bolhas" (...) a ideia de que existem bolhas tornou-se tão infame dentre os economistas e financistas, que levantar o assunto em um seminário de economia é como falar de astrologia para um grupo de astrônomos."[32] Steve Keen escreveu: "Como qualquer economista não ortodoxo sabe, é quase impossível ter um artigo aceito em um dos principais periódicos acadêmicos a não ser que ele contenha toda a panóplia de hipóteses econômicas: comportamento racional (de acordo com a definição econômica de racional!), mercados que estão sempre em equilíbrio... e assim por diante."[33]

Após a crise de crédito, esse ceticismo pode finalmente mudar. Shiller foi um dos poucos economistas que soou o alerta para a bolha imobiliária. Outro defensor é Richard Thaler, cujo livro *Nudge* vem tendo influência na administração do presidente Barack Obama. Como ele disse ao *Financial Times* em 2009, "a economia convencional supõe que as pessoas são muito racionais — super-racionais — e sem emoção. Elas podem calcular como um computador e não têm problemas de autocontrole. Nunca comem demais, nunca exageram na bebida, poupam para a aposentadoria, exatamente na medida certa — primeiro, calculando o quanto precisam economizar e depois religiosamente colocando o dinheiro na poupança. As pessoas reais não são assim."[34] Os governos devem considerar, portanto, "dar um empurrãozinho" nos cidadãos para que tomem decisões financeiras saudáveis. Por exemplo, fazer parte de programas de aposentadoria poderia se tornar a opção padrão, de modo que os trabalhadores teriam de optar por sair caso não quisessem participar.

Claro que, para alguns, isso tudo cheira a keynesianismo, e a ideia de que o governo sabe das coisas melhor do que o cidadão comum. Na verdade, suspeito que parte da razão pela qual a economia comportamental foi recebida com certa má vontade entre os economistas e planejadores governamentais de pensamento racional é que ela tende a se concentrar no aspecto negativo do comportamento intuitivo do Sistema 1 — do tipo frequentemente demonstrado por seres humanos — diminuindo as desvantagens do comportamento lógico do Sistema 2 — do tipo frequentemente demonstrado por modelos lógicos, ou planos governamentais que falharam (como veremos mais adiante, os economistas feministas e outros que atribuíram um papel mais positivo a elementos como sentimentos humanos enfrentaram algumas dificuldades). A lógica não é sempre superior à intuição, e o comportamento que parece estritamente racional pode revelar-se altamente destrutivo e irracional, se divorciado de uma compreensão do contexto mais amplo. Essa é uma das razões pelas quais estimular pode ser melhor do que forçar.

Os adeptos mais entusiasmados da psicologia comportamental, ao que parece, são os profissionais de marketing e os anunciantes. Como observou o neuropsicólogo David Lewis, as decisões de compra são "mais emocionais do que lógicas e são geradas na parte mais velha do cérebro", embora possamos racionalizá-las depois do fato.[35] Os varejistas e as empresas de publicidade estão bem à frente dos economistas quando se trata de entender essa questão, porque vem nos estimulando a comprar coisas desde que os shoppings foram inventados. As empresas de cartão de crédito descobriram, por exemplo, que obtêm uma melhor taxa de resposta às suas malas-diretas se pagarem a uma empresa de marketing para ligar mais ou menos uma semana antes e inocentemente perguntar ao cliente em potencial se ele está planejando fazer qualquer compra grande no futuro próximo.[36]

A economia imperfeita

O próximo passo para tornar a economia mais realista, então, é descartar para sempre a noção do homem econômico racional, e substituí-la por algo que reflete as observações empíricas de como as pessoas realmente se comportam. Os agentes econômicos devem tomar decisões com base nas informações disponíveis, em vez de com uma visão panorâmica global; devem empregar regras mais simples do que o raciocínio abstrato; devem ser racionais às vezes, mas nem sempre; e devem ser influenciados pelo contexto e por outros agentes. Nada disso vem facilmente no quadro do modelo neoclássico, que está preocupado com elegantes representações matemáticas de mercados perfeitos, mas é o resultado natural de modelos baseados em agentes.

Os ingredientes básicos de um modelo típico baseado em agentes constituem uma lista dos bens disponíveis, que podem ser transferidos, alterados ou negociados, e uma lista dos agentes econômicos. Esses incluem pessoas ou empresas que possuem, trocam ou transformam as mercadorias, e fornecem ou consomem serviços. Suas decisões são guiadas por um conjunto difuso e mutável das necessidades e preferências que podem ser influenciadas por outros agentes ou a passagem do tempo (portanto, sem função de utilidade fixa). Em vez de serem abençoados com uma habilidade apolínea de vislumbrar o futuro e maximizar a utilidade, os agentes podem cometer erros e aprender com eles. Os negócios incorrem em custos e envolvem intermediários financeiros como bancos (que podem falir). Há também fatores impulsionadores e limitadores externos, tais como entradas de energia e saídas de resíduos. Os parâmetros do modelo são ajustados para concordar com a riqueza de dados empíricos que agora estão disponíveis para transações econômicas de todos os tipos.

O comportamento da economia é determinado por simulações de computador que controlam as interações entre os agentes econômicos quando esses compram, vendem e comercializam bens e serviços. A economia do modelo, portanto, emerge das ações dos agentes individuais, tal como acontece na vida real. O objetivo não é apresentar provas matemáticas abstratas da estabilidade ou outras propriedades, como acontece com o modelo de Arrow-Debreu, mas em vez disso, usar o modelo como uma espécie de laboratório experimental para experimentar ideias.

Como os modelos baseados em agentes não fazem suposições de equilíbrio, são particularmente úteis na modelagem de fenômenos altamente dinâmicos, como as flutuações de preços. Por exemplo, foram desenvolvidos modelos em que centenas de agentes compram e vendem ações em mercados artificiais. Cada agente tem uma estratégia individual que pode mudar à medida que o agente responde às mudanças dos mercados e à influência psicológica de outros agentes. Como nos mercados reais, os preços não se fixam em um equilíbrio estável, mas estão em um estado constante de fluxo, com a possibilidade sempre presente de mudanças extremas, quando os investidores entram ou saem do mercado em uníssono. Os modelos também reproduzem características estatísticas, tais como agrupamento de volatilidade e distribuições da lei exponencial.[37]

Modelos baseados em agentes também proporcionaram um novo marco para o estudo de outros fenômenos, da inflação ao crescimento e morte das empresas.[38] Novamente, os modelos podem reproduzir elementos estatísticos da economia real que simplesmente não estão disponíveis aos modelos de equilíbrio, como a distribuição da lei exponencial do tamanho da empresa. Talvez o modelo mais ambicioso em desenvolvimento seja o liderado por Silvano Cincotti, da Universidade de Gênova, que tenta simular a economia de toda a União Europeia. O modelo inclui cerca de 10 milhões de domicílios, 100.000 empresas e 100 bancos, assim como agências governamentais e reguladoras. O objetivo, de acordo com Cincotti, é "ter um impacto notável sobre as capacidades das políticas econômicas da União Europeia e ajudar a projetar as melhores políticas em base empírica".[39]

Por que prever?

Ainda permanece a questão se os modelos baseados em agentes vão responder à crítica de Friedman, e fazer previsões melhores. Uma coisa é ser capaz de reproduzir o comportamento econômico e as estatísticas; e outra é prever corretamente como a economia vai reagir a uma mudança política ou nos regulamentos.

Outro ponto levantado por Friedman, com o qual concordo, é que, se os modelos pretendem ser preditivos, eles devem permanecer o mais simples possível: caso contrário, o resultado é uma estrutura extremamente complicada que pode fazer sentido em relação a dados passados, mas não consegue prever o futuro. Há evidências empíricas suficientes para mostrar que modelos simples fazem previsões melhores do que modelos complicados.[40] É por isso que os fundos de hedge não utilizam os modelos de EGC adorados pelos economistas e preferem confiar, em vez disso, em estratégias de negociação relativamente simples, mas robustas.

Modelos baseados em agentes não são claramente imunes a esse problema, e são mais bem vistos como imagens incompletas que capturam aspectos da economia real. No entanto, embora geralmente contenham um grande número de agentes individuais, isso não significa que são necessariamente mais complicados do que os modelos tradicionais, pois os agentes são normalmente descritos por um conjunto de instruções relativamente pequeno. Uma propriedade dos sistemas complexos é que as regras que descrevem o sistema em nível local podem ser extremamente simples, mas o comportamento emergente pode ser enriquecedor e muitas vezes surpreendente. Modelos baseados em agentes também podem ajudar a identificar os bolsões de previsibilidade, ou seja, características que permanecem robustas diante de mudanças nos parâmetros. Uma abordagem útil é começar com um modelo detalhado e então usá-lo para obter modelos mais simples que capturem aspectos emergentes de comportamento.[41]

O principal problema com as previsões econômicas, no entanto, tem menos a ver com a simplicidade ou não dos modelos, do que com o fato de que muitas das características da economia, tais como crises na bolsa, são inevitavelmente imprevisíveis. O objetivo dos modelos deve ser, não o de prever o imprevisível, mas o de ajudar a projetar o sistema financeiro para que ele seja mais robusto. Os modelos ortodoxos ignoram efeitos, como a irracionalidade dos investidores, o comportamento de manada, os loops de feedback destrutivo, e assim por diante, tendo como resultado o fato de que cada falha do sistema financeiro parece ser uma surpresa completa. Com sua insistência em aspectos como a estabilidade, normalidade e racionalidade, os modelos nos impedem de aprender com nossos erros e, portanto, criam sua própria forma de risco.

Não existe um modelo que será capaz de simular de forma realista o comportamento de pessoas reais, com poucas linhas de código. O cérebro humano é o objeto mais complexo conhecido no universo (pelo menos, é o que dizem nossos cérebros). Mas, apesar de seus inconvenientes, até mesmo modelos grosseiros que dão conta de fenômenos, como o acompanhamento de tendências e informações incompletas podem ser bons o suficiente para produzir melhorias substanciais em relação aos métodos atuais. Os modelos com base em agentes podem ser úteis para simular o comportamento emergente, como o fluxo de tráfego em uma cidade, sem simular o que está acontecendo na cabeça de cada motorista; da mesma forma, eles podem modelar alguns aspectos do fluxo de dinheiro e ajudar a melhorar a estrutura dos mercados financeiros, sem conhecer a base das decisões de cada indivíduo.

Prove

Em matemática, o mais alto nível de previsão é a prova matemática. Ela não afirma que algo vai acontecer amanhã ou na próxima semana, ou na maioria das situações — ela afirma que sempre vai acontecer. Há também uma espécie de lei da entropia que classifica as provas de acordo com a generalidade dos seus resultados, divididos por sua complexidade. É a versão matemática de "Beleza é verdade, verdadeira beleza". O objetivo é explicar, tanto quanto possível, da forma mais curta e mais elegante possível. Pitágoras provou que, em todos os triângulos retângulos, a soma dos quadrados dos catetos é igual ao quadrado da hipotenusa. Cantor demonstrou que nenhum matemático jamais será capaz de produzir uma lista dos números irracionais. As provas em um ou outro caso usam argumentos simples, elegantes, mas extremamente poderosos.

O modelo de Arrow-Debreu foi motivado por um desejo de levar o mesmo tipo de beleza, clareza e permanência para a economia. Gerard Debreu acreditava que o "teste ácido" para as teorias econômicas deveria ser o de "remover todas as suas interpretações econômicas e deixar a sua estrutura matemática por conta própria".[42] Para isso, porém, o modelo teve de conceder o mesmo tipo de poder racional e profético à economia.

Os modelos baseados em agentes não têm esse apelo abstrato. Um teste baseado em agente do teorema de Pitágoras seria executar muitas simulações de triângulos diferentes e verificar se todas elas satisfazem a regra. Como um cientista, tudo que um modelador pode fazer é mostrar que o resultado se mantém constante no instante e da forma em que é testado. Não se trata da harmonia pitagórica das esferas. Nem de $E=mc^2$. Se há uma vantagem, é a de que o modelador tem menos probabilidade de se encantar com o modelo ou de confundi-lo com a realidade.

Tais modelos, no entanto, fornecem uma espécie de prova negativa. Como o seu comportamento é completamente diferente dos modelos tradicionais de equilíbrio — por um lado, não têm equilíbrio — eles provam que a imagem neoclássica de otimização da utilidade racional não pode estar certa.

Os modelos baseados em agentes também são uma forma útil de aproveitar a enorme quantidade de dados econômicos que estão disponíveis. "A economia existente", afirma o prêmio Nobel Ronald Coase, "é um sistema teórico que flutua no ar e que tem pouca relação com o que realmente acontece no mundo real."[43] Segundo o economista Fischer Black, "uma teoria não é aceita porque é confirmada por testes empíricos convencionais, mas porque os pesquisadores persuadem uns aos outros de que a teoria é correta e relevante".[44] Muitos trabalhos sequer mencionam dados econômicos reais, preferindo entregar-se a argumentos abstratos que o economista Roger Bootle chama de "uma forma moderna de escolástica medieval — sem uso ou interesse ao homem ou besta".[45] Mas como os modelos baseados em agentes são menos fixos ou idealistas em suas suposições, podem facilmente incorporar perspectivas empíricas. A sua utilização vai ajudar a economia a se transformar em uma disciplina mais empírica, com base em observações, e não apenas em teorias abstratas.

O que parece estranho é que a economia dominante tem se apoiado em sua visão de homem econômico racional por tanto tempo, apesar de todas as evidências de que as pessoas não se comportam assim. Assim como existem mais maneiras de os números serem irracionais do que racionais e mais formas de traçar uma linha torta do que reta, existem mais maneiras de se comportar de forma irracional do que racional (e, muitas vezes, parecemos tentados a explorá-las). Essa insistência por parte dos economistas pode ser explicada em parte pela psicologia comportamental e efeitos como: a tendência à propriedade, a aversão à perda e o medo da mudança — defendemos ideologias tão firmemente quanto nos apegamos a bens mais preciosos. Economistas que foram formados para acreditar que as pessoas se comportam racionalmente acham difícil aceitar que, na verdade, a ideia era muito ruim desde o princípio.

Conforme mostrado no capítulo seguinte, porém, a ideia do *Homo economicus* é ainda mais profunda do que isso. Mais uma vez, é parte de uma tradição de 2.500 anos com as suas raízes na Grécia Antiga — portanto, abandoná-la pode ser a coisa mais difícil do mundo. Pelo menos para a metade da população.

capítulo 6

A economia de gênero

"Minha voz não era popular. Os mercados financeiros vinham se expandindo, a inovação avançava a passos largos e o país estava próspero. A indústria de serviços financeiros argumentava que os mercados provaram ser autorregulados e que o papel do governo na fiscalização e regulação do mercado deveria ser reduzido ou eliminado. Todos nós já pagamos um alto preço por esse argumento falacioso."
BROOKSLEY BORN, EX-PRESIDENTE DA
COMMODITY FUTURES TRADING COMMISSION (2009)

"Eles [Alan Greenspan, Robert Rubin e Larry Summers] acharam, na minha opinião, que entendiam mais de finanças do que ela."
JIM LEACH, COAUTOR DA LEI GRAMM-LEACH-BLILEY DE 1999 (2009)

INVESTIDORES INDEPENDENTES QUE SABEM O QUE PENSAM E NÃO SÃO IN-FLUENCIADOS PELAS OPINIÕES DOS OUTROS; QUE ENFATIZAM A LÓGICA E A RAZÃO EM DETRIMENTO DOS SENTIMENTOS E EMOÇÕES; QUE CREEM NA ESTA-BILIDADE EM VEZ DE NO FLUXO E NA MUDANÇA: SERÁ QUE A TEORIA ECONÔ-MICA ORTODOXA INCORPORA UM VIÉS DE GÊNERO? SERÁ QUE É POR ISSO QUE O CAMPO É DOMINADO NOS MAIS ALTOS NÍVEIS ACADÊMICOS, EMPRESARIAIS E GOVERNAMENTAIS POR HOMENS? QUAIS SÃO AS IMPLICAÇÕES ENVOLVIDAS, NÃO APENAS PARA A TEORIA ECONÔMICA, MAS PARA A PRÓPRIA ECONOMIA? COMO UMA ECONOMIA PROJETADA POR MULHERES SERIA DIFERENTE DA ATU-AL? SERÁ QUE CONSEGUIREMOS NOS AFASTAR DO QUE ALGUNS CHAMAM DE ECONOMIA YANG? ESTE CAPÍTULO MOSTRA COMO AS ECONOMISTAS E LÍDERES EMPRESARIAIS FEMINISTAS ESTÃO MUDANDO A MANEIRA COMO PENSAMOS SO-BRE O DINHEIRO.

Em agosto de 1984, o economista Milton Friedman viajou para Reykjavik para dar uma palestra sobre a economia da Escola de Chicago na Universidade da Islândia. Enquanto estava lá, também participou de um debate televisivo com três socialistas de aparência séria. O moderador começou pedindo a ele que definisse sua ideia de uma sociedade utópica. Ele respondeu: "Minha utopia pessoal é aquela que considera o indivíduo — ou a família, se preferir — o elemento-chave na sociedade. Eu gostaria de ver uma sociedade na qual os indivíduos tenham máxima liberdade para seguir seus próprios objetivos em qualquer direção que desejarem, desde que não interfiram com os direitos dos outros de fazer a mesma coisa." Em outras palavras o papel do governo deve ser mínimo e restrito a áreas como defesa, justiça e regras básicas de legislação.

O debate era de três contra um, mas Friedman — um excelente debatedor — defendeu com louvor a sua posição. Um dos temas que surgiu foi o fato de as pessoas estarem pagando inscrição para participar, quando normalmente esses eventos eram gratuitos. Friedman respondeu que todas as palestras têm custos, por isso era justo que esses fossem cobertos pelos participantes, em vez de serem subsidiados por outras pessoas. Em uma economia saudável, os indivíduos cuidam de si e compram seus próprios ingressos.

Esse argumento deve ter chamado atenção de alguns membros da plateia, porque as posições de Friedman foram logo endossadas por jovens intelectuais no apropriadamente denominado Partido da Independência. Um deles, Davin Oddsson, seguiu carreira e se tornou o primeiro ministro islandês com mais anos no cargo (1991-2004); mais tarde, tornou-se presidente do banco central daquele país (de 2005 até abril de 2009). Suas reformas radicais durante o período transformaram a Islândia de uma das economias mais reguladas do mundo em uma versão fria e vulcânica da utopia de Friedman.

As empresas e os bancos estatais foram privatizados, os impostos foram reduzidos, os mercados de capitais foram liberalizados e os subsídios industriais foram cortados. Na Islândia, se você quisesse assistir ao show, tinha de comprar seu próprio ingresso, como afirmou Friedman. Essas escolhas tiveram ótima aceitação entre os economistas neoclássicos, incluindo os do Instituto Fraser, um "*think tank*" canadense sobre o livre mercado. Em 1980, haviam classificado a Islândia em 67º lugar (de 105 participantes na pesquisa) em uma lista das economias mais livres do mundo — apenas um país acima de Serra Leoa.[1] Por volta de 2006, sua posição tinha melhorado para 12º, entre 141.

Muitas das reformas foram de fato bem-sucedidas no começo. A inflação foi domada por meio de um rigoroso controle monetário. A indústria da pesca excessivamente subsidiada foi refreada. Empresários, como o exibicionista Jon Asgeir Johannesson, CEO da Baugur, comandaram uma invasão islandesa das principais ruas comerciais de Londres, comprando participações em varejistas, incluindo French Connection, Debenhams, House of Fraser e a loja de brinquedos Hamleys. O saguão do escritório de Baugur em Londres apresentava em destaque uma escultura de um Viking carregando, por alguma razão, um violão e um aquário enorme.

Os bancos islandeses foram ainda mais aventureiros. Adotando reformas de livre mercado e as mais recentes ideias em engenharia financeira, eles expandiram para os mercados estrangeiros e tornaram-se os maiores emprestadores para poupadores no Reino Unido, Holanda e outros países. Nada mau para um pequeno país de apenas 320 mil pessoas, a maioria das quais ligadas por laços consanguíneos.

Foi aí que a Islândia sofreu os efeitos de um tipo diferente de vulcão.

Terror financeiro

Uma das grandes vantagens, mas pouco anunciadas, do internet banking é que se você quiser participar de uma corrida ao banco, não precisa fisicamente fazer fila como nos velhos tempos — todas as operações podem ser realizadas no conforto de seu próprio lar. Talvez não consiga obter seu dinheiro de volta, mas pelo menos não perde tanto tempo nem pega chuva.

Essa foi a ideia que, simultaneamente, ocorreu a uma grande fração da população britânica em outubro de 2008. O banco on-line Icesave, administrado pelo Landsbanki, havia atraído centenas de milhares de poupadores com suas taxas de juros generosas e campanhas de marketing convidativas — 6,3% para acesso imediato e mais altas para contas de prazo fixo. E não eram apenas os indivíduos que estavam guardando suas economias. O Kent County Council havia depositado cerca de £50 milhões em bancos islandeses, e outras autoridades locais tinham seguido o exemplo. Mas, então, correu a notícia de que a economia islandesa estava em apuros. A coroa islandesa estava perdendo valor, a inflação estava subindo, os bancos estavam parecendo frágeis, e a bolsa de valores estava se perdendo no oceano. Os artigos publicados na imprensa britânica diziam que a Islândia estava à beira do colapso.

Os poupadores ficaram assustados e correram para o computador a fim de sacar seu dinheiro.

Infelizmente, o site Icesave rapidamente congelou, o que mostra que mesmo na era da internet, é preciso ser rápido. Os últimos a perceber a gravidade da situação, aparentemente, foram os conselhos municipais britânicos, que ainda estavam depositando dezenas de milhões de libras até o último momento (esse fato foi determinado pela Comissão de Auditoria do Reino Unido, que também fez depósitos de £10.000.000 nos bancos).

As coisas pioraram quando Oddsson, que era então presidente do banco central, disse a um entrevistador da TV islandesa que: "Decidimos que não vamos pagar a dívida externa de pessoas imprudentes (...) dos bancos que foram um tanto descuidados."[2] O Tesouro do Reino Unido imediatamente invocou uma lei antiterrorista para congelar bilhões de libras de bens islandeses. Isso selou o destino da economia islandesa. Apenas dez dias após o início da crise, nenhum de seus três principais bancos ainda estava de pé, e o breve reinado do país como potência financeira chegou ao fim.

Os poupadores estrangeiros receberam seu dinheiro de volta no final das contas, mas na Islândia as consequências foram devastadoras — a crise de crédito atingiu o país de forma mais intensa do que em qualquer outro país industrializado. As taxas de juros, a inflação e o desemprego todos dispararam, e a coroa despencou em relação a outras moedas. O resultado foi estagflação ao quadrado. A construção de moradias e a venda de automóveis estagnaram de repente. Protestos generalizados anti-governo forçaram a renúncia de Oddsson e do primeiro-ministro Geir Haarde. E as pessoas começaram a perguntar o que havia dado errado.

Um problema evidente é que Autoridade Supervisora das Finanças da Islândia tinha permitido que os bancos recentemente privatizados emprestassem dinheiro demais — cerca de dez vezes o PIB do país, ou meio milhão de dólares para cada homem, mulher e criança. O banco central não poderia, portanto, atuar como um emprestador plausível em última instância. Quando os bancos enfrentaram problemas, estavam por conta própria.

Durante os anos de expansão, muitas pessoas e empresas também realizaram grandes empréstimos em moeda estrangeira (exemplo de operações de carregamento, discutido no Capítulo 3). Como a coroa subiu, os empréstimos se tornaram mais fáceis de pagar; mas quando a economia afundou, viram-se mergulhados em dívidas impagáveis.

O governo britânico também desempenhou um papel nesse processo com a decisão de recorrer à legislação antiterror. O sistema bancário depende da confiança, e é considerado ruim que o Banco Central e o Ministério das Finanças do país aparecerem na lista oficial de organizações terroristas do Reino Unido, lá no topo, junto com a Al Qaeda e o Taliban.

Na Islândia, no entanto, muitos acreditavam que as raízes do problema estavam em determinada cultura e em determinado grupo de pessoas que mantiveram o poder por muito tempo. Como Halla Tomasdottir da Audur Capital disse à revista *Der Spiegel*: "A crise é artificial. São sempre os mesmos sujeitos. Noventa e nove por cento frequentaram a mesma escola, dirigem os mesmos carros, usam os mesmos ternos e têm as mesmas atitudes." Ela descreveu seu foco sobre os lucros de curto prazo, sem qualquer preocupação com as consequências mais amplas, como uma "típica atitude masculina", semelhante à "competição pelo tamanho do pênis".[3]

Em outras palavras — e talvez eu esteja lendo nas entrelinhas aqui — a crise de crédito era algo típico dos homens.

Capital emocional

É claro que a Islândia não é o único país em que as mulheres se queixam de que os homens são responsáveis por todos os problemas, porém, nesse caso, elas realmente gritaram e fizeram algo a respeito. O país tem sido líder mundial em medidas que promovem a igualdade entre os sexos e a participação feminina na força de trabalho, e quando perceberam o que havia acontecido com seu dinheiro, as mulheres entraram em ação. Geir Haarde foi substituído como primeiro-ministro pela primeira líder mundial assumidamente lésbica, Johanna Sigurdardottir. As mulheres assumiram a administração de dois dos bancos falidos e ocuparam cargos ministeriais e posições de grande visibilidade supervisão financeira.

Um exemplo da mudança de cultura foi o novo fundo de investimento criado pela Audur Capital, juntamente com a famosa cantora islandesa Bjork, a fim de se concentrar em *start-ups* ecológicas. Segundo Halla Tomasdottir, o fundo é guiado por "valores femininos básicos", que incluem a conscientização do risco — "não vamos investir em coisas que não entendemos"; lucrar com princípios — "um impacto social e ambiental positivo"; capital emocional — "analisamos as pessoas, se a cultura corporativa é um ativo ou um passivo."[4]

Para alguém acostumado com o mundo cão, difícil e atribulado das finanças, isso pode parecer um pouco estranho e festivo demais — como Bjork em seu famoso traje de cisne. É difícil imaginar Halla ou suas colegas sendo convidadas a comparecer em breve no *Fast Money* — o frenético, e muito machista, programa de entrevistas financeiras na TV a cabo norte-americana.

Então, podemos realmente dizer o que a economia precisa para se tornar mais feminina e menos movida a testosterona? E — a pergunta relacionada — será que a teoria econômica é inerentemente tendenciosa a favor da perspectiva masculina?

Para responder a essa delicada questão, é importante primeiro definir alguns limites seguros. Eu não quero cometer o mesmo erro que Larry Summers fez, quando, como reitor da Universidade de Harvard, deixou implícito que as mulheres não se saíam tão bem em ciência e engenharia por causa de diferenças biológicas inatas.

Assim, permitam-me ser absolutamente claro: na discussão a seguir, não estou de forma alguma querendo dizer que nós homens somos incapazes de criar teorias econômicas ou que não devemos merecer confiança quando se trata de dinheiro ou que sofremos de algum tipo de falha biológica inata.

Na verdade, para estar ainda mais seguro, vou descrever o problema, o melhor possível, em termos de alguns conceitos muito antigos que ameaçam nossa política sexual moderna. yin e yang. Ou, em termos numéricos, par e ímpar.

Filho estranho

Segundo a mitologia grega, as previsões de Delfos originalmente não eram devido a Apolo, mas à deusa da terra, Gaia. Suas profecias eram cantadas por uma figura mítica chamada Sibila. O local era guardado pela filha de Gaia, a serpente Píton. No entanto, o jovem deus Apolo matou Píton e assumiu o templo como seu. (Sua porta-voz, a pitonisa, recebeu seu nome em homenagem a Píton; o mesmo, aliás, aconteceu com Pitágoras.)

Escavações arqueológicas contam uma história semelhante. De 1500 a 1100 a.C., a área era ocupada por assentamentos micênicos da Idade do Bronze que eram devotos à Mãe Terra. O novo deus Apolo chegou pelas sociedades invasoras, e começou a dominar. A arte religiosa também foi alterada. Como o matemático Ralph Abraham explica: "A deusa submergiu no inconsciente coletivo, enquanto que suas estátuas foram submetidas a operações de mudança de sexo."[5]

Pitágoras, cujos seguidores acreditavam ser descendente direto de Apolo, pode se considerar a encarnação humana dessa mudança de poder. Os pitagóricos compilaram uma lista de dez princípios opostos que dividiam os fenômenos em dois grupos:

Limitado	Ilimitado
Ímpar	Par
Um	Muitos
Direita	Esquerda
Masculino	Feminino
Em descanso	Em movimento
Honesto	Desonesto
Claro	Escuro
Quadrado	Retângulo
Bom	Mau

"Limitado" e "Ilimitado" eram os dois princípios fundamentais do universo, e se uniram para formar os números. O primeiro representava a ordem e estava associado com os números ímpares; o segundo significava o caos e a pluralidade, e estava associado com números pares. Os números pares continham o número 2, o que representava a divisão inicial do universo e era símbolo de discórdia e discordância.

Não se sabe por que os pitagóricos escolheram essa determinada lista de pares, mas há uma interessante correspondência entre ela e os conceitos chineses de yin e yang.[6] De acordo com o regime chinês, que é igualmente antigo, os números ímpares são yang, e os pares são yin. A luz é yang, a escuridão é yin. O masculino é yang, o feminino é yin. Na verdade, a única diferença notável entre a lista de Pitágoras e o equivalente chinês é que os pitagóricos explicitamente associavam uma coluna com o bem e a outra com o mal. Eles acreditavam que, ao se associar com propriedades yang, eles poderiam se aproximar dos deuses.

Como veremos, a lista de Pitágoras permeia a economia tradicional da mesma forma que o yin e o yang permeiam a medicina tradicional chinesa. No entanto, em vez de ver o yin e o yang como dois aspectos de um todo unificado, como na cultura chinesa, a economia é fundamentalmente dualista e enfatiza sempre o yang. O viés de gênero não é uma característica acidental da teoria econômica, está incorporada no seu DNA.

Vestindo-se como Apolo

A Grécia Antiga, em geral, não é um ponto alto para o movimento feminista. Os pitagóricos admitiam mulheres em seu culto, mas ainda associavam o arquétipo feminino com a escuridão e o mal. Pensar em termos de números, observa a autora de artigos científicos Margaret Wertheim, era "uma tarefa inerentemente masculina. A matemática era associada aos deuses e à transcendência em relação ao mundo material; as mulheres, por sua natureza, estavam supostamente ligadas a esse último domínio mais básico."[7] No *Timeu*, Platão descreveu as mulheres como sendo provenientes de almas moralmente defeituosas. Aristóteles via o arquétipo do homem como ativo, o feminino como passivo e escreveu na *Política* que: "o sexo masculino é superior por natureza e o feminino, inferior (...) um domina, e o outro é dominado." As mulheres eram capazes de pensamento racional e deliberativo, porém isso ocorria "sem autoridade."[8] Não é à toa que foram impedidas de entrar em seu Liceu.

O pensamento científico continuou a ser dominado por homens e por um tipo limitado de masculinidade característico do lado esquerdo do cérebro que enfatiza a objetividade e a análise imparcial.[9] Francis Bacon, a quem se credita o estabelecimento do método científico empírico no início do século XVII, descreveu o papel da ciência na obra *The Masculine Birth of Time* como "conquistar e dominar a Natureza" e "invadir e ocupar seus castelos e fortes" — uma atividade claramente adequada para "a abençoada raça de Heróis e Super-homens".[10] Quando a Royal Society foi fundada em 1660, Henry Oldenburg definiu seu objetivo como sendo o de construir uma "Filosofia Masculina", que eliminaria "a Mulher existente dentro de nós".[11]

As coisas não haviam mudado muito no final do século XIX, quando a economia neoclássica estava em sua fase de gestação. Para os vitorianos, a ciência era uma atividade tão masculina quanto aparar o bigode e lutar boxe sem luvas. Existem inúmeras teorias que afirmam que as mulheres eram menos racionais e inteligentes do que os homens, por causa de fatores biológicos, tais como o tamanho do cérebro ou a genética. Muitos departamentos universitários não admitiam mulheres até o início do século XX. Mesmo em 1959, quando C.P.

Snow fez sua famosa conferência sobre As duas culturas e a revolução científica, ele ignorou o papel da mulher, acrescentando em uma nota de rodapé que: "O que quer que digamos, na realidade, não consideramos as mulheres adequadas para as carreiras científicas."[12]

Enquanto a ciência em geral ainda pende para o yang — no esquema numérico dos pitagóricos, ela lança mais números pares do que ímpares — a economia é um caso extremo. Por exemplo, como a teóloga e psicóloga feminista Catherine Keller observa, há uma forte correspondência entre a teoria do átomo newtoniana e o senso masculino do eu: "É distinto, impenetrável e apenas extrinsecamente e acidentalmente relacionado com os outros com os quais esbarra em seu vazio."[13] Essa visão de átomos já foi abandonada na física, mas vive na economia ortodoxa com o conceito do homem econômico racional.

Como observa a economista Julie A. Nelson, a economia tradicional continua a ser caracterizada por uma ênfase "no distanciamento, no raciocínio matemático, na formalidade e na abstração", que são culturalmente vistos como características masculinas, em oposição aos "métodos associados com conectividade, raciocínio verbal, informalidade e detalhes concretos, que culturalmente são considerados características femininas — e inferiores".[14] (Quando o psicólogo James Hillman definiu a "premissa arquetípica em Apolo" como "distanciamento, desapego, masculinidade exclusiva, clareza, beleza formal, objetivo de longo prazo e elitismo", ele poderia estar analisando um economista.)[15] A cultura yang da economia — em vez de uma relação com aptidões matemáticas — pode explicar por que mulheres economistas são tão mal representadas nos altos escalões da academia, e por que demorou até 2009 para o Prêmio Nobel de Economia ser concedido a uma mulher, Elinor Ostrom, que é cientista política e não economista.[16]

Na verdade, a rigor, nenhuma economista ganhou o Prêmio Nobel, nem deveria ser chamada de ganhadora do prêmio Nobel. O Prêmio Sveriges Riksbank em Ciências Econômicas em Memória de Alfred Nobel, para usar o seu título completo, foi criado em 1969, sete décadas depois da morte de Nobel, por um banco — o Banco da Suécia. Peter Nobel contou ao autor Hazel Henderson, em 2004, que o banco tinha "infringido a marca registrada de Nobel. Dois terços dos prêmios do Banco em economia foram concedidos a economistas norte-americanos da Escola de Chicago que criaram modelos matemáticos para especular nos mercados de ações e opções — o exato oposto dos propósitos de Alfred Nobel de melhorar a condição humana."[17] Pelo menos o nome é fácil de pronunciar, um dos motivos que explicam por que se tornou tão popular.

A história por trás da palavra "laureado" também é interessante. Na Grécia Antiga, o loureiro era o símbolo de Apolo. O deus é frequentemente retratado em obras com louros no cabelo, e os louros eram usados como uma coroa de flores para homenagear os heróis. Hoje em dia, a palavra passou a ser associada com o Prêmio Nobel, e por extensão, com a versão do Banco da Suécia. Assim, quando os economistas coroam seus campeões como laureados, estão vestindo-os de Apolo.

O principal problema com esse viés masculino e essa postura heroica é que a teoria econômica faz mais do que estudar a economia — também ajuda a dar-lhe forma, endossando e legitimando o "típico comportamento masculino", o que, embora seja divertido para os envolvidos, tem o efeito colateral infeliz de desestabilizar a economia não apenas na Islândia, mas no mundo todo. Para ilustrar isso, vamos apresentar uma crítica feminista detalhada da crise das hipotecas subprime de 2007.

Desgoverno doméstico

A palavra "economia" originalmente deriva das palavras gregas *oikos* (casa) e *nomos* (lei), e significa algo como "regra doméstica". É irônico, portanto, que a teoria econômica esteja por trás do desgoverno doméstico da crise das hipotecas subprime.

Em 22 de novembro de 1999, o sempre alegre senador republicano do estado do Texas, Phil Gramm, fez um anúncio particularmente feliz. Ele obteve a aprovação do Senado dos EUA para oferecer uma medalha de ouro homenageando Milton Friedman "por sua contribuição permanente para a liberdade e oportunidade individual e pelo seu apoio e esforço contínuos para defender o livre mercado e o capitalismo. Embora muitos americanos nunca saberão seu nome, o poder do intelecto de Milton Friedman mudou profundamente os Estados Unidos e o mundo".[18]

Isso acabou não sendo exagero. Apenas dez dias antes, Gramm havia defendido os valores (masculinos) de Friedman de modo diferente — ao pressionar pela aprovação de uma legislação controversa conhecida como a Lei Gramm-Leach-Bliley (todos homens). Uma das poucas vozes dissidentes era de Brooksley Born, a representante feminina na Commodity Futures Trading Commission.

A principal função da Lei era acabar com a regulamentação da era da Depressão que separava os bancos de investimento dos bancos comerciais comuns e que também impedia os bancos de operarem como companhias de seguros. As razões para a assinatura "deste projeto de lei de desregulamentação", afirmou Gramm, eram que "o Governo não é a resposta (...) Aprendemos que promovemos o crescimento econômico e a estabilidade por meio da concorrência e da liberdade".[19] Secretário do Tesouro de Bill Clinton na época, o multifacetado e sempre presente Larry Summers, opinou: "Com este projeto de lei, o sistema financeiro americano dá um passo importante em direção ao século XXI."

O próximo ato de Gramm, no ano seguinte, foi a Lei de Modernização dos Mercados Futuros de Commodities, que isentava futuros e derivativos de qualquer tipo de regulamentação. "Juntamente com a Lei Gramm-Leach-Bliley", disse Gramm, "o trabalho deste Congresso será considerado um divisor de águas, quando nos afastamos de uma abordagem ultrapassada da era da Depressão, da regulamentação financeira, e adotamos um marco regulatório que colocará nosso setor de serviços financeiros em posição de se tornar líder mundial no próximo século".[20] Na verdade, os dois projetos de lei apenas deram continuidade a uma tendência em direção a uma maior desregulamentação que existia desde os anos do pós-guerra. O artigo sobre futuros de energia tinha sido gentilmente elaborado pelos advogados da empresa de energia Enron. A esposa de Gramm fazia parte da diretoria e a empresa doou US$ 97.000 para as despesas de sua campanha.

Os Estados Unidos, portanto, entraram no novo século, despojados de toda a bagagem da era da Depressão e prontos para fazer uma engenharia financeira inovadora e de ponta. À frente do bando estava a Enron, que aproveitou o momento lucrando imensamente com a desregulamentação dos mercados futuros de energia por cerca de um ano, antes de se perder e acabar queimada.

Sem se deixar abalar pela visão dos destroços ainda fumegantes, e por bilhões de dólares em danos colaterais, os engenheiros financeiros prosseguiram com outros produtos novos, incluindo a obrigação de dívida colateralizada (CDO), e os *credit default swaps* ou swaps de crédito (CDS). Juntos, eles mudariam a forma de pensar dos americanos sobre a casa própria.

Alquimia financeira

Nos velhos tempos, antes que a indústria da hipoteca se modernizasse, e quando os CDOs e os CDS eram apenas um brilho nos olhos de um jovem genial, todo o processo de comprar um imóvel era incrivelmente doloroso. Em primeiro lugar, você tinha de fazer um depósito considerável, de cerca de 20%. Depois, você teria de ir fisicamente em sua agência bancária e pedir um empréstimo a um dos seres humanos ali presentes. E, para mostrar que você podia pagar o empréstimo, e assegurar o êxito da transação, você precisaria apresentar um comprovante de renda. Como, por exemplo, um contracheque recente.

Obviamente, isso era altamente ineficiente e ia contra a ideia de liberdade econômica. Era igualmente ruim para o banco. Ele teria de verificar suas credenciais, talvez tratá-lo como uma pessoa em vez de um número etc., e no final das contas, supondo que fosse adiante com o processo, o banco ficaria preso a um empréstimo de longo prazo e inflexível em seus livros. Para o banco, a sua casa não era um símbolo de segurança e estabilidade, ou de noites em família ao redor da lareira — era um risco purulento e um passivo, e, além disso, a cobrança de juros era limitada por regulamentos.

Então, para ajudar com esses problemas, as instituições financeiras começaram a trabalhar com CDOs, que existiam desde a década de 1980. Uma hipoteca, assim como um título, é um empréstimo que é pago por meio de prestações periódicas para que possa ser visto como um instrumento financeiro que dá rendimento regular em troca de certo risco de inadimplência. Os bancos podem, portanto, negociar hipotecas da mesma forma que negociam outros instrumentos financeiros. No entanto, os empréstimos individuais são relativamente pequenos e têm um cronograma de pagamentos fixo, sendo, portanto, difíceis de negociar, por isso a ideia do CDO era reuni-los em um grupo grande; dividir o grupo em tranches, ou parcelas, de qualidade variável; e depois vender as parcelas como instrumentos separados.

Uma vantagem dessa abordagem é que ela contornava o problema de lidar com os detalhes das vidas das pessoas. Se um banco assumisse a propriedade de uma hipoteca individual, se sentiria compelido a descobrir algo a respeito do proprietário do imóvel e sua capacidade de pagar o empréstimo. Mas com um CDO, o banco estaria lidando com o proprietário médio. Alguns dos empréstimos individuais não seriam pagos, mas o empréstimo médio funcionaria bem. Isso significa que os bancos poderiam relaxar seus padrões de concessão de empréstimos, pelo menos por um preço justo. Como um ex-executivo de empréstimos testemunhou: "Se alguém parecesse sem instrução, desarticulado, fosse parte de uma minoria ou fosse particularmente jovem ou velho, eu tentaria incluir todos [os custos adicionais] que o CitiFinancial oferecia."[21]

Além disso, como os empréstimos eram divididos em parcelas, era possível alcançar uma espécie de alquimia financeira e transformar até mesmo a mais arriscada das hipotecas em um título de alta qualidade. Suponha que um CDO agrupasse mil hipotecas. Mesmo que, individualmente, os empréstimos pareçam um pouco suspeitos, o banco pode estimar que, ao todo, o nível de inadimplência será inferior a 10%. Ninguém sabe, no início, quem será inadimplente ou não, mas isso não importa, porque as parcelas são definidas por ordem de hierarquia. Os investidores na faixa superior recebem primeiro quaisquer rendimentos, e como os primeiros 90% dos empréstimos podem ser considerados seguros, o seu risco é baixo. As faixas inferiores são as primeiras a sofrer quando os empréstimos não são pagos, mas também pagam uma taxa de juros mais alta para compensar, o que atrai investidores como fundos de hedge que estão em busca de rendimento. A mesma ideia pode ser aplicada a qualquer tipo de empréstimo, tal como propriedade comercial ou dívida de mercado emergente.

Os CDOs, portanto, forneceram uma forma de reunir um monte de empréstimos individuais e atrair deles novos produtos de investimento com um grau de risco adaptado. O processo poderia ser repetido: grupos de CDOs foram combinados, fatiados em faixas e transformados em CDO²s. Ou mesmo CDO³s. Níveis superiores de CDOs de qualidade menor, portanto, poderiam ser transformadas em ouro financeiro. A indústria de hipotecas se tornou cada vez mais especializada: um corretor vendia hipotecas, um banco de crédito hipotecário as compilava, um banco de investimentos as transformava em um produto de investimento e outra empresa seria responsável por gerenciar a cobrança. Isso levou a alguns ganhos de eficiência, mas também teve o efeito de romper a ligação — o elo — entre o fornecedor da hipoteca e o proprietário do imóvel, por isso seus interesses não estavam mais alinhados.[22]

Dê-nos algum crédito

Embora os CDOs tenham facilitado o processo de transformação até mesmo das mais duvidosas hipotecas em um produto facilmente comercializado e valioso, ainda havia uma série de problemas. O primeiro foi que os bancos estavam limitados em termos do número de hipotecas que poderiam agrupar dessa forma, por causa da tediosa regulamentação bancária que fixava um limite máximo para o montante que poderia ser emprestado. Foi aí que entrou o "projeto de lei de desregulamentação" de Gramm. Um de seus efeitos foi permanentemente desregulamentar um então obscuro produto financeiro conhecido como *credit default swap* (CDS), ou swaps de crédito.

O swap de crédito foi inventado na década de 1990 por uma equipe da JP Morgan, e é basicamente uma forma de seguro. Um banco ou outra instituição que possui um produto, tal como um CDO, pode comprar um CDS como um seguro de terceiros. Este procedimento remove o risco do CDO dos seus balanços, porque ele está assegurado. Eles ficam, então, livres para criar mais empréstimos.

O swap de crédito é, portanto, semelhante à apólice de seguro que você pode fazer de sua própria casa. Se a casa queimar, você será indenizado. No entanto, existem algumas diferenças fundamentais. Uma delas é que as companhias de seguros são limitadas por regulamentos que controlam o número de apólices a serem emitidas — os passivos precisam ter lastro monetário. Isso não se aplica da mesma forma aos swaps de crédito, porque eles não estão devidamente regulamentados. Além disso, você pode fazer seguro da sua própria casa, mas não da casa de alguém. As razões são que a) é estranho e b) poderia criar um incentivo perverso para que o quarteirão inteiro fosse queimado. Com os swaps de crédito, por outro lado, vários jogadores podem fazer as mesmas apostas. Isso significa que o mercado era potencialmente ilimitado.

Embora os swaps de crédito oferecessem uma forma para contornar a regulação de balanços em CDOs, restava o problema de como calcular quanto valia cada uma das faixas de CDO, de modo que pudesse obter uma classificação de crédito e ser vendida a um preço adequado. Para isso, os bancos precisavam chegar a um número para o risco, ou seja, a probabilidade de que muitas propriedades pudessem estar inadimplentes ao mesmo tempo. E é claro que precisavam fazer isso de uma maneira que parecesse bastante técnica e impressionante, mas ainda fosse viável.

Entram em cena os matemáticos.

Desolador

Durante a década de 1990, eu trabalhei em um projeto de um acelerador de partículas de vários bilhões de dólares, conhecido como o Supercolisor Supercondutor, perto de Dallas, no estado do Texas, EUA. Em 1995, o projeto foi cancelado irrefletidamente pelo governo dos EUA, por isso eu e cerca de 2 mil outras pessoas tivemos de procurar um novo emprego. Alguns dos recrutadores mais ativos que estavam colhendo os restos do projeto eram as firmas de Wall Street à procura de analistas. Na época, a maioria de nós achou que o trabalho seria bem remunerado, porém desinteressante, e não conseguia ver uma conexão com a construção de aceleradores de partículas (a menos que tivesse algo a ver com o desperdício de bilhões de dólares).

Mesmo assim, muitos jovens físicos, engenheiros e matemáticos aplicados ouviram o canto da sereia do dinheiro e fizeram carreira como analistas quantitativos, ou "quants", melhorando consideravelmente seus rendimentos. Seus rendimentos praticamente quadruplicaram entre 1980 e 2005.[23] Mas será que alcançaram a verdadeira felicidade?

Como um pobre "quant" disse ao *New York Times*: "Eles venderam suas almas ao diabo. Eu não conheço muitos 'quants' que afirmassem estar nesse ramo porque eram apaixonados por finanças."[24] O ex-corretor Satyajit Das descreve esses analistas como "prisioneiros de Wall Street", envolvidos em uma "pacto faustiano". A maior parte do trabalho envolvia tarefas rotineiras, como programação de computadores, desenvolvimento de bases de dados e de plataformas de negociação. Porém, um número relativamente pequeno de empresas, como a DE Shaw, Renaissance Technologies e Citadel também colocaram novas técnicas quantitativas no centro de suas estratégias comerciais.

Um novo recruta para a causa era um jovem matemático chamado David X. Li. Em 2000, Li publicou um estudo que incluía uma nova fórmula para a valorização de CDOs.[25] Seu método era baseado na ciência atuarial — especificamente, algo chamado de síndrome do coração partido. Os atuários há muito sabem que, quando casais vivem juntos durante muitos anos, se um morre, o outro tem uma grande chance de também morrer dentro de pouco tempo. Um estudo mostrou que a morte de um parceiro duplicava as chances da viúva morrer no ano seguinte, enquanto a chance de o viúvo morrer é seis vezes maior. Em termos matemáticos, as mortes estão correlacionadas. Isso teve implicações para os preços das anuidades.[26]

Li percebeu que as obrigações das empresas e as hipotecas imobiliárias também se comportam um pouco como esses casais, porque se um morre, aumentam as chances dos outros morrerem também. Se um grande varejista vai à falência, por exemplo, muitos de seus fornecedores também serão afetados. Se uma casa no quarteirão tem sua hipoteca executada, isso aumenta ligeiramente as chances de que o restante da vizinhança também sofra um declínio. Naturalmente, a situação da economia é mais complexa porque as conexões e correlações são muito mais complicadas, mas em princípio o mesmo tipo de matemática poderia ser utilizado. "A inadimplência é como a morte de uma empresa", Li disse mais tarde ao *Wall Street Journal*, "de modo que devemos modelar essa situação da mesma forma que modelamos a vida humana".[27]

A técnica de Li, chamada de cópula gaussiana, forneceu uma forma simples e elegante de calcular as correlações entre títulos ou hipotecas separadas, com base em dados históricos. Não há muitos dados sobre inadimplência disponíveis, porque é um evento raro. No entanto, de acordo com a teoria econômica dominante, o preço de um instrumento como um CDS deve refletir a possibilidade de um empréstimo ficar inadimplente. Ao analisar como o mercado determina o preço de títulos diferentes, a fórmula de Li poderia determinar as correlações entre eles.

Tal como acontece com a maioria dos modelos de risco, a técnica de cópula gaussiana incorporou todos os pressupostos econômicos usuais. Um deles, como indicado pelo nome, é que ela se baseia na distribuição gaussiana ou normal, que, como vimos no Capítulo 4, funciona bem para jogos de dados, e não tão bem para os mercados financeiros. Outro é que ela assumiu que os preços de mercado refletem corretamente correlações. Isso está relacionado à ideia dos mercados eficientes de que os preços são justos e dão conta de todas as informações relevantes. A fórmula também assumiu que os mercados são estáveis, de modo que as correlações não mudam com o tempo e que o passado é um bom guia para o futuro. Em particular, o modelo foi calibrado com base em dados do mercado imobiliário norte-americano durante um período no qual nunca houve um declínio generalizado nesse setor. Eram raras e aleatórias as ocorrências de falta de pagamento, estabelecendo um baixo grau de correlação, e ninguém poderia prever que o mercado poderia sofrer não apenas alguns ataques cardíacos aleatórios, mas uma falência coronariana coletiva.

Talvez a maior falha no modelo, porém, foi que não dava conta de uma força extraordinariamente poderosa.

Ele mesmo.

136

A corrida imobiliária

O mérito da ciência "masculina", objetiva, dualista é que você supostamente assume uma visão imparcial e se distancia do sistema em estudo, como Evelyn Fox Keller observa, isso pressupõe "uma realidade objetiva, isolada e tendo uma existência totalmente independente dos observadores".[28] Com a economia, entretanto, isso não é fácil, porque você está envolvido no processo. A fórmula de Li não apenas modelava os mercados de crédito, mas os transformava — e, ao fazê-lo, garantia seu próprio fracasso.

Em agosto de 2004, as duas principais agências de classificação de crédito do mundo, a Moody's e a Standard & Poor's, adotaram a fórmula de Li como métrica para avaliar CDOs (anteriormente insistiam em conceitos antiquados como diversidade de empréstimos). Isso de fato conferiu aos instrumentos um selo dourado de aprovação e removeu qualquer possível incerteza sobre o seu valor. O mercado de CDOs e CDS explodiu imediatamente. Até o final de 2007, o valor do mercado de swaps de crédito, em termos dos montantes segurados, atingiu aproximadamente US$ 60 trilhões — praticamente o mesmo valor do PIB mundial. Os swaps de crédito evoluíram de uma ferramenta de seguros para se transformar em um mecanismo para os fundos de hedge fazerem sofisticadas apostas em praticamente qualquer coisa — por exemplo, a probabilidade de outro fundo de hedge ou banco de investimento ir à falência (digamos, o Bear Stearns ou o Lehman Brothers). Os bancos do mundo todo entraram no jogo.

O efeito líquido de toda essa atividade de seguros foi retirar o risco das folhas de balanço dos bancos, permitindo, assim, que eles emprestassem ainda mais dinheiro. Isso significava que o crédito tornou-se barato, alimentando ainda mais o *boom* imobiliário. Os corretores hipotecários atraíam clientes com taxas de juros baixas, que mais tarde seriam reajustadas. Como os cálculos de risco baseavam-se em dados históricos, quanto mais os preços dos imóveis aumentavam em conjunto, menor parecia o risco. Um ciclo de feedback positivo foi então criado, em que a subida dos preços reduzia o risco calculado, o que aumentava a oferta de crédito, o que, por sua vez, tornava os empréstimos mais acessíveis, o que impulsionava novos aumentos de preços. Na realidade, é claro, o risco estava subindo o tempo todo, mas o modelo não podia ver isso, porque não incluía o conceito de uma bolha de preços. A situação era sustentada por baixas taxas de juros fixadas depois do 11 de setembro e que haviam permanecido baixas, em parte porque a China — leia-se: Bank of America — estava emprestando dinheiro barato para o governo dos EUA.

Na base desse enorme balão de crédito internacional estava o mercado imobiliário dos EUA. Enquanto os preços continuaram subindo, todo mundo estava tendo enormes lucros, pelo menos no papel. No final de 2006, quando os preços dos imóveis caíram, as baixas taxas de juros começaram a expirar, e o mercado começou a virar, acreditava-se que o sistema financeiro global iria facilmente absorver eventuais perdas. Como o FMI observou: "A dispersão do risco de crédito pelos bancos para um grupo mais amplo e diversificado de investidores, em vez de guardá-los em seus balanços, ajudou a tornar o sistema bancário e financeiro global mais resistente."[29] Em vez disso, toda a estrutura altamente interconectada desabou como um castelo de cartas de crédito. A última que não possuísse o CDS perderia o jogo. Seriam empresas como a AIG. Ou, finalmente, os contribuintes que as socorreram. Juntamente com economias mais vulneráveis ao redor do mundo que não estavam diretamente envolvidas, mas que sofreram à medida que o crédito secava. No final das contas, não era apenas a Islândia que sofria os efeitos de um vulcão financeiro.

Então, de quem é a culpa por esse desastre? Responsabilizar os proprietários dos imóveis nos EUA, ou mesmo os corretores hipotecários predatórios, pela crise de crédito é como culpar um cavalo por perder uma corrida em que você fez uma aposta enorme: tecnicamente, é culpa deles, mas ninguém forçou você a fazer uma aposta tão alta. Bolhas imobiliárias acontecem, mas não costumam derrubar o mundo inteiro quando estouram.

O modelo de Li não foi inteiramente culpado pela crise. Ele simplesmente cometia os mesmos erros que outros modelos de risco convencionais, assumindo a estabilidade e a eficiência do mercado e ignorando os efeitos reflexivos não lineares. E, novamente, ninguém forçou os operadores a usá-lo. Como afirmou Li: "A parte mais perigosa é quando as pessoas acreditam em tudo que ele diz."[30] O fato de que o modelo foi usado da maneira em que foi revela tanto sobre os corretores, clientes e analistas que o utilizaram quanto sobre a fórmula em si.

Na verdade, muitos traders provavelmente *não* acreditavam nele, mas o usavam mesmo assim, seja para impressionar clientes ingênuos com sua aparente sofisticação, seja para compensar o risco. Parte do apelo de métodos como o VaR, ou a cópula gaussiana, é que eles ignoram os eventos extremos e consistentemente subestimam os riscos, permitindo, assim, que os corretores justifiquem apostas altamente agressivas e especulativas. Os clientes, por sua vez, querem estimativas numéricas de risco para amenizar seu medo do escuro, e sentem-se tranquilos com fórmulas aparentemente científicas. Os analistas quantitativos, por sua vez, ficam satisfeitos em colaborar porque tais fórmulas geram empregos. O modelo estava destinado a ser popular, mas — como discutido também no Capítulo 4 — sempre que tal modelo torna-se muito amplamente difundido, ele acaba influenciando o mercado e, portanto, invalidando a si mesmo.[31]

As agências de classificação de crédito, com a conivência de órgãos reguladores do governo, certamente desempenharam um papel significativo em sua incapacidade de explorar as limitações dos modelos de risco. Como Alan Greenspan declarou ao Congresso em outubro de 2008, o setor estava dominado durante décadas por um paradigma de gestão de risco criado por economistas ganhadores do Prêmio Nobel. "Todo o edifício intelectual, entretanto, entrou em colapso no verão do ano passado."[32] E acrescentou: "todos nós que atendemos os interesses das instituições de crédito a fim de proteger o patrimônio líquido dos acionistas (especialmente eu) estão em estado de choque, em pura descrença."

A desregulamentação dos mercados inspirada em Gramm Friedman também contribuiu. Bill Clinton admite que: "Eu gostaria muito de ter exigido que os derivativos fossem colocados sob a jurisdição da Comissão de Valores Mobiliários, e que regras de transparência tivessem sido observadas... Essa eu acho que é uma crítica legítima do que não fizemos." Os bancos adoraram essa desregulamentação, porque ela permitiu que as instituições bancárias efetivamente emprestassem mais dinheiro e tivessem lucros maiores. Se os CDS só pudessem ser utilizados para segurar dívida já realizada, como acontece com os tipos comuns de seguro, então o mercado não teria crescido tanto.

A complexidade e a opacidade dos produtos também significavam que as instituições financeiras poderiam cobrar mais por seus serviços de consultoria. As pessoas que trabalham em finanças muitas vezes fazem questão de dizer que lidam com a realidade, porque tudo se resume a dinheiro, mas a verdade é que os produtos financeiros se tornaram cada vez mais divorciados do mundo real. Alguém que vende contratos de derivativos sobre ações ou CDOs não tem ideia dos negócios ou propriedades subjacentes, por isso não consegue captar os sinais de perigo, como pessoas que vivem com salários anuais de 18.000 dólares que se mudam para mansões. Um economista ou analista quantitativo poderia calcular o risco teórico de um potencial CDO^2 usando uma fórmula simples; mas para compreender verdadeiramente os valores mobiliários subjacentes seria necessário ler, de acordo com uma estimativa, mais de um bilhão de páginas de documentação.[34] Essa complexidade acrescentava outra fonte de risco e incerteza.

Tal como aconteceu com a crise islandesa que ele ajudou a criar, no entanto, o problema pode ser ainda mais profundo. Afinal de contas, não é necessário ser uma feminista radical para ver que a crise do subprime apresenta algumas das piores características da economia yang:

- Tirar proveito do sonho da casa própria, convertendo-o em instrumentos financeiros abstratos, desmembrando-o em tranches e vendendo-o para quem pagar mais — confere;
- Reduzir as interdependências complexas a um único número — confere;
- Valorizar fórmulas matemáticas em detrimento do senso comum — confere;
- Descobrir maneiras de assumir o máximo de risco possível — confere;
- Transformar a economia em um cassino gigante governado por fundos de hedge vorazes — confere;
- Quebrar a economia — confere.

Em outras palavras — e temos de admitir isso — a crise de crédito realmente era coisa de homem.

O poder do yang

Obviamente, há muitos outros fatores envolvidos, e seria terrivelmente reducionista culpar pela crise de crédito apenas as pessoas com tendência a ter barba e bigode. Mas, para começar com uma observação simples, se há um aspecto da crise com o qual todos concordam, é que quase todo mundo envolvido em um nível de decisão era homem.

Considere, por exemplo, a Goldman Sachs — uma das poucas empresas de Wall Street a ter sobrevivido à crise. A Goldman Sachs ganhou dinheiro de três maneiras: por empacotar as hipotecas de alto risco como CDOs; por garanti-las (ou apostar que iriam para o brejo) com swaps de crédito, e depois absorvendo US$ 13 bilhões de verbas federais, quando a seguradora AIG entrou em colapso. De fato, com o desaparecimento de concorrentes como o Bear Stearns, o Merrill Lynch e o Lehman Brothers, a sua posição nunca foi tão forte. Sendo demasiado grande para falir, a empresa agora também desfruta de uma garantia implícita do governo de que nunca vai à falência. Em 2009, após mostrar "moderação" em resposta a pressões políticas, a Goldman Sachs pagou os seus 31.700 empregados cerca de US$ 16 bilhões em indenizações e bônus. Isso equivale a cerca de meio milhão para cada um, embora, naturalmente, os valores não tenham sido distribuídos igualmente.

A Goldman Sachs foi uma das primeiras empresas de Wall Street a entrar em finanças quantitativas, quando em 1984 contratou Fischer Black — coinventor da fórmula de Black-Scholes para avaliação de opções — a fim de explorar métodos matemáticos para medir o risco. Ainda maior do que a sua força em modelos matemáticos, porém, é extensa a rede de contatos influentes do banco. Um dos mais famosos é o ex-CEO Hank Paulson — Secretário do Tesouro de George W. Bush e o homem responsável por administrar os fundos de resgate do governo. Talvez o momento mais yang de toda a crise foi quando o ex-zagueiro de futebol americano Paulson (apelidado em Dartmouth de "martelo") apareceu na TV para apresentar ao público americano um pedido "não impugnável", em três páginas, de um cheque em branco de US$ 700 milhões para resgatar empresas de Wall Street, como se estivesse falando com um oponente que acabara de derrotar em campo. Perto do fim de seu mandato, de acordo com a Bloomberg, Paulson trouxe "um círculo de conselheiros não confirmados da Goldman Sachs" com base no fato de que "era necessário recrutar talentos rapidamente quando o sistema financeiro estava à beira do colapso".[35] Os ex-discípulos da Goldman incluem William Dudley, presidente do New York Federal Reserve; Robert Hormats, assessor econômico do secretário de estado; Mark Patterson, chefe de gabinete do secretário do tesouro; e Gary Gensler, presidente da Commodity Futures Trading Commission. Não é surpresa que um dos apelidos da empresa seja Governo Sachs.

O segredo mantido pela empresa compete com o dos pitagóricos. A sua sede em Manhattan não tem sequer uma placa de identificação. Quando o dramaturgo David Flare estava pesquisando sobre sua peça de 2009 *The Power of Yes* (O poder do sim), ele entrevistou uma série de banqueiros. Como contou ao *Financial Times*: "Eu ouvia as pessoas dizendo coisas do tipo: 'Não posso falar oficialmente sobre a Goldman Sachs.' E eu pensava comigo mesmo: 'Você tem medo de quê? O que a Goldman Sachs faria?' Quero dizer, conversei com palestinos que viviam em situação de vida ou morte. Mas a Goldman Sachs?'"[36]

Apesar de a Goldman Sachs ter muitos discípulos influentes, é impressionante como tão poucos são mulheres. A edição de dezembro de 2008 da revista *Bloomberg Markets* apresentou uma página dobrada de 42 ex-sócios influentes e oito menções honrosas. De todos os 50, apenas um dos ex-sócios era mulher.[37]

Essa não é uma proporção incomum — parece que a Goldman é relativamente progressista nos seus esforços para incluir as mulheres. O estereótipo de "operadores cheios de testosterona, de olhos arregalados" é preciso.[38] Não seria exagero afirmar que predomina uma cultura machista. A peça de David Hare tem duas mulheres em um elenco de vinte, mas "essa proporção provavelmente está certa. É chocante como existem poucas mulheres nas finanças." Em seu livro *How I Caused the Credit Crunch* (Como eu causei a eliminação do crédito), Tetsuya Ishikawa descreve "a era da igualdade" quando as colegas ocasionalmente vão com ele a clubes de striptease.[39] Um livro de um conhecido operador mostra a foto do autor com óculos escuros, smoking, uma arma e uma linda mulher (também armada), mais parecendo um cartaz de um filme de James Bond, com uma legenda que diz: "Na negociação de opções, você precisa conhecer suas armas a fundo!"[40]

Como escreveu a ex-Goldmanite Jacki Zehner: "Será que esse não pode ser um dos muitos fatores que contribuem para o que está errado com a liderança em Wall Street hoje? Indiscutivelmente, neste momento de crise financeira e econômica, depois que aproximadamente US$ 10 trilhões da riqueza global terem desaparecido, as mulheres permanecem praticamente ausentes das mesas de decisão que contam (...) Em meus 20 anos de vida profissional tenho visto muito pouco ou nenhum progresso das mulheres na indústria de serviços financeiros ou na América corporativa."[41] De acordo com Linda Tarr-Whelan, autora de *Women Lead the Way* (A maneira como as mulheres conduzem), as mulheres precisam atingir a massa crítica de 30% para ter alguma influência séria.[42]

Poderia ajudar se os salários fossem mais equilibrados também. Uma pesquisa da Comissão de Igualdade e Direitos Humanos no Reino Unido descobriu uma "disparidade chocante" no setor financeiro, com os homens ganhando bônus cinco vezes maiores do que as mulheres.[43] (Claro, essa diferença salarial não é apenas uma propriedade do setor financeiro: a British Medical Foundation, por exemplo, relatou recentemente que os médicos ganham 15 mil libras por ano a mais do que as médicas, após ajustes de outros fatores que não o gênero.)[44]

Inúmeras evidências empíricas sugerem que grupos de homens tendem a adotar comportamentos de alto risco, do tipo que caracterizou a crise das hipotecas subprime. Um artigo intitulado "A testosterona e preferências de risco financeiro" mostrou que os níveis de testosterona são um preditor para a assunção de risco.[45] Os níveis de testosterona dos corretores disparam durante os períodos de expansão e caem durante as crises da bolsa, o que ajuda a amplificar as variações de preços. Um estudo realizado pelo Chicago Hedge Fund Research descobriu que, embora as mulheres gerenciem apenas 3% do total dos fundos, eles caíram menos da metade durante a crise em comparação com os que são geridos por homens, e também foram melhores do que eles ao longo da última década.[46] Para equilibrar sua carteira, você pode considerar tê-la administrada por uma empresa que inclui mulheres em sua equipe. Como Lu e Hong Scott E. Page escreveram no *The Journal of Economic Theory*: "Parece haver um forte consenso de que grupos diversificados têm melhor desempenho na resolução de problemas."[47]

Note que esses trabalhos não estão fazendo generalizações sobre todos os homens e todas as mulheres, ou mesmo sobre o homem médio e a mulher média, que não existem. Nem estão dizendo que as mulheres são de algum modo melhores do que os homens, pelo menos eu espero que não estejam. Estão apenas fazendo observações empíricas sobre padrões de comportamento, que têm causas complexas e variam com o tempo e o contexto. Diferenças que são secundárias no nível individual podem ser amplificadas por dinâmicas de grupo. Uma vantagem de falar sobre conceitos abstratos como o yin e o yang é que podemos reconhecer yin como sendo associado com o sexo feminino e yang como sendo associado com o sexo masculino, sem confundi-los com o gênero de uma única pessoa. Margaret Thatcher e Ronald Reagan diferiam em termos do estado do cromossomo X, mas suas políticas econômicas baseadas em Friedman eram ambas bastante yang (as políticas baseadas em Friedman do general Pinochet no Chile eram ainda mais yang).[48] A qualidade yang do setor financeiro está associada ao fato de que ele é formado principalmente por homens.

Isso pode explicar por que, de acordo com uma pesquisa internacional com 12 mil mulheres realizada pelo Boston Consulting Group, o setor financeiro tem a pior classificação no que tange à sua conexão com clientes mulheres. Essa é uma oportunidade perdida, porque as mulheres estão desempenhando um papel de crescente importância na economia mundial. A tendência é mais forte nas economias emergentes, como a da China.[49]

Se as finanças se tornassem um campo menos machista, poderia até ter efeitos fora da indústria. Como observa Halla Tomasdottir, da Iceland's Augur Capital: "Se as instituições estiverem sob o controle de um único grupo — que no momento são os homens — e todos pensarem da mesma maneira, não vamos fazer mudanças positivas. Pela primeira vez em 100 anos, temos a oportunidade de criar uma empresa, uma sociedade, um país e, espero, um mundo que seja mais sustentável, mais justo para homens e mulheres. Se não fizermos essa mudança agora, então quando faremos?"[50]

Alguns fundos de hedge e bancos de investimento podem preferir contratar homens exatamente porque eles estão mais dispostos a assumir riscos.[51] Isso é bom — os exércitos fazem o mesmo. Mas o restante da sociedade tem o direito de proteger essas atividades para que não possam derrubar o resto da economia. Um passo, como discutido no Capítulo 2, é revisitar alguns aspectos da legislação da época da Depressão que separava as atividades de investimento das funções bancárias comerciais normais.[52] Outra medida, que tem sido muitas vezes discutida, mas que nunca pegou — os bancos, previsivelmente, a descrevem como impraticável — é um pequeno imposto global sobre transações financeiras.[53] O objetivo seria reduzir a atividade especulativa e diminuir o inchaço do setor a um ponto em que ele atenda de fato a economia real, em vez de dominá-la.

Mitos e consequências

Embora a rede de influências, o sexismo institucional e a sub-representação das mulheres na economia e nas finanças sejam problemáticos, eles não são por si só o principal obstáculo ao reequilíbrio do sistema econômico. Em vez disso, é a própria teoria econômica dominante — as coisas que se ensinam nas universidades. É toda uma visão de mundo, e um padrão de pensamento, que reduz a complexidade a leis simples, e as motivações humanas a cálculos frios. Remonta à observação de Julie Nelson de que a economia valoriza os métodos "masculinos" de "distanciamento, raciocínio matemático, formalidade e abstração" em detrimento dos métodos "femininos" associados com "conectividade, raciocínio verbal, informalidade e detalhes concretos". A economia se esforça para ser uma ciência imparcial, independente e concreta como a física, mas (em parte por essa razão) ela tolera e até glorifica um determinado tipo de comportamento yang; e é cega a efeitos como a não linearidade, a fluidez, a interdependência complexa e as assimetrias de poder. A crise das hipotecas subprime, que se baseava em instrumentos de alta complexidade como CDOs que só poderiam ser avaliados com o uso de ferramentas matemáticas abstratas, era um exemplo perfeito disso. Como veremos nos próximos capítulos, a mesma ênfase na teoria abstrata em detrimento da realidade empírica é um importante elemento condutor, da desigualdade social à crise ambiental.

Na festança do nonagésimo aniversário de Milton Friedman, seu ex-aluno Donald Rumsfeld afirmou que "Milton é a personificação da verdade de que 'as ideias têm consequências'".[54] A crise das hipotecas subprime, por sua vez, é uma prova gráfica que os mitos econômicos têm consequências. Esses mitos incluem:

- O mito de que a economia é regida por leis matemáticas, permitindo que o risco possa ser controlado por meio das equações.
- O mito de que indivíduos ou famílias agem de forma independente, e são imunes ao comportamento de manada.
- O mito de que os mercados são estáveis, de modo que o futuro será semelhante ao passado.
- O mito de que investidores, famílias ou empresas como o Lehman Brothers agem racionalmente e não tomam más decisões econômicas que vão contra seus interesses.
- O mito de que a economia é uma ciência matemática, objetiva e imparcial, em vez de um fenômeno cultural que influencia a atividade econômica.

Finalmente, existe o mito — discutido no capítulo seguinte — de que o livre mercado também é justo. De muitas maneiras, a história das hipotecas subprime tinha menos relação com o risco do que com o poder. A utopia de Friedman de uma sociedade com máxima liberdade individual soa atraente, até você ver como ela é representada no mundo real. Dotar as empresas como o Goldman Sachs do máximo de liberdade para empacotar hipotecas subprime com taxas de juros atraentes para pessoas sem qualquer conhecimento financeiro, construir balões de crédito multimilionários do nada e depois arrancar dinheiro do governo quando o esquema ruiu, provavelmente não era o que ele tinha em mente.

É pouco provável que a crise, cujas consequências ainda estão se desenrolando, seja a última manifestação do poder que essas ideias ainda têm. Os economistas da corrente dominante na academia e no governo continuam cegos pela sua visão pitagórica de uma economia perfeita e, portanto, deixam de aprender com seus erros. Ao continuar a propagar esses mitos, nossas universidades e escolas de negócios disseminam as sementes de futuras catástrofes financeiras. Assim como modelos de risco problemáticos tornam a economia mais arriscada, uma visão de mundo que vê e trata a economia como inerentemente estável e autorreguladora vai transformá-la — por meio de regulamentos frouxos — exatamente no oposto. A questão não é apenas que a economia é reflexiva e, portanto, difícil de prever; mas que nossas ideias e mitos moldaram a economia de uma forma particular e *levaram* à concepção da instabilidade. Esse talvez seja o exemplo mais claro de como as teorias econômicas influenciam o mundo e, portanto, perdem qualquer pretensão de objetividade. (Como discutido mais adiante, esse processo também funciona na outra direção: a economia real afeta a teoria selecionando ideias que se adaptam à sua estrutura de poder.)

Na verdade, é irônico que, embora a economia tenha se alinhado como um estereótipo masculino, a economia real tornou-se cada vez mais conectada, mutável e imprevisível — todas características que são culturalmente consideradas estereótipos femininos.[55] Os economistas são os amantes rejeitados do mundo da ciência — quanto mais rigidamente eles abordam seu objeto, mais ele zomba deles com comportamento espúrio e obstinado.

Os modelos matemáticos são ferramentas úteis para simular e entender a economia, mas eles nunca serão capazes de prever com precisão o seu curso, ou capturar totalmente o risco. Citando o autor e corretor de derivativos Pablo Triana: "A realidade é muito mais feroz e indomável. A aleatoriedade não é só selvagem; é barbaramente incontrolável, abominavelmente não domesticável. Não há equações que possam subjugá-la, controlá-la ou decifrá-la. Onde tudo pode acontecer, não há limites impostos matematicamente."[56] Ou, como afirma a historiadora da ciência, Evelyn Fox Keller: "A Natureza (...) não é completamente limitada pelo Lógos: permanece presa em uma dualidade essencial. Se em alguns aspectos está sujeita à luz da razão e da ordem, está igualmente presa às forças negras da irracionalidade e da desordem. As forças da irracionalidade, na mitologia e no teatro gregos na maioria das vezes incorporadas em deusas da terra ou nas Fúrias, nunca são totalmente vencidas, mesmo quando são subjugadas."[57] De sua maneira, a crise das hipotecas subprime foi outra manifestação dessa eterna batalha arquetípica entre o caos e a ordem, e um caso em que o caos venceu.

No século XIX, um grupo de não especialistas buscou inspiração da ciência e da engenharia para criar uma nova teoria da economia. É hora de repetir o feito.

A grande yinificação

Os cientistas há muito tempo sonham com uma Grande Teoria Unificada que vai explicar todas as forças físicas conhecidas e a evolução do universo. Alguns até esperavam uma teoria capaz de unir a física, a química, a biologia, a psicologia, a sociologia — todas as ciências físicas e sociais — em um único modelo. O objetivo final do Iluminismo, de acordo com os filósofos Max Horkheimer e Theodor W. Adorno, foi tornar elementos diferentes comparáveis, reduzindo-os a quantidades abstratas. Para o Iluminismo, tudo que não pode ser resolvido em números é uma ilusão; o positivismo moderno confia isso à poesia. A unidade continua a ser o lema de Parmênides a Russell. Todos os deuses e qualidades devem ser destruídos."[58] Como Vilfredo Pareto escreveu: "São apenas as imperfeições da mente humana que multiplicam as divisões das ciências, separando astronomia da física ou química, as ciências naturais das ciências sociais. Em essência, a ciência é uma só. Não é nada além da verdade".[59]

O que parece ter acontecido em vez disso, porém, é um pouco diferente. Vamos chamá-la de "Grande yinificação". Desde a década de 1960, como vimos, muitos dos mais empolgantes avanços na matemática aplicada foram em áreas como a dinâmica não linear, a teoria das redes e a complexidade. Envolvem sistemas que estão conectados, em fluxo e são resistentes à lógica reducionista. Mais do que uma teoria unificada, esses métodos consideram os modelos como remendos imperfeitos; em vez de provas elegantes, ou de fórmulas redutoras, eles oferecem apenas vislumbres distorcidos da realidade complexa. A ciência, creio eu, está se tornando mais aberta e menos dogmática. Um certo grau de humildade está por vezes presente. Quando os céticos dizem que a ciência pode oferecer muito pouco para a economia — uma visão que se tornou popular desde a crise, como uma reação contrária à antiquada pseudociência da economia dominante — parecem tão inconscientes quanto os economistas neoclássicos de que a ciência está avançando.[60]

À medida que os economistas reavaliam seu campo para refletir esses desenvolvimentos, por exemplo, por meio da utilização de modelos baseados em agentes discutido nos capítulos anteriores, ou por uma mudança de tratamentos excessivamente abstratos e teóricos para o conhecimento empírico, o campo pode perder a sua aura de homogeneidade e de masculinidade estereotipada e atrair uma gama mais abrangente de talentos. "Como os modelos pela sua natureza representam apenas uma visão parcial, a parcialidade ou o viés não podem ser eliminados das teorias", escreveu a economista Paula England. "Maior abertura (...) tende a gerar uma multiplicidade de perspectivas que captura mais adequadamente a complexidade e a diversidade das atividades econômicas."[61]

Enquanto o pensamento feminista remodelou áreas de estudo como a crítica literária e o direito, ainda acho surpreendente como a economia parece ter ignorado a crítica em grande medida — o que poderia ser menos politicamente correto do que o homem econômico racional? A economia feminista é um campo crescente e tem influenciado áreas acadêmicas, conforme discutido em capítulos posteriores, como o estudo do trabalho não remunerado, alternativas ao PIB, o papel das mulheres no desenvolvimento econômico e a economia ecológica. No entanto, até agora teve pouco impacto sobre os livros didáticos padrão. Como professora de desenvolvimento econômico e gênero, Lourdes Beneria observa:

"A economia é uma disciplina muito hegemônica, embora haja tantos economistas heterodoxos que protestem contra essa arrogância e essa falta de vontade de discutir críticas. Comparada com outras ciências sociais que têm integrado as questões de gênero de forma muito mais fácil, a economia convencional tem sido uma das disciplinas mais impenetráveis. Tem sido difícil, senão impossível, para a economia ortodoxa incorporar questões feministas."[62] Parte do problema, de acordo com Beneria, é que "para lidar com as relações de gênero, é preciso incorporar o poder na análise. A economia neoclássica não lida com as relações de poder; ela tende a se concentrar em questões puramente econômicas."

Se as finanças são o exemplo definitivo e quase caricato da economia yang, o equivalente yin são três atividades praticamente dominadas por mulheres, — especialmente nos países em desenvolvimento — cozinhar, limpar e cuidar. Essas atividades não são apenas mal pagas, muitas vezes simplesmente não são remuneradas. De acordo com a Statistics Canada, estima-se que o trabalho não remunerado contribua com cerca de US$ 11 trilhões de dólares para o PIB global, mas sequer é registrado como parte da economia.[63]

Embora a economia do yin careça de poder financeiro — está mais para cultura da gorjeta do que para cultura do bônus — e quase nunca seja notícia, isso não significa que ela não tenha força e influência próprias. No lugar de capital, ela gera capital social, que os sociólogos definem como o valor coletivo incorporado nas relações sociais.[64] Uma propriedade interessante é que ela é menos neurótica e menos voltada para a perfeição, e mais resistente a crises, do que sua contrapartida yang. As pessoas não desistem de cuidar umas das outras com a mesma facilidade com que desistem da bolsa de valores; quando há um terremoto de verdade, os enfermeiros não correm dos hospitais chorando "é um terremoto avassalador", ao estilo Lehman Brothers.

As inovações financeiras mais interessantes e produtivas que emergiram nos últimos anos não são as obrigações de dívida colateralizada ou os swaps de crédito, mas a gama de sistemas que oferecem crédito e financiamento para os pobres do mundo. O pioneiro nessa área foi Muhammad Yunus, cujo banco Grameen de Bangladesh agora direciona bilhões de dólares em empréstimos para pequenos empreendedores. A maioria dos empréstimos estão direcionados às mulheres, pois elas são mais propensas a gastar os recursos com as suas famílias (e a pagá-los). O banco cria "grupos de 'solidariedade', cujos membros atuam como cofiadores. No Quênia, o M-Pesa oferece serviços bancários básicos e acesso a empréstimos de microfinanças, utilizando créditos de telefone celular como moeda. O sistema de empréstimo entre conhecidos, também conhecido como empréstimo social, faz o contrário dos CDOs — em vez de agrupar os empréstimos em um pacote anônimo, ele usa a internet para reunir credores e mutuários individuais. Os exemplos incluem Zopa, no Reino Unido, e Kiva Microfunds, nos EUA, que faz empréstimos por meio de instituições de microfinanças. Todas esses sistemas sustentam redes sociais e novas tecnologias para que ofereçam serviços realmente úteis para as pessoas em necessidade.

Para construir uma economia mais equilibrada e justa, primeiro precisamos reequilibrar as nossas prioridades e as nossas mitologias e teorias mentais. Como escreveu o médico/apostador Cardano: "Um homem não é senão sua mente; se esta estiver em ordem, tudo será fácil, e se estiver em desordem, tudo estará perdido."[65] No próximo capítulo, consideramos como isso pode se aplicar ao maior ato de equilíbrio de todos — o da desigualdade social.

capítulo 7

Economia injusta

"Não é verdade que muitos jovens não têm aspirações. É que elas são bloqueadas (...)
Tal elitismo é injusto socialmente. E já não pode funcionar economicamente."
ALAN MILBURN MP (2009)

"A História é o cemitério das aristocracias."
VILFREDO PARETO (1916)

OS ECONOMISTAS APRENDEM QUE UMA ECONOMIA DE MERCADO BEM AD-
MINISTRADA É FUNDAMENTALMENTE JUSTA, POR ISSO NOSSAS CHANCES DE
SUCESSO DEPENDEM APENAS DE MÉRITO. O OBJETIVO DE UM MERCADO COM-
PETITIVO, AFINAL DE CONTAS, É QUE TODO MUNDO TENHA OPORTUNIDADES
IGUAIS. ESSA CRENÇA EM UMA IGUALDADE SUBJACENTE INFLUENCIA TUDO,
DESDE A POLÍTICA FISCAL AOS PACOTES DE REMUNERAÇÃO DOS CEOS. NO
ENTANTO, NAS ÚLTIMAS DÉCADAS, A DISTRIBUIÇÃO DE RENDA TORNOU-SE
CADA VEZ MAIS DISTORCIDA, COM A MAIORIA DOS BENEFÍCIOS DECORRENTES
DO AUMENTO DA PRODUTIVIDADE SENDO DIRECIONADOS A UMA PEQUENA
PARCELA DA POPULAÇÃO. QUANDO OS CONTRIBUINTES NORTE-AMERICANOS
TOMARAM CONHECIMENTO DOS PACOTES DE REMUNERAÇÃO DOS EXECUTI-
VOS DA SEGURADORA *AIG* SOCORRIDA PELO GOVERNO, ISSO QUASE LEVOU
A UMA REVOLTA POPULAR. AS DISPARIDADES DE RENDA EM ESCALA GLOBAL
SÃO AINDA MAIS SURPREENDENTES. O MOTIVO, COMO VEREMOS NESTE CAPÍ-
TULO, É QUE OS MERCADOS NÃO SÃO JUSTOS E EQUILIBRADOS, E A REALIDA-
DE É QUE OS RICOS REALMENTE FICAM MAIS RICOS. PARA CONTRARIAR ESSA
TENDÊNCIA, PRECISAMOS DE UMA NOVA ABORDAGEM PARA A REMUNERAÇÃO
FINANCEIRA.

O físico Richard Feynman disse uma vez que o maior dos fatos científicos era o de que todas as coisas são feitas de átomos. Se houvesse possibilidade de escolher um segundo lugar, muitos cientistas escolheriam a ideia de que o universo se baseia na simetria. Assim como a matéria se reduz a átomos, as leis físicas podem ser reduzidas a declarações de simetria. E a descoberta de simetrias profundas motivou os cientistas desde a época dos pitagóricos.

Os antigos gregos acreditavam que os corpos celestes se moviam em torno da Terra em círculos perfeitos, porque essas eram as formas mais simétricas — como Ptolomeu descreveu, eles eram "estranhos às disparidades e transtornos". As leis do movimento de Newton mostraram que toda força cria uma força igual e oposta; as equações de Maxwell revelaram uma simetria entre eletricidade e magnetismo.

Os mais profundos teoremas da física são teoremas de conservação que afirmam que alguma quantidade permanece estável e inalterada. Estes também são baseados em simetria. Pode ser demonstrado que a conservação de energia — que afirma que a energia não pode ser criada nem destruída em um processo, mas só pode mudar de forma — se reduz a uma declaração de que as leis da física são simétricas no tempo: se um experimento é feito ao meio-dia e depois repetido em condições idênticas, após o almoço, o resultado será o mesmo. A conservação do momento é equivalente a dizer que as leis da física não dependem da posição: se o aparato experimental é deslocado alguns metros para o lado, o resultado permanecerá novamente inalterado.

Simetria e reducionismo são as duas faces da mesma moeda, pois só por meio da exploração de simetrias profundas os cientistas podem reduzir fenômenos complexos a equações simples. A busca por novas formas de simetria desempenha ainda um papel orientador na física, como pode ser visto, por exemplo, no desenvolvimento da teoria conhecida como supersimetria, cuja hipótese é de que cada tipo de partícula tem uma espécie de imagem de espelho invisível. Muitos físicos acreditam mesmo que, quando o universo nasceu, no momento do Big Bang, todas as forças e todas as formas de matéria eram uma só, em um estado de perfeita simetria. Com a expansão e o esfriamento do universo, essas simetrias gradualmente se transformaram em um processo chamado de quebra de simetria — a força da gravidade separada da força do eletromagnetismo, os elétrons separados dos prótons, e assim por diante. O mundo confuso e assimétrico em que vivemos gradualmente tomou forma.

Se os físicos parecem fascinados pela simetria, então esses tietes da física conhecidos como economistas ortodoxos não podem ser muito diferentes. Na verdade, eles levam o estudo da simetria a um nível mais avançado. Suas teorias não pressupõem que a economia estivesse em estado de simetria no passado — elas assumem que esse ainda é o caso. Essa é a fonte do que talvez seja o maior mito econômico de todos — a ideia de que a economia é inerentemente justa e equilibrada.

Espelhamento

Quando a economia começou a ser matematizada no final do século XIX, os economistas foram forçados pelas limitações de suas ferramentas matemáticas e computacionais a simular "mercados perfeitos" que incluíssem um alto grau de simetria. Por exemplo, o pressuposto do comportamento racional é um tipo de simetria, porque afirma que todos, dadas as mesmas preferências, agiriam exatamente da mesma maneira. Quando pessoas perfeitamente racionais (se é que existem) olham umas para as outras, é como olhar no espelho.

Também foi considerado que os mercados estavam em equilíbrio, o que equivale à simetria no tempo: o passado se parece exatamente com o futuro. E esses mercados perfeitos eram justos e transparentes, de modo que indivíduos e empresas estavam posicionados simetricamente em termos de vantagens: todos competiam em igualdade de condições e tinham acesso a todas as informações necessárias, e nenhuma pessoa física ou jurídica individualmente era poderosa o suficiente para afetar os preços por conta própria. A "lei da oferta e da procura", por exemplo, pressupunha a existência de um grande número de empresas, essencialmente idênticas, todas competindo de igual para igual no mesmo mercado. Métodos estatísticos, com base na mecânica estatística, poderiam ser aplicados.

Embora essas suposições sobre a simetria possam originalmente ter sido essenciais por razões computacionais, provaram ser surpreendentemente resistentes ao longo dos anos. William Stanley Jevons definiu o mercado como: "pessoas que negociam duas ou mais mercadorias, cujos estoques e intenções de troca são conhecidos por todos (...) É preciso considerar que cada indivíduo negocia a partir da perspectiva de suas próprias necessidades ou interesses particulares, e que deve haver livre concorrência."[1] Na década de 1960, Eugene Fama definiu seu mercado eficiente como "um mercado em que há um grande número de maximizadores de lucros racionais que competem ativamente, cada qual tentando prever os futuros valores de mercado de títulos individuais, e em que informações atuais importantes estão disponíveis quase livremente a todos os participantes".[2] A única mudança, então, seria a inserção da palavra "quase".

Os modelos econômicos em geral continuaram a se esquivar de distinguir os agentes econômicos com base no poder, influência, acesso a informação, conexões, gênero, raça, classe ou qualquer outra característica. Milton Friedman chegou a argumentar que o livre mercado que funciona perfeitamente poderia automaticamente tornar essas diferenças irrelevantes: "Existe um incentivo econômico em um mercado livre para separar a eficiência econômica de outras características de um indivíduo. Um empresário ou um empreendedor que expressa preferências em suas atividades de negócios que não estão relacionadas com a eficiência produtiva está em desvantagem em relação a outros indivíduos que não o fazem. Tal indivíduo está na verdade impondo custos mais altos sobre si mesmo do que os outros indivíduos que não têm essas preferências. Assim, em um mercado livre, ele tenderá a ser expulso."[3] Segundo a teoria, o sexismo, o racismo ou qualquer outra forma de discriminação é ineficiente, então, em um mercado puro (isto é, simétrico), não existiria. As transações econômicas são mais ou menos idênticas, independentemente de quem esteja envolvido ou de quando elas ocorrem.

Naturalmente, nenhum economista diria que a economia real é perfeitamente justa ou estável, ou que cada participante tem acesso a exatamente a mesma informação. Em 2001, o Prêmio Sveriges Riksbank em Ciências Econômicas foi concedido a George Akerlof, Michael Spence e Joseph Stiglitz, "por suas análises dos mercados com informações assimétricas" — em que, por exemplo, os vendedores de carros usados sabem mais sobre o estado dos itens sendo vendidos do que os compradores. Uma razão pela qual a economia ortodoxa existe há tanto tempo é que os economistas estão dispostos a enfrentar o que consideram ser falhas isoladas em seus modelos e reconhecem fenômenos como "racionalidade limitada" ou "informação assimétrica", deixando suas principais teorias, ensinamentos e mitos basicamente inalterados. A verdade é que os pressupostos de simetria estão implícitos em teorias como a hipótese dos mercados eficientes, e o fascínio por modelos simplificados, abstratos e reducionistas explica o que os economistas M. Neil Browne e J. Kevin Quinn descrevem como a "quase completa ausência de poder das ferramentas empregadas pelos economistas ortodoxos". Em uma pesquisa realizada com 16 textos introdutórios atualmente utilizados — todos eles limitadores — descobriram que nenhum dos textos abordava temas diretamente relacionados com o poder (e um total de apenas 25 páginas tratava de questões relacionadas com mulheres).[4] A tendência em direção a uma maior desregulamentação também baseia-se em uma situação de uma concorrência livre e justa entre iguais.

Como vimos com a crise das hipotecas subprime, no entanto, essas suposições em breve começam a cair no ridículo quando você as compara com o mundo real. Os mercados não são apenas ligeiramente assimétricos, estão totalmente fora de sintonia. Será que é realmente certo supor que o Goldman Sachs e os titulares de hipotecas subprime estão concorrendo em igualdade de condições e têm acesso às mesmas informações? Será que a disputa entre o Walmart e uma lojinha local é realmente justa? E será que fatores como o local em que você nasceu, quem são seus pais, as escolas que você frequentou, quem são seus amigos, ou qual é sua história realmente não fazem diferença?

Circulação das elites

Ao estadista francês Georges Clemenceau é atribuído o ditado de que "Todo homem que não é socialista aos 20 anos não tem coração. Todo homem que ainda é socialista aos 40 anos não tem cabeça."

Seguindo um tipo semelhante de trajetória, talvez, a economia neoclássica começou em uma veia idealista. O objetivo de pessoas como Jevons, Walras e Pareto era colocar a economia em uma base racional e, assim, melhorar a qualidade de vida da população em geral. Jevons foi educado em uma tradição unitarista preocupada com as condições sociais e passava boa parte de seu tempo livre caminhando pelas ruas das cidades em que viveu — Sydney, Manchester e Londres — observando as condições dos pobres e contemplando as ligações entre a pobreza e a economia. Walras herdou seus ideais socialistas do pai e passou vários anos trabalhando no movimento cooperativo antes de assumir sua cátedra em Lausanne.

Quando jovem, Vilfredo Pareto era um democrata dedicado e tinha prazer em atacar o governo italiano denunciando casos de corrupção e corporativismo. Depois dos protestos de maio de 1898 em Milão, que foram organizados pelo Partido Socialista Italiano e resultaram na morte de centenas de pessoas,

Pareto ofereceu sua casa na Suíça aos exilados socialistas e radicais de esquerda. Em 1891, porém, quando Pareto tinha 43, parecia que sua cabeça estava virada para outra direção. Ele escreveu a Walras: "Eu desisto da luta em defesa das teorias econômicas [liberais] na Itália. Meus amigos e eu não chegamos a lugar nenhum e perdemos nosso tempo; esse tempo é muito mais proveitoso se for dedicado ao estudo científico."[5] Ele começou a acreditar que sua paixão juvenil por ideais de esquerda tinha sido fundamentada na emoção em vez de na lógica e que todas as sociedades humanas eram inerentemente corruptas e irracionais.

O cinismo de Pareto sobre as motivações humanas foi sem dúvida alimentado em 1901, quando ele voltou para casa de uma viagem e descobriu que a esposa tinha fugido com o cozinheiro e 30 malas de posses. Segundo a lei italiana, Pareto não podia se divorciar. Ele tinha herdado uma grande quantia de dinheiro de um tio em 1898, o suficiente para torná-lo financeiramente independente. Em 1907, Pareto pediu demissão da universidade e se retirou para sua quinta, perto do Lago de Genebra, onde viveu com uma mulher 30 anos mais jovem chamada Jeanne Regis, um grande estoque dos melhores vinhos e licores e 18 gatos Angorá (a casa era chamada de "Villa Angorá").

Pareto continuou a lançar livros, artigos e cartas incendiários, mas seu objetivo mudou de tentar modificar a sociedade para analisá-la do ponto de vista individual e distanciado — como um entomologista analisa os acontecimentos sociais de um formigueiro, mas com mais despeito e ironia. Em seu tomo de um milhão de palavras, *Tratado de sociologia geral*, ele argumentou que o comportamento humano é movido por desejos irracionais, que são justificados por ideologias particulares. Para entender a sociedade, era preciso focar os desejos irracionais subjacentes, que ele classificou em seis tipos. Os mais importantes eram a inovação (Classe I) e a conservação (Classe II). Todo mundo era motivado por uma combinação dessas classes, mas seria possível, no entanto, falar de tipos de "Classe I", que são inteligentes e calculistas, e tipos de "Classe II", que são mais lentos, mais burocráticos e dependentes da força.

Pareto já havia descoberto a lei da distribuição exponencial da riqueza (regra 80-20) na Itália e em outros países, e escreveu que esta "pode ser comparada em alguns aspectos com a lei de Kepler na astronomia; ainda não temos uma teoria que pode tornar esta lei da distribuição racional da maneira em que a teoria da gravitação universal tornou a lei de Kepler racional."[6] Hoje, a descreveríamos como uma propriedade emergente da economia. Em sua aposentadoria, Pareto veio a considerar essa lei exponencial altamente assimétrica como uma espécie de fotografia que revelava a dinâmica subjacente de qualquer sociedade.

No topo está uma pequena elite composta de uma combinação de pessoas das Classe I e II que estão envolvidas em uma luta maquiavélica pelo poder. Há sempre um grau de mobilidade social, de modo que a composição da elite muda à medida que as pessoas entram ou saem. O equilíbrio entre as duas classes, portanto, varia com o tempo, em um processo que Pareto chamou de circulação das elites. Se uma quantidade excessiva de pessoas inovadoras e inteligentes de Classe I (raposas de Maquiavel) chegarem ao poder, então os conservadores da Classe II tramarão um golpe para tomar o poder. Se a elite é dominada pela Classe II (leões de Maquiavel), então ela se tornará excessivamente burocrática e reativa e o pessoal de Classe I vai agir. Esse processo pode ser suave e gradual; mas, se a circulação for bloqueada, de modo que "simultaneamente as camadas superiores estão cheias de elementos decadentes e os estratos inferiores estão cheios de elementos da elite", então o estado social "torna-se altamente instável e uma revolução violenta é iminente".[7]

Pareto demonstrou sua tese com inúmeros estudos de caso. Talvez a melhor ilustração, no entanto, tenha sido a chegada ao poder do governo fascista de Mussolini na Itália. Mussolini gostava da ideia de leões poderosos assumindo o lugar das raposas que haviam se tornado corruptas e ineficientes, e nomeou Pareto Senador do Reino da Itália. Em 1923, ele finalmente conseguiu obter o divórcio e se casar com Jeanne Regis, antes de morrer no mesmo ano.

Como ficar rico

Apesar da argumentação sociológica de Pareto ter se desatualizado um pouco nos últimos cem anos, a sua observação de que a riqueza é distribuída de acordo com uma lei exponencial se manteve precisa — a não ser pelo fato de que a elite tornou-se relativamente menor e mais poderosa. A Figura 14 é um resumo de como a riqueza do mundo estava distribuída entre o total de 3,7 bilhões de adultos no ano 2000, de acordo com um relatório das Nações Unidas. Os adultos precisavam de um patrimônio líquido relativamente modesto de US$ 2.138 dólares para serem incluídos entre os 50% mais ricos. Para estar entre os 10% do topo (370 milhões de adultos), eles precisavam de US$ 61.000. Esse grupo detém mais de 80% da riqueza total. Qualquer adulto com US$ 510.000 estaria incluído no grupo de 1% do topo da pirâmide (ou seja, 37 milhões de adultos). Juntos, essa pequena fatia da população mundial controla 40% dos ativos financeiros do mundo. Compare com a metade inferior, que coletivamente controla cerca de 1% da riqueza. Alguém que nasce de forma aleatória no mundo teria 50% de chance de acabar nesse grupo de 1,85 bilhão de adultos.

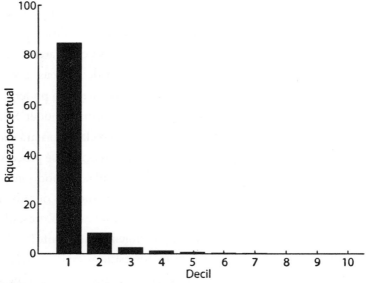

Figura 14. Gráfico de barras que ilustra a distribuição de riqueza mundial no ano de 2000.[8] O decil (10%) superior controla 80% da riqueza total. Os decis de 6 a 10, que representam os 50% inferiores da população, controlam cerca de 1% do total.

De forma um tanto impressionante, a distribuição exponencial de riqueza se estende até os bilionários mais ricos do mundo. Em 2009, a pessoa mais rica do mundo foi Bill Gates, com um patrimônio líquido de US$ 40 bilhões. Para colocar isso em perspectiva, vamos supor que você fez um gráfico da riqueza de todo mundo no planeta, dos mais ricos aos mais pobres. Se você continuasse com o gráfico até o percentil 99, a escala vertical do gráfico teria de ser em torno de meio milhão de dólares (isso deve ter mudado um pouco desde 2000). Mas se você quisesse incluir Bill Gates, ou o seu amigo Warren Buffett, então a escala vertical precisaria expandir por um fator de cerca de 80.000 (veja a Figura 16 a seguir). Quem viu o filme de Al Gore *Uma Verdade Inconveniente*, no qual ele demonstrou a tendência de aumento do aquecimento global, pode imaginá-lo em sua plataforma indo além dos pontos mais distantes da atmosfera.

A riqueza também não é distribuída uniformemente em termos geográficos. Em 2000, os EUA e o Canadá juntos detinham 34% da riqueza, a Europa tinha 30%, os países ricos da Ásia pacífica detinham 24%, e o restante do mundo, incluindo a América Latina e a África, detinha 12%. Essa combinação está mudando à medida que países como China, Índia e Brasil continuam a experimentar um crescimento explosivo e reivindicar uma fatia maior do bolo.

Somente a partir desses dados, podemos concluir que a economia mundial é altamente assimétrica. Um pequeno número de pessoas desfruta de uma enorme proporção da riqueza mundial, enquanto bilhões vivem na pobreza. O mesmo tipo de padrão é visto repetindo-se fractalmente em escalas diferentes. Cada cidade tem sua própria elite local, assim como cada país ou região. A metrópole da Grande São Paulo, por exemplo, tem hoje cerca de 500 helicópteros, mais do que qualquer outra cidade no mundo. Os ricos consideram-nos uma boa maneira de evitar engarrafamentos que podem percorrer mais de 100 quilômetros.[9] Também é mais difícil roubar helicópteros.

Além da descoberta da distribuição da riqueza segundo a lei exponencial, um outro aspecto da obra de Pareto que passou pelo teste do tempo foi a sua insistência no fato de que os seres humanos agem principalmente com base em motivações psicológicas, e justificam essas ações com base na ideologia. A elite sempre tem um argumento muito bom para explicar por que ela deveria estar no comando, deter a maior parte da riqueza e voar de helicóptero. Hoje, esse argumento recebe o nome de mão invisível, mercados eficientes, ou economia ortodoxa.

Simetria quebrada

Em geral, consideramos que o conceito de Adam Smith da mão invisível se refere ao mecanismo de preços. No entanto, o primeiro uso da expressão, em sua obra *A Teoria dos Sentimentos Morais* (1759), trata do tema da distribuição de riqueza: "Os ricos (...) dividem com os pobres os produtos de todos os seus avanços. Eles são guiados por uma mão invisível para fazer praticamente a mesma distribuição das necessidades da vida que teria sido feita, caso a terra tivesse sido dividida em partes iguais entre todos os seus habitantes e, assim, sem querer, sem saber, defendem o interesse da sociedade e alcançam meios para a multiplicação da espécie."[10] A mão invisível aqui se refere não à mágica do mercado, mas a uma versão anterior da economia que se baseia no conceito de que os benefícios do crescimento econômico, mesmo que cheguem primeiro aos ricos, acabam por ajudar toda a população.

Como a economia manifestamente não conseguiu alinhar-se com essa imagem feliz, ao nível de cada país ou do mundo inteiro, podemos nos perguntar quais são as forças que criaram essa distribuição distorcida. De acordo com um trabalho posterior de Smith, *A riqueza das nações* (1776), os mercados livres tendem a impulsionar os preços em direção ao "preço natural, ou o preço da livre concorrência". Isso se aplica ao preço da mão de obra, de modo que o salário de um indivíduo deve refletir o valor inerente da pessoa à sociedade. A teoria dos mercados eficientes da mesma forma argumenta que os mercados alocam recursos de forma eficiente, e isso inclui os salários. Se a imagem de Quetelet do "homem médio" estiver correta, e as nossas habilidades forem distribuídas aleatoriamente de acordo com uma distribuição normal, então se poderia esperar que a riqueza fosse simetricamente distribuída da mesma forma — a maioria das pessoas estaria no meio, e haveria apenas poucas pessoas muito pobres ou muito ricas. A realidade na maioria dos países é obviamente muito diferente, por isso, ou as nossas elites financeiras são incrivelmente talentosas, ou alguma outra coisa está acontecendo.

Conforme discutido no Capítulo 4, um mito econômico predominante é que a economia é inerentemente estável e está em equilíbrio — ou seja, é simétrica no tempo — e por isso a história não importa. No entanto, há o velho ditado de que os ricos ficam cada vez mais ricos, e certamente parece que, para ganhar muito dinheiro, ajuda ter algum para começar.

Imagine, como uma experiência de raciocínio, que um grupo de pessoas do tamanho de uma cidade recebe uma herança inesperada de 100 dólares cada, sob a condição de que eles devem manter o montante investido em um mercado de ações volátil e não produtivo. Cada pessoa faz seus próprios investimentos, com um rendimento médio real de 0% e um desvio padrão de 5%.

Depois de um ano, o pé-de-meia da maioria das pessoas estará na faixa de US$ 90 a US$ 110, e será distribuído de acordo com a curva normal com um pico de 100 e um desvio padrão de 5. Com o decorrer do tempo, a distribuição torna-se cada vez mais oblíqua. Se seguirmos o valor dos investimentos à medida que são passados de geração em geração durante 150 anos (mais ou menos a idade da economia), então a distribuição da riqueza resultante é semelhante à Figura 15, que é bastante semelhante à distribuição da riqueza real na Figura 14.

160

Obviamente, este não é um modelo sério de como a riqueza muda ao longo do tempo. Ele só acompanha o valor de carteiras de investimento imaginárias e ignora os outros tipos de transações econômicas (modelos baseados em agentes mais realistas podem ser construídos, se desejado).

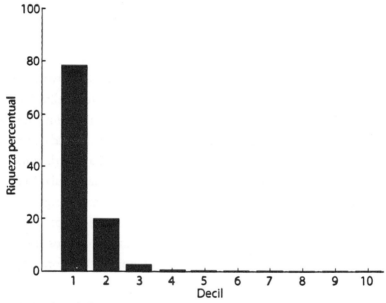

Figura 15. Gráfico de barras que mostra o resultado da simulação de computador da evolução da distribuição de riqueza. A distribuição assimétrica é um exemplo de quebra de simetria.

No entanto, ela demonstra o simples fato de que, deixados à própria sorte, os investimentos tenderão a se concentrar em cada vez menos mãos. Para usar um termo da física, trata-se de um exemplo de quebra de simetria. No início da simulação, tudo é perfeitamente simétrico. Cada pessoa tem exatamente a mesma quantidade inicial de dinheiro. Elas também têm chances iguais de sucesso com seus investimentos — ninguém será considerado mais talentoso na escolha de ações. Mas ao longo de um período de tempo, alguns começam a se destacar do bando. A razão é que há um efeito de feedback positivo em ação. Uma pessoa cuja soma já cresceu do valor inicial de US$ 100 para US$ 1.000 pode esperar ganhar mais US$ 100 no próximo ano. Em vez disso, poderiam perder esse mesmo valor, mas pelo menos terão essa oportunidade. Alguém cuja poupança caiu para US$ 10 só pode esperar ganhar um dólar.

Como a simulação é executada para mais anos, a riqueza torna-se cada vez mais concentrada, até que apenas algumas pessoas ficam jogando com toda a riqueza da comunidade. Se uma pessoa nascer de forma aleatória nessa população, a chance de ela pertencer à elite seria desprezível. Assim, mesmo que as leis que governam a economia sejam simétricas e não discriminatórias, o sistema tende a evoluir para um estado cada vez mais assimétrico. O tempo importa.

De fato, embora consideremos o atual grau de desigualdade uma característica permanente da condição humana, ele é na verdade relativamente recente. Durante mais de 90% de nossa existência, até o desenvolvimento da agricultura, os humanos viveram em sociedades altamente igualitárias. Por razões discutidas mais adiante, nas últimas décadas particularmente, houve um grande aumento na desigualdade. A lei de Pareto era conhecida como regra 80-20, porque ela estimava que 20% da população detinha 80% da riqueza. Em 2000, a parcela da riqueza detida pelos 20% mais ricos da população mundial havia crescido para 93,9%. O mundo provavelmente é mais desigual agora do que em qualquer outro momento da história. Portanto, é impossível assumir, como as principais teorias econômicas fazem, que estamos todos em um campo de jogo uniforme, ou que a história pode ser ignorada. Não foram apenas as simetrias que se quebraram; foi toda uma visão econômica de mundo.

CEO-nomia

Embora o crescimento do investimento seja um fator importante na determinação da distribuição da riqueza, pelo menos para aqueles com investimentos, um fator determinante igualmente importante é a renda do emprego. Aqui há também grandes diferenças dependentes da sociedade, país e período histórico em questão.

Uma medida típica de desigualdade de renda é a razão da remuneração do CEO para a remuneração do trabalhador médio. Essa é maior atualmente nos Estados Unidos, com o Reino Unido vindo em segundo lugar, a Europa continental em terceiro e o Japão bem atrás. Na década de 1930, a razão nos EUA era de cerca de 80:1. Caiu para cerca de 30:1 na década de 1960, parcialmente como resultado de regulações mais rígidas como leis antitruste e o crescimento dos sindicatos. A tendência foi revertida na década de 1980, com um ambiente regulatório relaxado no governo Reagan e a perda de poder dos sindicatos com a crescente concorrência global. Em 2001, a razão disparou para cerca de 350:1

e, em 2007, tinha atingido 500:1.[11] A remuneração de 2007 do CEO do Walmart, Lee Scott Jr., totalizou US$ 31,2 milhões, bem mais de mil vezes o valor recebido pelo funcionário médio do Walmart. Em 2008, que não foi um grande ano para a economia mundial, a remuneração total do CEO do Blackstone Group, Stephen Schwarzman foi de US$ 702 milhões.[12] Em 2009, um gerente de fundo de hedge chegou a receber US$ 2,5 bilhões.[13]

Embora o salário do CEO nos EUA seja estratosférico, os salários medianos estagnaram desde o início da década de 1980. Os homens na casa dos trinta ganham 12% menos, em termos ajustados pela inflação, do que seus pais ganhavam na mesma idade.[14] Famílias de renda média trabalham mais horas; muitas vezes dependem de duas fontes de renda em vez de uma, detêm mais dívida e tem acesso no trabalho a potentes tecnologias que aumentam a produtividade. Mas os benefícios desse maior volume de trabalho e maior produtividade fluíram dos trabalhadores para os gestores. Como resultado, afirma a professora de direito de Harvard Elizabeth Warren, "a classe média está sob um ataque fantástico".[15] Em contraste, a parcela do 1% que está no topo da pirâmide mais do que dobrou seus rendimentos, que agora são maiores do que os 90% da base. Isso representa uma enorme transferência de riqueza.

De acordo com a lei da oferta e da demanda, o preço de um CEO deve refletir o seu valor intrínseco. Como afirmou Eugene Fama, da teoria dos mercados eficientes, em uma entrevista de 2007: "Você está apenas olhando para os salários do mercado. Eles podem ser números grandes; isso não quer dizer que sejam altos demais."[16] Estudos têm mostrado, porém, que o sucesso de uma empresa é mais bem visto como o resultado emergente de fatores como o estado do mercado, as contribuições de todos os empregados, a cultura interna da empresa e assim por diante. Ter um bom CEO é uma parte importante do mix, mas muito menos crítica do que seus pacotes de remuneração poderiam sugerir.[17] Um resumo das evidências empíricas da Organização Internacional do Trabalho concluiu que a remuneração dos CEOs "só tem efeitos muito moderados, se é que tem. Além disso, existem grandes variações entre os países, com alguns deles exibindo praticamente nenhuma relação entre remuneração e desempenho e os lucros da empresa."[18] De fato, o salário dos CEOs no Japão é menor do que a metade dos níveis dos EUA, mas parecem ter algumas empresas eficazes.

Uma explicação melhor para o enorme aumento na remuneração dos CEOs é fornecida pela psicologia comportamental. Para uma empresa em dificuldades, a contratação de um novo CEO é como um paciente à procura de uma droga milagrosa. Estudos têm demonstrado que os analgésicos são mais eficazes se forem vendidos em um pacote caro do que se eles são apresentados como genéricos baratos.[19] Da mesma forma, o prestígio de ter bens de luxo é realçado por seus preços exorbitantes. Assim, para os CEOs, a "mão invisível" do mercado é uma mão que os levanta, elevando-os mais e mais. Quanto mais cobram, melhores parecem os produtos, e mais saudáveis se sentem os acionistas da companhia.

O salário dos CEOs nos últimos anos provavelmente também foi influenciado, de forma um tanto perversa, por reportagens sobre a remuneração dos executivos. "Em vez de suprimir as regalias dos executivos", observa o psicólogo comportamental Dan Ariely, "a publicidade fez com que os CEOs da América corporativa comparassem seus salários entre si".[20] O resultado, com a ajuda de consultores de recrutamento, foi que o teto continuou subindo cada vez mais. Os CEOs começaram a parecer celebridades, como estrelas de cinema ou atletas, cuja fama e apelo parecem só aumentar quanto maior é o salário.

Os CEOs também se beneficiam da sua posição como elementos centrais na rede da empresa. Os efeitos do feedback positivo significam que quanto mais conexões de rede eles fizerem com outros líderes empresariais, mais poderosos se tornam, melhorando, assim, a sua posição na rede, e assim por diante.[21] Essa vantagem de posição pode torná-los mais eficientes em seu trabalho, quando não estão socializando o tempo todo, mas é principalmente uma propriedade da própria rede, em vez da parte individual — o todo em vez da parte atomística. Se um CEO se aposenta, a rede irá produzir uma substituição ou se reorganizará em uma nova configuração. A teoria econômica convencional vê a economia como plana e nivelada como um campo de milho de Illinois, quando, na verdade, o terreno é mais como as montanhas do Afeganistão. A posição importa: quanto melhor ela for, mais fácil será defendê-la.

Naturalmente, esses efeitos de rede e da psicologia comportamental não ocorrem exatamente da mesma forma, digamos, para recepcionistas no Walmart (salário médio, cerca de US$ 10/hora), ou para aqueles que, de fato, fabricam os itens em estabelecimentos com precárias condições de trabalho no terceiro mundo.[22] Os funcionários de níveis hierárquicos inferiores têm mais dificuldade de capitalizar os artigos de luxo, o *glamour* da mídia ou conexões poderosas. Para uma empresa típica, a folha de pagamento representa cerca de 70% dos seus custos. Há, portanto, uma pressão enorme, tanto dos clientes quanto dos acionistas, para reduzir a remuneração dos empregados. Mesmo que os executivos estejam muito valorizados, sua remuneração ainda é uma parte relativamente pequena do total da massa salarial e, claro, são eles quem decidem como os salários devem ser divididos. A pressão é, portanto, transferida para os trabalhadores na base, para os quais a mão invisível não é um amigo que ajuda, mas certa mão em seu tornozelo, puxando-os para baixo.

O poder corporativo

Outra razão citada para o pagamento cada vez maior de CEOs é que as empresas que governam vem crescendo cada vez mais e se tornado mais complexas, como resultado da globalização. (Curiosamente, as forças armadas norte-americanas também se tornaram mais complexas, mas os generais mal vivem com cerca de dez vezes o salário de um soldado. O governo dos EUA é muito complicado, mas o presidente Obama consegue sobreviver com US$ 400.000.) É certamente verdade que os salários na economia se tornaram cada vez mais assimétricos e o mesmo acontece com os tamanhos das empresas. Estas seguem basicamente uma distribuição de lei exponencial. Em um extremo da escala estão milhões de pequenas empresas que empregam apenas poucas pessoas. Sobre elas paira um número muito menor de grandes multinacionais, do tamanho dos Estados-nação. No momento em que este livro foi escrito, a maior empresa do mundo em termos de receitas é a companhia petrolífera ExxonMobil, com receitas anuais de US$ 390,3 bilhões. A segunda é o Walmart, com US$ 374,5 bilhões. Das dez principais, sete são grandes no setor de petróleo e gás.

O painel inferior da Figura 16 mostra as cem maiores empresas, conforme medido pelas receitas anuais. É interessante comparar os dois gráficos com a Figura 13, que apresenta as cem maiores variações de preços no S&P 500. A similaridade é um lembrete de que as distribuições da lei exponencial, e o escalonamento fractal, não se aplicam apenas aos choques financeiros, mas também às oportunidades financeiras. Assim como não sabemos quando ocorrerá o próximo acidente, é impossível saber de cara que microempresa vai se transformar em uma gigante global, ou quem será o próximo Bill Gates ou Warren Buffett. O modelo de negócios dos investidores de risco é financiar um conjunto de pequenas empresas na esperança de que uma ou mais chegue ao topo.

As grandes empresas multinacionais, como Walmart, dependem de cadeias globais de abastecimento que negociam com os fornecedores mais baratos do mundo todo. Isso tem o efeito benéfico de minimizar os custos para os consumidores e maximizar os lucros para os acionistas. Eles podem explorar as economias de escala e também investir grandes quantias de dinheiro para melhorar seus produtos. A indústria farmacêutica, por exemplo, é liderada pela Pfizer, com receita anual total em 2008 de US$ 71 bilhões. O enorme tamanho significa que pode bancar um orçamento de pesquisa e desenvolvimento de US$ 11 bilhões.

Embora certamente existam benefícios de ter grandes empresas, existem também graves desvantagens. Elas alimentam a desigualdade na economia em geral, aumentando a pressão sobre os salários dos trabalhadores comuns, ao mesmo tempo em que a remuneração dos executivos atinge níveis estratosféricos. Influenciam os consumidores por meio de enormes campanhas publicitárias. Empresas como bancos que se tornam grandes demais para falir podem assumir riscos enormes sob a garantia implícita de que o governo vai socorrê-las, se enfrentarem dificuldades. As empresas também podem contratar exércitos de lobistas para exercer pressão sobre os órgãos do governo, por exemplo, para relaxar normas ambientais ou trabalhistas (ironicamente, embora as grandes corporações fortemente regulem o comportamento de seus empregados, elas se opõem a qualquer regulação governamental externa de seu próprio comportamento alegando que o processo é ineficiente).

Quando as empresas são maiores do que muitos dos governos com os quais lidam no mundo inteiro, há claramente um problema para a democracia. O abismo entre o cidadão médio e o poder corporativo nunca foi tão grande, especialmente nos países em desenvolvimento. É difícil fazer progressos no combate às mudanças climáticas globais, quando sete das dez maiores empresas do mundo estão no negócio de petróleo e gás; é difícil reformar o sistema financeiro mundial diante da influência política de empresas, como Goldman Sachs e JP Morgan; é difícil negociar condições de trabalho quando uma das partes negociadoras é o Walmart.

Os economistas neoclássicos, como Jevons, argumentavam que o mercado ganha seu poder agregando os desejos de um grande número de pessoas, aumentando, assim, a utilidade geral. No entanto, ele parece melhor em agregar

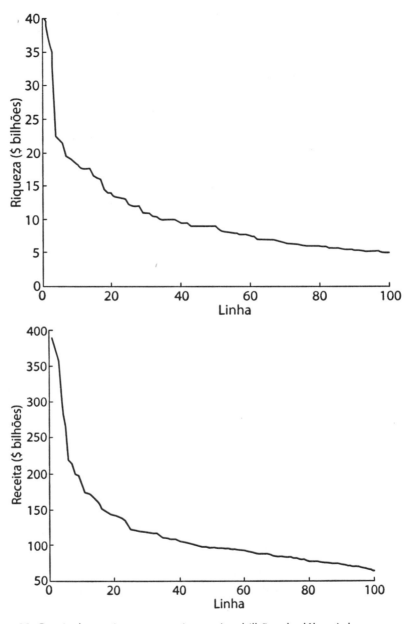

Figura 16. O painel superior mostra a riqueza (em bilhões de dólares) das cem pessoas mais ricas em 2009, de acordo com a revista *Forbes*.[23] Bill Gates é o primeiro com US$ 40 bilhões, seguido por Warren Buffet com US$ 37 bilhões. O painel inferior mostra a receita anual em bilhões de dólares para as cem maiores empresas. A ExxonMobil está no topo com 390,3 bilhões de dólares, seguida pelo Walmart com 374,5 bilhões de dólares.[24] Ambos os gráficos seguem uma distribuição exponencial similar.

alguns elementos do que outros. Conforme demonstrado ao longo das últimas décadas, os mercados podem agregar nosso poder de consumidores para forçar a redução dos preços de bens básicos, e nosso poder como investidores para maximizar os lucros. Isso restringe os salários nos níveis mais baixos da hierarquia. Seu desempenho é pior em agregar o nosso desejo de ter um salário razoável, ou um ambiente limpo, ou decência e justiça. Agora mais do que nunca, precisamos de instituições fortes e democráticas para moderar o poder das corporações multinacionais com seus CEOs não eleitos e extravagantemente bem pagos. Precisamos também de uma teoria econômica que dê sentido a tudo isso. Algo que a economia ortodoxa não é capaz de fazer.

Oportunidades desiguais

Parte do apelo duradouro da teoria econômica ortodoxa para os nossos líderes corporativos é que ela fornece um argumento intelectual conveniente para o programa de desregulamentação, privatização de ativos do governo e cortes sociais que está em vigor em muitos países nas últimas décadas e que beneficiou grandes empresas à custa dos trabalhadores comuns. Essas mudanças foram justificadas pelo mito de que o sistema econômico é inerentemente justo, permitindo que as pessoas recebam pelo que valem. Mas, assim como assumir que o mercado está estável na verdade o torna mais arriscado, assumir que o mercado é justo acaba por tornar a economia menos justa.

Em 2001, estudantes de Harvard realizaram um protesto para exigir um salário mínimo por hora de US$ 10,25 para os funcionários com o menor salário da universidade. A *Harvard Magazine* formou uma comissão para debater a questão. Um dos colaboradores era o professor de economia Gregory Mankiw, autor de livros didáticos de alta vendagem, incluindo os *Principles of Economics* (Princípios da economia). Dada a oportunidade de colocar em prática os princípios, Mankiw escreveu: "Apesar das boas intenções dos estudantes, não posso apoiar sua causa. Se alguma instituição deve pensar com a cabeça, assim como o coração, esta deve ser uma universidade."[25] Para citar seu livro: "O salário mínimo é facilmente compreendido usando as ferramentas de oferta e demanda... Para os trabalhadores com baixos níveis de habilidade e experiência, um salário mínimo elevado força o salário acima do nível que equilibra a oferta e a demanda."[26] Ele concluiu que dar aos faxineiros um dinheirinho extra por hora "poderia afetar o compromisso da universidade com a criação e a disseminação de conhecimento". (Como o economista Gilles Rayeaud aponta, a conversa não foi estendida para explicar como a administração acadêmica está relacionada com a oferta e a demanda.[27])

Considerando que a economia neoclássica tem sido a ideologia econômica dominante desde o final dos anos 1960, não é nenhuma surpresa que o salário mínimo ajustado pela inflação nos Estados Unidos tenha diminuído durante esse período cerca de 25% ou que a desigualdade salarial em geral tenha explodido. Embora a economia pretenda ser uma ciência imparcial, ela é na verdade profundamente política. Como o economista Joseph Stiglitz disse à revista *Adbusters*: "Mankiw estava no Conselho de Consultores Econômicos do presidente Bush e (...) eles tentaram defender uma visão ideológica específica de que os mercados funcionam perfeitamente."[28] O problema é que, embora as forças de mercado automaticamente atribuirão aos faxineiros ou professores determinado salário, não há garantia de que ele será adequado ou razoável.

Isso é importante porque, como documentado por Richard Wilkinson e Kate Pickett em seu livro *The Spirit Level*, a desigualdade está correlacionada, e não de forma boa, com todos os outros tipos de problemas, incluindo desestruturação da comunidade, problemas de saúde física e mental, toxicodependência, índices de reclusão, mau desempenho escolar, gestação na adolescência e assim por diante.[29]

Os países ricos, porém desiguais como os EUA e o Reino Unido, cujas culturas foram fortemente influenciadas pelo pensamento neoclássico, consistentemente estão no topo dos gráficos em muitas dessas áreas, enquanto países mais iguais, como o Japão, a Noruega e a Suécia apresentam menos problemas. Correlação não é o mesmo que nexo de causalidade, mas há evidências empíricas convincentes de que "Quanto mais equitativa for a distribuição de riqueza melhor será a saúde da sociedade", como reportou o *British Medical Journal*.[30]

Claro que, como os médicos sabem, tudo é bom quando usado com moderação. Algumas pessoas vão sempre ganhar mais do que as outras, e um grau de desigualdade promove o empreendedorismo, desde que seja visto como justo. Mas quando a desigualdade, que é uma função das diferenças salariais em vez de apenas do salário mínimo, torna-se demasiado extrema, ela viola em um nível básico nosso senso de *fair play*. É por essa razão que as sociedades humanas cooperativas, tais como aquelas em que os homens caçam animais para sobreviver, muitas vezes têm o cuidado de assegurar uma distribuição equitativa.

"Sem nunca ter ouvido clamores pela igualdade, essas culturas estão, todavia, muito conscientes do risco que a desigualdade representa para a malha social de sua sociedade", observa o primatologista Frans de Waal, que vê o mesmo comportamento em primatas.[31] De uma perspectiva global, a desigualdade fomenta problemas tais como violência étnica, porque a riqueza em muitos países em desenvolvimento é controlada por grupos étnicos pequenos, mas economicamente dominantes, e o terrorismo.[32]

Embora a teoria neoclássica deva muito de sua popularidade, e de seus recursos, ao apoio das empresas, há outro grupo que, talvez paradoxalmente, tenha se beneficiado da ilusão da igualdade. Esse é o caso do governo.

Melhorando a circulação

Os economistas neoclássicos podem ser inimigos do esbanjamento e da burocracia do governo, mas se existe uma coisa com a qual os dois concordam é com o mito de que vivemos em um mundo livre e justo.

No revolucionário discurso de Barack Obama durante a convenção democrata de 2004, ele começou admitindo, como filho mestiço de um pai que "cresceu cuidando de cabras e estudou em um barraco com telhado de zinco", que a sua presença ali naquela convenção era "pouco provável". Nos Estados Unidos, ele continuou, "você não precisa ser rico para alcançar seu potencial (...) em nenhum outro país do mundo, minha história é sequer possível".

O discurso de Obama foi inspirador, certamente, e tornou possível sua posterior candidatura à Casa Branca. No entanto, como observam Ron Haskins e Isabel Sawhill da Brookings Institution: "Ir da pobreza à riqueza em uma geração é realmente um mito: isso acontece muito raramente".[33] A mobilidade social nos Estados Unidos é menor do que em outros países ricos, e está diminuindo com o tempo. Em 1980, o percentual da renda de um filho explicado pela renda de seu pai, era de cerca de 10%. Em 2000, isso aumentou para 33%.[34] Um relatório de 2009 da Organização para a Cooperação e Desenvolvimento Econômico (OCDE) afirmou que "a desigualdade entre gerações" é maior nos EUA do que em outros países da OCDE.[35] Parece haver uma ligação direta entre a desigualdade de renda e a mobilidade social — quanto maior a inclinação, mais difícil é a subida. Obama é a exceção que confirma a regra, e talvez seja por isso que ele mencionou a igualdade social em seu discurso inaugural: "O sucesso da nossa economia sempre dependeu não apenas do tamanho do nosso Produto Interno

Bruto, mas do alcance de nossa prosperidade; de nossa capacidade de estender a oportunidade a todos os corações que estiverem dispostos — não por caridade, mas porque esse é o caminho mais seguro ao bem comum."

A arraigada crença do norte-americano na igualdade, juntamente com famoso e poderoso grau de otimismo, paradoxalmente, permitiu que o país chegasse a um estado altamente desigual, com pouca resistência da população. Como Pareto sabia, no entanto, se as estruturas sociais se tornarem rígidas demais, de modo que "as camadas superiores estejam cheias de elementos decadentes e os estratos inferiores estejam cheios de elementos da elite, então haverá uma forte tendência de haver uma 'revolução violenta'".

Em março de 2009, quando se soube que a gigante seguradora AIG pagaria centenas de milhões em bônus a seus empregados, ficou um cheiro de revolução no ar semelhante nos Estados Unidos. A AIG tinha acabado de receber um resgate de US$ 170 bilhões e registrou um prejuízo no quarto trimestre de 2008 de US$ 61,7 bilhões — o maior já realizado por uma corporação. Os ânimos se exaltaram no país quando a AIG decidiu premiar os seus colaboradores como se nada tivesse mudado. "O público está com raiva", escreveu Susan Antilla para a Bloomberg. "Eles estão furiosos, loucos de raiva com a AIG e outras empresas financeiras por causa da ganância e das trapaças que nos levaram a um colapso financeiro. (...) Os americanos querem ver cabeças rolando."[36] Os funcionários da AIG receberam ameaças de morte, e foram avisados para evitar usar o logotipo da empresa e a viajar sempre aos pares. Um banqueiro disse: "Nesse ponto, é como a Revolução Francesa — a multidão quer as cabeças dos bancos na guilhotina."[37]

O único argumento que defendia que esses volumosos bônus do setor financeiro eram realmente válidos (em oposição aos contratualmente necessários) era o da lei da oferta e da demanda, também conhecido como a lei do *status quo*. Se a AIG não os pagasse, os trabalhadores procurariam outras oportunidades, porque havia demanda por empresas similares. Como um consultor especializado em remuneração disse ao *New York Times*: "Estão dizendo que os funcionários da AIG estão sendo recrutados aos montes."[38] Presumivelmente, essa rua é diferente daquela na qual deveriam caminhar aos pares.

O caso da AIG e dos seus colegas é uma demonstração gráfica de que a oferta e a procura juntas não criam uma lei, e não são os únicos fatores que devem determinar a renda, porque eles não levam em conta as necessidades humanas básicas de equidade e justiça. Embora não exista uma fórmula única para criar uma sociedade igualitária, algumas das ferramentas disponíveis são a tributação progressiva, o controle salarial, estruturas empresariais alternativas e políticas sociais. Os economistas neoclássicos podem interpretar essas medidas como distorções do livre mercado, mas elas não são nada comparadas às distorções semelhantes às da AIG produzidas pelos livres mercados.

Tributação progressiva

Essa abordagem tem sido adotada por países nórdicos como a Dinamarca, que aplica uma alíquota de imposto de 63% aos mais ricos. Obviamente, essa alíquota tão grande não funcionaria bem em países como os Estados Unidos — é difícil que slogans como "Tributem os ricos!" e "Redistribuam a riqueza!" se tornem temas políticos populares em um futuro próximo. Mesmo nesse aspecto, porém, Warren Buffett e Bill Gates se manifestaram a favor da cobrança de impostos sobre o patrimônio dos ricos. Como explica Buffett, eles podem ajudar a compensar o fato de que ele paga impostos com uma alíquota inferior a da sua secretária.

Controles salariais

Em um extremo da escala de rendimentos, os trabalhadores precisam de proteção em termos de salário mínimo. Na outra ponta, precisamos de proteção dos trabalhadores. Em 2009, o presidente Barack Obama impôs um teto salarial de US$ 500.000 aos patrões de bancos que foram socorridos. Essa medida justificava-se obviamente pelo fato de que eles eram agora funcionários públicos glorificados, mas nos leva a questionar se o estabelecimento de tetos salariais é apropriado em outras circunstâncias (pessoalmente, eu não estou convencido de que ninguém neste planeta deva ganhar mais de US$ 500.000). De outro modo, os acionistas poderiam parar de tolerar pacotes salariais inchados quando houvesse pouca ou nenhuma correlação com o desempenho. Essa parece ser a prática no Japão, onde as alíquotas de imposto são baixas, mas o mesmo vale para a desigualdade salarial.

Estrutura da empresa

Os excessos de remuneração dos CEOs também estão ajudando a alimentar o interesse em estruturas alternativas, tais como entidades sem fins lucrativos, empresas de propriedade dos empregados e o movimento das cooperativas. O setor não lucrativo nos EUA já é enorme e inclui instituições vitais, tais como universidades, hospitais e concessionárias de energia elétrica. Segundo o economista político Gar Alperovitz, empresas de eletricidade sem fins lucrativos são em média 11% mais baratas do que empresas com fins lucrativos, e são mais propensas a adotar tecnologias sustentáveis.[39]

Política social

Um dos fatores que mais contribuem para a desigualdade social é o sistema educacional de um país, incluindo o acesso a serviços de assistência infantil. Em países desiguais como o Reino Unido ou os EUA, há uma enorme diferença de qualidade entre as melhores e as piores escolas. As famílias ricas podem pagar uma boa educação para os filhos enviando-os para uma escola particular ou mudando para a área de abrangência de uma das melhores escolas públicas da região. Ambas as opções são caras porque existe concorrência de outras famílias.

Um estudo britânico liderado por Alan Milburn mostrou que os pais enviam seus filhos para boas escolas não apenas por razões acadêmicas, mas também para que elas possam aprender habilidades sociais sutis, tais como a confiança social. Universidades de elite como Harvard ou Oxford são valorizadas não só pela qualidade do ensino, mas também porque permitem o acesso a poderosos círculos sociais (em 2007, 47% dos formandos de Harvard entraram para o ramo de finanças ou consultoria).[40] A desigualdade, portanto, fica congelada — os nascidos em famílias pobres permanecem pobres e os nascidos em famílias ricas permanecem ricos. O acesso geral à educação de alta qualidade e à educação infantil é necessário para manter as coisas fluindo.

Ponto da virada

Embora existam muitos caminhos para uma sociedade mais igualitária, um pré-requisito absoluto é uma teoria econômica e uma visão de mundo que reconheça as enormes discrepâncias de poder e influência que estão presentes no mundo real, e que aponte para formas de corrigir a balança. Tal como acontece com os modelos de comportamento irracional, isso é difícil de realizar no quadro clássico, que se baseia nos métodos reducionistas e simétricos da física clássica e assume que o campo já está nivelado. Ocorre com facilidade na abordagem da complexidade, cujos modelos baseados em agentes naturalmente tendem a reproduzir as distribuições da lei exponencial da distribuição de riqueza ou do tamanho da empresa, ou com a economia feminista, que se preocupa com as diferenças no poder. Nenhum desses modelos é destaque nos livros didáticos básicos, que tendem a focalizar a teoria neoclássica.[41]

Apenas mostrar que a "lei da oferta e da demanda" não se baseia em nenhum tipo de física ou ciência será suficiente para mudar o debate sobre fatores como o salário mínimo. Como observou Charles Darwin: "Eliminar um erro é um serviço tão bom, e às vezes até melhor, quanto estabelecer uma nova verdade ou fato."[42] O melhor teste para as ideias teóricas é compará-las com dados empíricos, que hoje temos em abundância. Hoje, a maioria das transações econômicas deixa um registro eletrônico. As agências de classificação de crédito e outras empresas compram essas informações e usam-nas para construir modelos sofisticados de comportamento do consumidor. As informações também podem ser usadas para testar hipóteses econômicas. Considere, por exemplo, a previsão de Milton Friedman de que os livres mercados tenderiam a eliminar empresas que discriminam com base na raça ou no sexo. Um estudo anterior com concessionárias de veículos novos nos Estados Unidos pelo professor de Direito Ian Ayres em 1991 mostrou que: "As mulheres brancas tiveram de pagar 40% mais do que os homens brancos; os homens negros tiveram de pagar mais de duas vezes o valor e as mulheres negras tiveram de pagar mais de três vezes o valor dos homens brancos."[43] As minorias foram também alvo de credores predatórios durante o escândalo das hipotecas subprime nos EUA.[44] Estudos de discriminação por questões de gênero no mercado de trabalho demonstram que as mulheres estão mais presentes em empregos com os salários mais baixos, do que nos cargos com os salários mais altos e, em geral, recebem menos do que os homens que realizam o mesmo trabalho.[45]

A indignação com os resgates desde então em grande parte se dispersou, e os banqueiros mantiveram sua conduta e estão de volta aos velhos truques de conceder a si enormes bônus com poucas reclamações do público. Isso é bom para os governos e as elites no poder, que — embora possam, ocasionalmente, explorar o ressentimento para alcançar ganhos políticos de curto prazo — naturalmente preferem que a força de trabalho se contente com o seu lugar na ordem das coisas. Até agora, há poucos indícios de que o sonho/fantasia de sucesso financeiro dos norte-americanos perdeu seu poder hipnótico. Mas se Pareto fosse vivo hoje — sentado em uma cadeira confortável com um gato no colo e um copo do melhor brandy nas mãos, assistindo a Bloomberg na TV — tenho certeza de que ele estaria monitorando a situação com interesse. Como ele sabia, as ideologias são o que as elites usam para justificar sua posição fatalmente instável. É irônico que o conceito de otimilidade de Pareto agora seja parte dessa ideologia.

Conforme discutido no Capítulo 4, sistemas adaptativos complexos tendem a evoluir para um estado crítico — a inclinação do monte de areia aumenta, até que se aproxima do caos. A mesma ideologia de desregulamentação que permitiu que essa instabilidade se desenvolvesse nos mercados de ações também pode estar levando a sociedade rumo a um ponto de virada instável. Os mercados afundam, mas as sociedades também podem afundar.

Para atrasar o dia do juízo final, os governos dos EUA e de outros países realmente não necessitam reduzir a desigualdade — eles só precisam perpetuar a ilusão de que a) a situação de todos está melhorando e b) todos têm chances de ganhar o prêmio. Acima de tudo, eles precisam manter a economia crescendo. Como Henry Wallich, ex-diretor do Federal Reserve (FED), afirmou: "O crescimento é um substituto para a igualdade de renda. Enquanto há crescimento, há esperança, e isso tornou toleráveis os grandes diferenciais de renda."[46] Como mostrado no capítulo seguinte, porém, essa solução pode estar levando a um tipo diferente de crise de crédito.

capítulo 8

A economia exagerada

*"Quem acredita que o crescimento exponencial pode durar para
sempre em um mundo finito ou é louco ou economista."*
KENNETH BOULDING, ECONOMISTA ECOLÓGICO (1910-1993)

"Se o clima fosse um banco, ele já teria sido salvo."
HUGO CHÁVEZ, PRESIDENTE DA VENEZUELA (2009)

OS ECONOMISTAS APRENDEM QUE O CRESCIMENTO ECONÔMICO DEVE SER MA-
XIMIZADO. NO ENTANTO, ECOLOGISTAS E AMBIENTALISTAS ACREDITAM QUE O
EXAGERO NÃO COMPENSA. OS MODELOS USADOS PELOS ECONOMISTAS NÃO LE-
VAM EM CONTA ALGUNS DETALHES — COMO O DERRETIMENTO DAS GELEIRAS, A
REDUÇÃO DOS ESTOQUES DE RECURSOS NATURAIS, OU AS OPINIÕES SOBRE TUDO
ISSO DAS FUTURAS GERAÇÕES. DE FATO, A CRISE DE CRÉDITO REAL NÃO ENVOL-
VE OS BANCOS, MAS O MEIO AMBIENTE. DURANTE SÉCULOS, FOMOS ESGOTANDO
FLORESTAS, OCEANOS, FONTES DE COMBUSTÍVEL E OUTRAS ESPÉCIES, E A CONTA
ESTÁ PRESTES A VENCER. ESTE CAPÍTULO MOSTRA COMO A CRENÇA DOS ECO-
NOMISTAS NO CRESCIMENTO ECONÔMICO ESTÁ COLIDINDO COM A REALIDADE
DE QUE SOMOS APENAS UMA PARTE DE UM ECOSSISTEMA MAIOR. ELE EXPLORA
NOVAS ABORDAGENS ECONÔMICAS QUE VISAM RESOLVER O CONFLITO E EQUILI-
BRAR O NOSSO SISTEMA FINANCEIRO COM O RESTO DO MUNDO.

Em novembro de 2006, antes da crise de crédito se instalar plenamente, uma
crise econômica já começara a se desenrolar. Essa crise não foi anunciada nas
manchetes do *Wall Street Journal* ou do *Financial Times*. Especialistas não apareceram nos programas de finanças da TV para ruminar sobre as suas causas.

Os políticos não a exploraram para provocar inveja ou criticar seus rivais. Ela passou completamente despercebida pelos economistas. No entanto, suas repercussões são potencialmente mais graves do que a crise do mercado.

A crise começou nos Estados Unidos, onde um grande número de trabalhadores agrícolas de repente parou de trabalhar. Eles não entraram em greve nem exigiam maior remuneração; só deixaram seus empregos e não voltaram mais — mesmo que isso significasse morte certa. Alguns agricultores disseram que era como suicídio em massa.

Empresas faliram ou fecharam; setores inteiros, como o cultivo de amêndoas da Califórnia, estavam ameaçados. A crise não ficou só nos EUA; propagou-se em todo o mundo tão rapidamente quanto a crise de crédito. No início de 2007, os agricultores no Canadá, Reino Unido, Europa Continental, América do Sul e Central e Ásia, todos relatavam o mesmo problema. Mas ninguém conseguia descobrir qual era a causa. Por que esses trabalhadores, que nos tinham servido tão diligentemente por milhares de anos, que haviam sido celebrados ao longo dos séculos em poemas e mitos por sua diligência e produtividade, de repente e coletivamente perderam o interesse em viver?

Será que estavam sofrendo de uma doença misteriosa que afeta suas mentes? Seria porque, em seus trabalhos, eles estavam expostos a grandes quantidades de toxinas químicas? Poderia ser o estresse por excesso de trabalho, ou a necessidade constante de viajar em busca do próximo trabalho? Seria consequência das mudanças climáticas, da radiação de antenas de telefonia móvel, ou do trabalho com culturas geneticamente modificadas? Será que não havia flores suficientes?

Os cientistas não conseguiram responder a essas perguntas — eles não tinham ideia do motivo pelo qual as abelhas estavam morrendo. Mas inventaram um nome: Desordem do Colapso da Colônia (CCD). E alguns acreditam que é um prenúncio do que está por vir. Como o biólogo especializado em insetos E.O. Wilson afirmou, a abelha é o burro de carga da natureza — e nós não damos a devida atenção. Deixamos nosso próprio futuro pendurado por um fio."[1]

A abelha de Delfos

As abelhas e os humanos partilham uma longa história juntos. Começamos a coletar mel na natureza cerca de 10 mil anos atrás e mantivemos as colônias de abelhas durante pelo menos 5 mil anos. Abelhas e mel também têm um lugar de destaque em nossa mitologia. De acordo com Homero, o dom da profecia do deus Apolo foi-lhe concedido por três abelhas donzelas: "Existem três donzelas sagradas, nascidas irmãs... De seu lar, voam daqui para ali, nutrindo-se em seus favos e fazendo cumprir o destino de todas as coisas. E quando nutridas pelo mel dourado, tornam-se inspiradas e propensas a revelar a verdade." O oráculo de Delfos era muitas vezes chamado de abelha de Delfos. Os gregos associavam o mel com a eloquência e o poder da fala; dizem que Pitágoras foi alimentado com mel quando criança, e os alimentos preferidos dos pitagóricos eram pão e mel.

Hoje, as abelhas são centenas de vezes mais numerosas do que os seres humanos no planeta. Elas desempenham um papel vital na economia mundial, incluindo a polinização de plantações de alfafa (usadas para alimentação do gado), maçãs, amêndoas, frutas cítricas, brócolis, cenouras, cebolas e melões. Sem elas, grande parte da nossa cadeia de suprimentos agrícolas cairia por terra. Então, se esses profetas alados estão tentando nos dizer alguma coisa, talvez devêssemos ouvir.

As abelhas foram trazidas para a América do Norte no início do século XVII por colonos holandeses ou britânicos, e atingiram um pico populacional de 5,9 milhões de colônias, em 1947. Em 2006, esse número caiu para cerca de 2,4 milhões, e a população selvagem caiu 90%. De acordo com depoimento ao Congresso norte-americano, a CCD, desde então, eliminou mais 25% das colônias restantes.[2] Mortandades similares aconteceram no passado, mas foram menores, e as abelhas morreram nas colmeias em vez de apenas sair voando com a doença.

A causa do fenômeno ainda está sendo debatida. Os possíveis culpados incluem parasitas, doenças fúngicas e a exposição a substâncias químicas tóxicas acumuladas, como os pesticidas. Outro fator que contribui é o estresse ambiental: muitas das colônias afetadas pertencem a grandes operações comerciais nos EUA, que regularmente transportam abelhas por todo o país para polinizar as plantações. A mudança climática pode também desempenhar um papel, alterando os tempos de floração das culturas. Foi até proposto que a radiação eletromagnética de antenas de telefone ou cabos de transmissão de energia está interferindo com os delicados sistemas de navegação das abelhas.

O cenário mais provável é que a desordem CCD não tenha uma única causa, mas seja resultado cumulativo de muitos pequenos fatores de estresse.

Tentar analisar o colapso de uma espécie é um pouco como tentar analisar a causa de uma queda da bolsa de valores — cada um tem sua própria teoria, mas nenhuma delas dá conta de explicar tudo. Como afirma E.O. Wilson: "Estamos voando às cegas em muitos aspectos quando se trata da preservação do meio ambiente, e é por isso que ficamos tão surpresos quando uma espécie como a abelha entra em crise."[3]

Enquanto os cientistas estão perdidos tentando explicar o comportamento das abelhas, a maioria dos modelos econômicos dá um passo além, eliminando-as completamente da análise. As abelhas desempenham um papel central e insubstituível na economia mundial — nos EUA, o valor de seus serviços é estimado em US$ 15 bilhões anuais. No entanto, elas não respondem bem à gama habitual de incentivos econômicos. Embora, em muitos aspectos, elas pareçam ser bastante inteligentes — como mostra, por exemplo, o desenho intrincado de suas colmeias, ou a dança complexa que realizam para comunicar a localização das fontes de pólen — parecem não ter compreensão alguma de princípios econômicos básicos. A lei da oferta e da demanda as escapa por completo. Elas simplesmente não entendem. Talvez por isso sejam tão desmotivadas.

Na verdade, essa parece ser uma propriedade de todo o mundo natural. Como os peixes. Cerca de quinhentos anos atrás, os pescadores de Portugal e Espanha começaram a viajar para a região dos Grandes Bancos na costa da Terra Nova, no Canadá, para capturar bacalhau. Tudo fluiu muito bem durante centenas de anos. O bacalhau tornou-se um alimento básico na Europa e América do Norte e, em 1968, a captura total dos Grandes Bancos foi de 810 mil toneladas. Então, a população de peixes começou a diminuir. Cientistas foram chamados para determinar um volume máximo permitido para captura; mas os seus modelos provaram estar desastrosamente errados e, em 1992, a pesca mais famosa do mundo de repente desmoronou completamente, com a perda de 40 mil empregos.[4] Ela ainda não se recuperou — por alguma razão, o restante dos peixes não parece capaz de se reproduzir no mesmo ritmo.

Mais uma vez, a lei da oferta e da demanda foi desprezada. A demanda por peixes estava aumentando — um autor descreveu a situação como "pesca predatória absurda e selvagem" — mas a oferta não respondia na mesma proporção, nem se ajustou de forma suave.[5] Simplesmente desapareceu de repente. Outros setores da indústria da pesca igualmente entraram em colapso em todo o mundo. Isso faz a gente pensar que outra espécie crítica, mas economicamente analfabeta será a próxima a jogar a toalha sem aviso prévio.

Poderíamos ser nós?

A questão do carbono

A ideia de que a raça humana está se aproximando de algum tipo de limite crítico é provavelmente prematura. Mas se tomarmos a economia como sendo o estudo da "regra da casa", então certamente não conseguimos manter a nossa casa — o planeta — em ordem, e é justo dizer que, como espécie, somos economicamente analfabetos.

Quando a economia neoclássica foi fundada no final do século XIX, as abelhas ainda estavam zumbindo alegremente, e ainda havia abundância de peixes no mar. A população mundial era de apenas cerca de um bilhão de pessoas, 15% do tamanho atual. Mas, mesmo assim, havia preocupações de que estávamos nos aproximando dos limites fundamentais dos recursos naturais.

William Stanley Jevons ganhou fama como economista com o seu trabalho de 1865, *The Coal Question* (A questão do carvão), que chamou atenção para o fato de que o carvão da Grã-Bretanha estava se esgotando. A Grã-Bretanha havia se tornado a potência mundial dominante, explorando a tecnologia dos motores a vapor à base de carvão para acionar suas minas, fábricas, ferrovias e navios.[6] Como Jevons afirma, o carvão "é a energia essencial do país — o auxílio universal — o fator em tudo que fazemos. Com o carvão, quase qualquer façanha é possível ou fácil; sem ele, somos jogados de volta à pobreza dos primeiros dias de trabalho árduo." O único problema com essa substância "milagrosa", formada com o acúmulo de matéria orgânica durante centenas de milhões de anos, era sua oferta limitada. O crescimento da economia da Grã-Bretanha fez com que a demanda por carvão aumentasse exponencialmente. O país estava, portanto, acelerando em direção a uma placa de pare. O carvão nunca seria completamente exaurido, mas seria praticamente impossível extrair o que sobrou. "Com a crescente profundidade e dificuldade da mineração de carvão, encontraremos aquele limite vago, mas inevitável que impede o nosso progresso."

Jevons revisou várias alternativas, incluindo energia eólica, das marés e solar, mas não encontrou substitutos adequados para o carvão. Além disso, a inovação tecnológica só teria o efeito de diminuir os custos, aumentando ainda mais o consumo. Esse fenômeno, às vezes chamado de Paradoxo de Jevons, foi demonstrado pelo fato de que, embora a tecnologia do motor a vapor continuasse a ser aprimorada por invenções como o regulador, quaisquer economias alcançadas devido à eficiência eram mais do que compensadas pelo uso mais intensivo.

Os geólogos da época estimaram que a Grã-Bretanha tinha reservas de carvão de cerca de 90 bilhões de toneladas. Jevons argumentou que, se a tendência de crescimento exponencial continuasse, as reservas seriam gravemente afetadas dentro de meio século. Como resultado, a Grã-Bretanha perderia sua posição dominante na economia mundial para produtores de baixo custo como os Estados Unidos. A mão de obra e o capital emigrariam e "todas as noções de supremacia fabril e marítima seriam então abandonadas".

A Questão do Carvão foi alvo de muitos debates e foi citada no Parlamento. No final das contas, a produção de carvão alcançou um pico 48 anos mais tarde, embora as 292 milhões de toneladas estivessem na metade do patamar estimado por Jevons. A produção total vem caindo para cerca de 20 milhões de toneladas desde então e, em 2003, o Reino Unido importou mais carvão do que produziu pela primeira vez na história.[7]

Naturalmente, isso não é um problema, porque o que Jevons não sabia era que o carvão tinha um substituto viável. A Grã-Bretanha deixou de apostar apenas na energia solar armazenada no carvão britânico e agora está dependendo cada vez mais da energia solar armazenada nos campos de petróleo do Mar do Norte, que viram sua produção alcançar o ponto máximo em 1999 e agora estão em declínio.

E, agora, qual é a questão do petróleo? O petróleo é claramente tão importante hoje quanto o carvão era na Inglaterra do século XIX, e ele também é um recurso natural limitado. Será que as forças do mercado nos ajudarão a calibrar o preço certo por essa mercadoria essencial — ou será que, em vez disso, estamos acelerando em direção a esse outro "limite vago, mas inevitável"?

Economia fechada

As pessoas estão preocupadas com o "pico do petróleo" desde que o bombearam do solo pela primeira vez. Entretanto, o fato de as previsões passadas de exaustão de recursos estarem erradas não nos vacina contra possíveis ocorrências futuras. Parece razoável supor que estamos nos aproximando dos estágios finais de nosso longo relacionamento com combustíveis à base de carbono; como

Jevons sabia, nosso suprimento de energia é vital para o futuro de longo prazo.[8] Estranhamente, no entanto, a teoria econômica dominante tem tão pouco a dizer sobre o petróleo quanto sobre peixe, ou abelhas, ou qualquer elemento fora da esfera humana. Esse é um dos motivos pelos quais os preços desses artigos não refletem seu real valor. Também é isso que sustenta o mito de que a economia pode crescer para sempre.

A economia neoclássica representa um modelo matemático do comportamento humano. Como o cientista de sistemas John D. Sterman observa: "As hipóteses mais importantes de um modelo não estão nas equações, mas no que não está nelas; não estão na documentação, mas é no que não é dito; não estão nas variáveis em uma tela de computador, mas nos espaços em branco em volta delas".[9] Um dos elementos que falta na economia neoclássica — e é realmente importante — é o restante do planeta. A teoria negligencia por completo o fato de que a economia humana está incorporada na biosfera, que consiste em seres vivos (incluindo abelhas e trigo), os produtos dos seres vivos (incluindo mel e petróleo) e os recursos necessários para os seres vivos (como água).

Tradicionalmente, os economistas reconheceram três fatores de produção — terra, mão de obra e capital. Na economia neoclássica, no entanto, somente a mão de obra e o capital desempenharam um papel importante. Os recursos naturais não foram incluídos na lista ou estavam ali só da boca para fora. Em 1974, um economista "laureado" disse até que "o mundo pode sobreviver sem recursos naturais" porque a engenhosidade e a tecnologia dos seres humanos sempre poderão fornecer um substituto.[10] As preocupações de Jevons com o crescimento exponencial em um mundo com limites se perderam pelo caminho.

Quando os recursos naturais eram levados em conta, eram considerados basicamente infinitos. "Os minerais são inesgotáveis e nunca serão esgotados", escreveu um economista do setor energético Morris Adelman em 1993. "Um fluxo de investimentos cria acréscimos a reservas comprovadas, um estoque interno muito grande, constantemente renovado à medida que é extraído. (...) Quanto estava no solo no início e quanto será deixado no final são questões desconhecidas e irrelevantes."[11]

Mesmo no livro didático atual de Mankiw, *Principles of Economics*, como destaca Gilles Raveaud, os recursos naturais e a energia são tópicos que não constam do capítulo sobre crescimento econômico. Como resultado, "não podem ser um problema — pelo menos, não para os economistas".[12]

Subjacente a essa omissão está uma espécie de negação. Em seu livro, *Beyond Growth* (Além do crescimento), o economista ecológico Herman Daly relata uma história sobre seu trabalho em um relatório do Banco Mundial de 1992, cujo tema foi "Desenvolvimento e Meio Ambiente". Uma versão inicial continha um diagrama das relações entre a economia e o meio ambiente. Era composto apenas de "um quadrado chamado 'economia', com uma seta que apontava para dentro rotulada 'insumos' e uma seta saindo rotulada 'saídas' — nada mais". Daly sugeriu que eles deveriam pelo menos adicionar uma caixa maior em torno da economia, para representar o meio ambiente. A versão seguinte incluía a caixa grande, mas não havia rótulos. Daly ressaltou que "a caixa maior tinha de ser chamada 'meio ambiente', caso contrário, seria meramente decorativa". Na versão seguinte, o diagrama inteiro ficou de fora.[13] É como se a economia tivesse se tornado tão distanciada e desvinculada da realidade que considera que pode viver sem o mundo físico.

A razão para essa atitude peculiar está enraizada na ideia, derivada do trabalho de Jevons e colaboradores, de que a economia é uma máquina muito bem afinada — um sistema fechado que opera de acordo com leis perfeitamente calibradas. A máquina, naturalmente, precisa de combustível para continuar funcionando, e de óleo para mantê-la lubrificada, mas esses artigos estão disponíveis no mercado aberto de uma variedade de fornecedores. O estoque desses artigos no solo não é mais importante para um economista do que o estoque de combustível é para o proprietário de um Lamborghini. Eles só sabem que está lá.

Dentro desse sistema econômico fechado, segundo a teoria, a lei "da oferta e da demanda" corretamente aloca recursos para cada uma das partes da máquina. No entanto, enquanto essa "lei" pode ser utilizada distorcidamente na economia humana, ela rompe completamente as fronteiras da nossa economia com o mundo natural. A economia não tem como medir exatamente quantos peixes estão no mar, ou quanto petróleo está no solo. Os custos de suprimento avaliam apenas os custos de extração, que dependem de um grande número de fatores, e não se ajustam suavemente para dar uma medida da escassez. Os pescadores não pararam de pescar na região dos Grandes Bancos porque era muito caro — eles pararam porque em um ano não havia mais peixe.

Na verdade, como observou Daly: "Os preços dos recursos são, em grande medida, arbitrários — um fato que raramente é reconhecido.[14] Os sinais de preços supostamente sensíveis do livre mercado passam a ser não apenas levemente paradoxais em seu comportamento, mas completamente distorcidos. Um bom exemplo é fornecido pelas perambulações de preços no mercado de commodities em 2008.

Superalta

Uma das características mais irritantes da "lei da oferta e da demanda" é que quando você realmente precisa dela, ela dá respostas confusas. Quanto mais um CEO recebe, maior é a demanda por ele; no entanto, quanto mais precisamos de um recurso valioso e o usamos, mais barato ele pode se tornar. Ou, pior ainda, o preço pode oscilar apenas descontroladamente, sem motivo aparente — como em 2008, quando o preço do petróleo cru aumentou por um fator de três em questão de meses, antes de uma queda repentina.

No seu auge, os preços da gasolina ultrapassaram US$ 4 o galão nos Estados Unidos, agravando os efeitos recessivos da crise das hipotecas subprime. O aumento do preço do petróleo também alimenta diretamente o aumento de preços de alimentos básicos em todo o mundo. Alguns a chamaram de pior inflação de preços dos alimentos da história. As pessoas não estavam tendo dificuldades de encher o tanque — estavam achando difícil encher seus estômagos.

Conforme mostrado na Figura 17, o preço do trigo também mais do que dobrou nos últimos 12 meses entre março de 2007 e março de 2008.

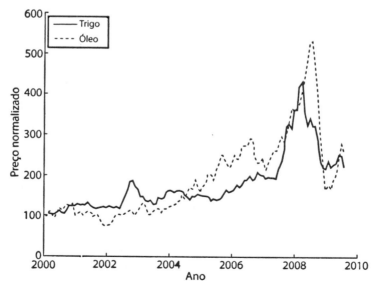

Figura 17. A linha sólida mostra o preço do trigo, a linha tracejada mostra o preço do petróleo, ambas normalizadas para um valor de 100 no início de 2000.[15]

Os preços do pão, massa e tortilhas subiram. Havia vários fatores subjacentes a esse aumento, incluindo safras ruins, a maior demanda de países como China e Índia e a especulação; no entanto, o choque do petróleo contribuiu, empurrando para cima os custos de fertilizantes e transporte. Petróleo e trigo agora estão ligados, porque quando o petróleo está caro, os agricultores são motivados a usar a terra para cultivar biocombustíveis como fonte de energia, em vez cultivar para alimentação.

As pessoas mais expostas ao choque de preços foram as dos países em desenvolvimento que gastam até 75% de sua renda em alimentos. Picos repentinos são especialmente danosos, porque essas pessoas têm pouco acesso ao crédito de curto prazo que permitiria sua sobrevivência. Países incluindo México, Egito, Indonésia, Paquistão, Camarões e Haiti enfrentaram violentas manifestações. O diretor-geral do International Food Policy Research Institute, Joachim von Braun, chamou a crise de "um grave problema de segurança".[16] O Banco Mundial alertou que 100 milhões de pessoas estavam ameaçadas pela fome.

Entretanto, a situação não era só de desgraça e melancolia. Algumas pessoas se saíram muito bem com o choque dos preços. Um corretor que trabalhava para o Citigroup recebeu um bônus de US$ 100 milhões por ter sido previdente em relação ao mercado de petróleo.[17] O Citigroup é agora parcialmente pertencente ao governo dos EUA, após ser socorrido em novembro de 2008, e os bônus de US$ 100 milhões foram descritos por um porta-voz da Casa Branca como "fora de propósito". Talvez as 100 milhões de pessoas ameaçadas pela fome concordassem com isso.

Da mesma forma, o choque de preços das commodities não teve muita relação com a escassez iminente de produtos — o mundo de repente não ficou sem petróleo, em meados de 2008. Como aconteceu com a crise das hipotecas subprime, a principal causa ou fator que contribuiu para o aumento dos preços remonta ao desmantelamento das salvaguardas econômicas.

Aqueles envolvidos no negócio de commodities sempre foram capazes de celebrar contratos futuros, em que se comprometem a comprar ou vender uma certa quantidade de uma commodity no futuro por um preço definido. Isso dá alguma proteção contra oscilações de preços no futuro. A Commodity Futures Trading Commission (CFTC), nos EUA, impôs limites a esse tipo de comércio especulativo. No entanto, na década de 1990, uma subsidiária da Goldman Sachs pediu uma isenção para que pudesse cobrir o risco das flutuações dos preços do petróleo. A CFTC concordou, e estendeu a isenção para outros bancos.

O efeito líquido dessa desregulamentação, como aconteceu com as hipotecas subprime, foi a criação de um outro cassino, exceto pelo fato de que todo mundo estava apostando no petróleo e em outras commodities em vez de em casas. A Goldman Sachs e os outros bancos convenceram grandes investidores institucionais, como fundos de pensão e fundos soberanos, a investir em futuros de commodities. Esses fundos tendem a ser investidores que compram e mantêm seus bens no longo prazo, de modo que o efeito foi aumentar os preços de forma mais consistente. Entre 2003 e 2008, o valor dos contratos futuros especulativos de petróleo cresceu por um fator de mais de 20, até que somaram o equivalente a mais de um bilhão de barris. Um analista da Goldman Sachs que o *New York Times* chamou de "oráculo do petróleo", previu uma "superalta" nos preços do petróleo a 200 dólares o barril, e é preciso registrar aqui que ele possuía dois carros híbridos.[18] Isso aumentou ainda mais os juros. (Dica aos investidores: quando a Goldman Sachs passar a defender os verdes, verifique sua carteira de investimentos.)

O momento mais revelador da crise veio em maio de 2008, quando a CFTC investigou as razões para a disparada dos preços das commodities e concluiu que os preços estavam "sendo conduzidos por poderosas forças econômicas fundamentais e leis da oferta e da demanda".[19] Parece que nada está além das capacidades de explicação da mão invisível. Pessoas de todo o mundo estavam morrendo de fome como resultado direto da alta, mas de acordo com a CFTC não havia nada para investigar.

Um ano mais tarde, quando os preços haviam retrocedido a uma fração de seu pico, e com um novo presidente trabalhando sob a administração de Obama, a CFTC mudou de posição e considerou mais uma vez estabelecer tetos para a atividade especulativa. A verdade é que os mercados ou a teoria econômica ortodoxa não podem nos dizer o preço correto para o petróleo, tendo em conta a sua escassez futura, da mesma forma que não conseguem precificar uma população de bacalhau que está em vias de desaparecer, ou qualquer outra espécie ou recurso vital.

Vendendo futuros

Assim como o mecanismo de preços não consegue calibrar a economia conforme os recursos naturais disponíveis — os insumos — ele não dá conta daquela seta apontada para a outra direção — os efeitos da poluição. Elementos como o ar ou florestas ou oceanos não estão no modelo, por isso a sua destruição, ou não, não será registrada. A eletricidade advinda do carvão, com suas altas emissões de carbono, é a mesma eletricidade gerada com a energia solar. A única vez que a poluição faz diferença, de acordo com o modelo ortodoxo, é quando as pessoas pagam para limpá-la, porque essa é uma atividade humana que faz parte da economia.

A poluição não se encaixa facilmente na estrutura de "oferta e demanda", porque enquanto houver oferta suficiente, não haverá muita demanda — acabamos despejando-a onde pudermos. A poluição e os danos ambientais, portanto, tendem a se concentrar em áreas mais pobres, como os países em desenvolvimento. (Como destacou Larry Summers, que na época era presidente do Banco Mundial, em um memorando de 1991: "A lógica econômica subjacente à deposição de lixo tóxico em países de menor renda é impecável e devemos enfrentar isso."[20]) Isso funciona como uma transferência de riqueza oculta dos países pobres para os países ricos.[21] Outros alvos fáceis incluem áreas comuns, tais como a atmosfera ou os oceanos.

A capacidade de o meio ambiente absorver poluentes pode de fato vir a ser uma restrição mais forte na economia do que as fontes de energia. Segundo uma estimativa, para evitar desestabilizar perigosamente o sistema climático no futuro próximo, precisamos limitar as emissões cumulativas totais de CO_2 para 1 trilhão de toneladas de carbono.[22] Desde o início da revolução industrial, já emitimos cerca de meio trilhão e, seguindo as taxas atuais, vamos descarregar o próximo meio trilhão dentro de 40 anos. A quantidade de carbono em reservas de combustíveis fósseis supera esse valor em várias vezes, o que implica que teremos de deixar uma parte no solo.

Finalmente, outro elemento que falta à economia neoclássica — e novamente é um grande problema — é o futuro. Como a economia neoclássica assume que a economia está em equilíbrio ou perto dele, o modelo ignora o efeito do tempo e se concentra na maximização da utilidade no curto prazo. Quando os eventos futuros são incorporados, recebem uma taxa de desconto, de modo que se tornam menos importantes quanto mais longe estiverem e vão se reduzindo à insignificância após algumas décadas.[23] Mas com estoques não renováveis, o tempo faz diferença, porque no futuro haverá menos desses recursos disponíveis. Para que "a oferta e a demanda" sejam significativas, devemos considerar a demanda das gerações futuras, mas não há nenhum mecanismo de preços no mercado que leve isso em conta.

Algumas vezes se argumenta que essa não é uma preocupação, porque, quando um recurso como o petróleo se esgotar ou precisar ser substituído, então, ou uma alternativa adequada será encontrada ou a engenhosidade humana a inventará. Ao ex-ministro saudita do petróleo, o xeque Yamani, é atribuída a famosa frase, durante o choque do petróleo da década de 1970: "A idade da pedra não acabou por falta de pedra." Mas Yamani era um vendedor de petróleo, e esse pessoal não está no ramo para incentivar a conservação. Existem alternativas aos combustíveis fósseis, como a energia nuclear, a energia solar, novos biocombustíveis criados a partir da biologia sintética, e assim por diante, mas é uma questão em aberto saber se qualquer um desses vai ser um substituto para os "milagrosos" poderes do ouro negro.

Para resumir, a economia ortodoxa — ensinada nas universidades para alunos de graduação, e a que domina a política e a estratégia de negócios do governo — não leva em conta o verdadeiro valor dos recursos naturais; os efeitos da poluição; ou os direitos das gerações futuras. Esses equívocos são refletidos na forma como o crescimento econômico é medido pelo produto interno bruto.

Medidas adequadas

Partha Dasgupta escreveu: "nós, economistas, vemos a natureza, quando a vemos, como pano de fundo a partir do qual os recursos e os serviços podem ser tirados isoladamente. As previsões macroeconômicas rotineiramente excluem o capital natural. Dar conta da natureza, se é que ela entra em qualquer cálculo, geralmente é um adendo ao negócio real de 'fazer economia'. Nós, economistas, temos tido tanto sucesso nesse empreendimento que, se alguém exclamar: 'Crescimento econômico!', ninguém precisa perguntar: 'Crescimento de quê?' — todos nós sabemos que significa crescimento do produto interno bruto (PIB)".[24]

O PIB é igual ao montante total gasto para obter todos os bens e serviços finais produzidos em um país. (Um bem final, como uma bicicleta, pode incluir bens intermediários, tais como pneus que não são incluídos separadamente.) Abelhas, peixes ou petróleo não contam, a menos que façam parte de alguma transação econômica. A poluição não está incluída, mas a limpeza da poluição está.

Enquanto o PIB é frequentemente usado como um indicador de nível de vida pela mídia e pelos governos, na verdade, é apenas uma medida de atividade econômica. Se você acredita em mercados eficientes, considera a economia como uma máquina racional para otimizar a utilidade e assim por diante, então isso faz sentido. Os governos também gostam dessa visão porque se correlaciona com as receitas fiscais. No entanto, como ignora os efeitos negativos do crescimento, o PIB dá uma impressão enganosa do estado de saúde de determinada economia. Por conseguinte, foram desenvolvidas nos últimos anos medidas alternativas, que normalmente abordam tanto fatores ambientais quanto sociais.

O líder nessa área foi o pequeno reino budista do Butão, que, em 1972, substituiu o PIB pelo índice de Felicidade Nacional Bruta. Esse indicador combina uma série de medidas econômicas, culturais, sociais e ambientais em um único número. Talvez como resultado, o meio ambiente é levado a sério. De acordo com a revista *Nature*: "O país tem uma das mais progressistas — e controversas — regulamentações ambientais no mundo, incluindo a proibição de sacolas plásticas, de exportações de madeira, da caça e até mesmo da venda de tabaco".[25] Além disso, o país controla o turismo cobrando dos visitantes em torno de US$ 200 por dia. Mas você recebe um hotel e um guia pessoal.

Outra medida é o Índice de Bem-Estar Econômico Sustentável (ISEW, na sigla em inglês de *Index of Sustainable Economic Welfare*), desenvolvido pelos economistas ecológicos Clifford W. Cobb e John B. Cobb, Jr. em 1989. Esse indicador corrige o PIB levando em conta fatores como serviços domésticos não contabilizados, de modo que dá no mesmo se você limpar a casa por conta própria ou contratar alguém; e subtrai efeitos como a degradação ambiental e o esgotamento dos recursos. Nos Estados Unidos, o ISEW geralmente acompanhou o PIB até a década de 1980, mas desde então vem caindo, porque os fatores negativos têm superado o crescimento econômico positivo.

Uma medida relacionada é o Indicador de Progresso Genuíno (GPI, na sigla em inglês de *Genuine Progress Indicator*), que inclui fatores adicionais, tais como taxas de desigualdade social e criminal. Vários países têm medido o GPI e novamente verificaram um declínio lento nas últimas décadas, mesmo com o crescimento do PIB. Na minha província natal de Alberta, no Canadá, um estudo realizado, em 2005, pelo Pembina Institute revelou que, apesar de um aumento de 500% do PIB desde 1961, impulsionado em grande parte pelo desenvolvimento das areias betuminosas, o GPI diminuiu 20% no mesmo período. O estudo observou que, do lado positivo, "a mortalidade prematura e a mortalidade infantil diminuíram, a expectativa de vida aumentou, há menos acidentes automobilísticos fatais, as taxas de desemprego estão em queda, os salários semanais estão subindo". Em contrapartida, a "dívida familiar está aumentando, a lacuna entre ricos e pobres está crescendo, assim como as emissões de gases do efeito estufa e a fragmentação das florestas".[26] Alberta ainda é um lugar maravilhoso e, creio eu, privilegiado de se viver, mas o estudo demonstra que ser uma província de sucesso também traz problemas.

O Índice Planeta Feliz (*Happy Planet Index*) é definido pela New Economics Foundation, no Reino Unido, como satisfação com a vida, multiplicada pela expectativa de vida e dividida pela "pegada ecológica".[27] Assim, oferece uma espécie de medida de eficiência, em termos de anos felizes por unidade de área planetária. A Alemanha tem um índice cerca de duas vezes mais alto do que o dos EUA, porque as pessoas em ambos os países têm níveis semelhantes de satisfação com a vida e expectativa de vida, mas os alemães consomem recursos a cerca de metade da taxa dos americanos. Nove dos dez principais países estão na América Latina, com Porto Rico no topo da classificação.

Em 2009, uma comissão nomeada por Nicolas Sarkozy, o presidente francês, recomendou que o PIB deve ser substituído ou incrementado por medidas que levassem em conta fatores que incluem bem-estar geral, qualidade do ensino, atividades não mercantis, tais como assistência infantil e lazer, e sustentabilidade ambiental. O relatório também observou que, enquanto o PIB da França por pessoa, em 2005, foi 73% do PIB dos EUA, os franceses trabalham menos horas e menos dias, e obtêm melhores serviços do governo. Assim, a diferença real era metade desse valor.[28] Trabalhar menos também significa tratar melhor o meio ambiente. Um dos poucos pontos bons da crise de crédito foi o fato de que ela ajudou a reduzir as emissões globais de carbono em cerca de 2,6% em 2009, que foi a maior queda anual em 40 anos, de acordo com a Agência Internacional de Energia.[29]

Como equilibrar esses diferentes fatores e combiná-los em um único indicador é, obviamente, uma tarefa difícil e ambígua, e o resultado é mais parecido com um boletim, com várias seções separadas e uma nota final global, do que uma métrica econômica concreta. O grande apelo do PIB é que ele não faz nenhuma tentativa nesse sentido — uma transação é igual a qualquer outra. Como observou Herman Daly, a economia baseia-se na "analogia de Pitágoras" entre a realidade "difusa" e "um número analítico bem definido".[30] No entanto, a economia tem um longo histórico de adoção de modelos que são simples, mas errados. Nobres folhas de louro foram aspergidas sobre fórmulas de risco, com base na distribuição normal, que são simples, mas erradas. A cópula gaussiana utilizada para avaliar títulos hipotecários é simples, mas errada. Exatamente da mesma forma, a métrica do PIB é simples, mas errada, e por ocultar a complexidade subjacente, ela conduz ao mesmo tipo de erro de cálculo.

Se as métricas alternativas parecem difusas, ambíguas e multidimensionais, é porque o mundo real também o é. De fato, pode-se argumentar que as métricas de qualquer tipo são utilizadas exageradamente em nossa sociedade obcecada por números e direcionada a objetivos. As métricas podem assumir uma vida própria, quando se tornam objetos de manipulação governamental ou empresarial; e, como acontece com os modelos de risco, o excesso de confiança nelas pode enfraquecer a nossa intuição e bom senso. A melhor opção seria manter uma gama de métricas complementares, mas tratá-las com certa moderação e perceber que cada uma capta apenas uma parte da história completa.

A economia viva

O termo "economia ecológica" deveria ser um pouco redundante, já que ambas as palavras compartilham a raiz grega *oikos* (casa) e, juntas, significam algo como "regra da casa" e "estudo da casa". É revelador que os dois campos da ecologia e da economia ortodoxa tenham se desenvolvido de forma tão distante no século e meio desde que foram criados, a ponto de representarem hoje conjuntos completamente diferentes de princípios.

A ideia básica da economia ecológica pode ser resumida pelo argumento de Daly com os economistas do Banco Mundial: quando você desenha a caixa para a economia, precisa colocá-la em uma caixa maior denominada meio ambiente. A economia humana é um subconjunto do sistema mundial. Nossos insumos, em termos de recursos naturais, e as saídas, incluindo a poluição, são como o metabolismo de uma espécie de superorganismo. Podemos analisá-lo usando os mesmos tipos de ferramentas que usamos para analisar outros sistemas vivos, como uma célula ou uma colmeia, ou um ecossistema completo.

Em vez de ser um sistema fechado, como uma máquina, a economia está aberta para o meio ambiente. A atenção, portanto, sai da mecânica interna da economia e volta-se para questões mais amplas relacionadas a elementos como escala e tempo e fluxo de energia. Será que a economia está ficando grande demais em relação ao meio ambiente? Estará consumindo recursos a uma taxa muito rápida? Será que está realizando a deposição adequada dos seus próprios resíduos? Será que está colocando em risco a cadeia alimentar da qual depende para sobreviver?

Uma aplicação da economia ecológica é estimar o valor dos "serviços" prestados pela natureza. Por exemplo, um estudo realizado em 2008 na revista *Ecological Economics* estima que o valor econômico em nível mundial dos serviços de polinização por insetos, principalmente os fornecidos pelas abelhas, de US$ 217 bilhões, é cerca de 9,5% do valor total da produção mundial de alimentos agrícolas. Alguns poderiam se entediar, mas o relatório também mostrou que, em termos de valor, as culturas mais vulneráveis à perda de polinizadores são as estimulantes, café e cacau. Basta perder essas abelhas para que a economia humana como um todo desacelere um pouco enquanto assistimos tudo com os olhos vidrados, em busca das últimas lojas Starbucks.[31] Em 2006, o Stern Review sobre a Economia das Mudanças Climáticas incluiu ideias da economia ecológica para estimar os danos causados pelas mudanças climáticas, tendo em conta o impacto sobre as gerações futuras.[32]

Um problema inerente a esses relatórios é que, por necessidade, eles atribuem valores econômicos a elementos que não podem ser medidos diretamente, mas apenas estimados ou inferidos. Isso pode ser razoável para algo como a polinização das abelhas, mas só podemos pesar os direitos das gerações futuras fazendo complicados juízos de valor com base no que elas poderiam querer, quais as alternativas que poderiam ter, e assim por diante. O impacto futuro da mudança climática é impossível de prever, pois, como discutido no Capítulo 1, os nossos modelos da atmosfera não são muito mais confiáveis do que os nossos modelos da economia.[33] Mesmo assim, ainda é possível estabelecer metas razoáveis e monitorar se a situação está melhorando ou piorando.

Uma abordagem diferente, às vezes conhecida como economia ambiental, é deixar o mercado tomar a decisão, ou inferir os preços a partir das escolhas dos consumidores. À medida que determinado recurso se torna mais escasso, seu preço deveria aumentar em conformidade; se nós nos preocupamos com as gerações futuras, ou com espécies ameaçadas de extinção, então vamos levar esses pontos em conta quando tomarmos nossas decisões de compra. Isso nada mais é do que a economia neoclássica ortodoxa em uma nova roupagem. Como afirma um livro didático sobre economia ambiental, em um mercado perfeito "os preços racionam os recursos àqueles que mais os valorizam e, com isso, os indivíduos são arrastados pela mão invisível de Adam Smith para alcançar o que é melhor para a sociedade como uma coletividade. Decisões particulares ótimas, com base em uma troca mutuamente vantajosa, leva a resultados sociais ótimos".[34]

Esse argumento pode ser resumido como a teoria de que o preço é justo. Os mercados podem determinar o preço de tudo, incluindo o de risco futuro. Mas se os mercados não podem determinar corretamente o preço de um contrato de hipoteca CDO^2, com a sua documentação de um bilhão de páginas, então certamente não poderão definir o preço de algo como o elo de CO_2 que temos com os nossos bilhões de descendentes.

Ecologia *versus* economia

As diferentes premissas e visões de mundo que sustentam a economia ecológica e a ortodoxa significam que as duas elaboram recomendações de políticas muito diferentes. Por exemplo, os economistas ortodoxos, juntamente com a maioria dos políticos e da mídia, são quase religiosamente a favor do crescimento econômico, conforme medido pelo PIB. O único ponto com o qual todos os políticos do mundo concordariam após a crise de crédito era o fato de que o crescimento precisava ser restaurado; que tipo de crescimento era mencionado com menos frequência. Alguns ideólogos até argumentam que a melhor maneira de proteger o meio ambiente é pelo crescimento da economia — como se um planeta saudável fosse um luxo que só os ricos podem bancar.[35] No entanto, existem claras evidências de que o crescimento do PIB é frequentemente associado com um declínio em indicadores sensíveis ao meio ambiente, como o GPI. A qualidade importa.

A escala também importa. Os economistas ecológicos acreditam que quando a economia humana se torna demasiado grande em relação aos sistemas naturais que a sustentam, os problemas causados pelo crescimento econômico podem superar os benefícios. O mundo já está no limite de sua capacidade de alimentar a população humana atual. Podemos aumentar a produção com maior eficiência, mas sempre existe uma compensação entre eficiência e robustez — a monocultura intensiva, por exemplo, é intrinsecamente frágil e requer grandes quantidades de fertilizantes e pesticidas para manter. Nosso sistema agrícola apresenta a mesma falta de modularidade, redundância e diversidade que o nosso sistema bancário (Capítulo 2), mas é ainda mais importante para a nossa sobrevivência. Como diz o velho ditado: se você deseja coletar mel, não destrua a colmeia.

Os economistas ortodoxos tratam o dinheiro em termos numéricos abstratos, como algo que pode crescer e expandir-se sem quaisquer restrições. Os economistas ecológicos veem isso como uma ilusão, e acreditam que o dinheiro deve estar vinculado mais estreitamente com a riqueza física real. De acordo com o sistema bancário de reservas fracionárias, os bancos podem emprestar muito mais dinheiro do que manter reservas. O resultado é um sistema financeiro fundamentado em dívida em que a maioria do "dinheiro" está na forma de crédito, e todo mundo está correndo freneticamente tentando pagar. A situação é agravada pela existência de complexos derivativos financeiros. A enorme torre de dinheiro que estava desconfortavelmente sobre o suprimento mundial de petróleo em 2008 era algo imaginário que poderia desaparecer tão facilmente quanto fora criada (apesar de seus efeitos sobre a humanidade serem bastante reais). Um dos maiores obstáculos para uma economia controlada com crescimento sustentável é que os governos teriam de sair da dívida, para poder bancá-la. Os economistas ecológicos, portanto, argumentam que deveríamos reduzir a quantidade de crédito na economia, chegando ao ponto de retornar ao sistema de reservas integrais, em que o único dinheiro que pode ser emprestado está lastreado por depósitos.[36]

Os economistas ortodoxos tratam os recursos do planeta e os sumidouros de poluição como se fossem essencialmente infinitos, mas de acordo com estimativas do World Wildlife Fund (WWF), já estamos vivendo acima da nossa capacidade. A pegada ecológica da humanidade — medida em termos da quantidade de recursos de que necessitamos para viver de forma sustentável — é hoje equivalente a 1,3 planetas.[37] Os recursos extras de 0,3 planetas estão sendo emprestados das gerações futuras. Se todos os países tivessem a mesma pegada ecológica que os Estados Unidos, o total seria equivalente a dez planetas. Estamos construindo uma dívida grande e insustentável de uma espécie diferente, que supera de longe qualquer coisa produzida pelo mercado imobiliário subprime.

A economia saudável

Para reduzir essa dívida, o primeiro passo é fazer com que o uso de recursos e a poluição reflitam seu verdadeiro custo ambiental. A chave para isso é a maneira como lidamos com a energia. Uma abordagem é deslocar o ônus tributário de elementos como os salários para os negativos ambientais, por meio da utilização de um imposto do carbono. Isso não só irá tornar fontes de energia convencionais à base de carbono mais caras, mas também irá afetar o custo de todos os itens que envolvem o uso intensivo de energia, e, portanto, alteram os sinais de preço ao longo de toda a economia. Bens produzidos localmente, por exemplo, custarão menos do que mercadorias importadas; a habitação e os transportes serão pressionados para adotar tecnologias que poupam energia.

Outra abordagem é colocar um piso nos países ricos para as fontes de energia não renováveis, como o carvão ou o petróleo, equivalente ao preço do substituto renovável mais próximo. Um esquema, proposto por George Soros para os EUA, seria impor um preço para as emissões de carbono através de um imposto sobre o carbono ou leilões de licenças de poluição, e a utilização de direitos de importação para manter os preços domésticos acima de determinado nível. Isso ajudaria a estimular o desenvolvimento de alternativas e, eventualmente, reduzir o seu custo. Para que isso seja politicamente aceitável, o rendimento esperado do plano teria de ser distribuído ao público com antecedência.[38]

Embora os sinais de preços orientem a economia rumo a um caminho mais sustentável, eles não abordam diretamente o problema do esgotamento dos recursos. Quanto à pesca, às vezes a única forma de proteger o recurso é colocar um limite rigoroso para a taxa de extração. Em um sistema de "cap-and-trade" (ou limite e negociação), os direitos de extração são leiloados a empresas, da mesma forma que os direitos de banda larga são leiloados a empresas de telefonia celular.[39]

Tais esquemas violam o princípio neoclássico de que não devemos brincar com o mercado. Mas todo mundo está se metendo no mercado de energia. Quando os preços do petróleo estão em alta, os produtores mantêm seu produto no solo, à espera que ele valorize ainda mais. Os países da OPEP se reúnem para definir as suas próprias cotas. Os grandes países consumidores, incluindo a China, subsidiam os preços do petróleo em seus mercados domésticos. A Venezuela usa o petróleo como um instrumento para promover a sua revolução bolivariana (apesar de a retórica antiamericana de Chávez ser um pouco enfraquecida pelo fato de que a economia do país baseia-se principalmente no fornecimento de petróleo aos EUA).[40] Os fundos de investimento institucional entram e saem do mercado de energia dependendo da posição astrológica da lua e das estrelas ou do que quer que a Goldman Sachs diga a eles para fazer. O petróleo é o artigo mais importante na nossa economia mundial, impulsionando o crescimento econômico e a ameaça da mudança climática, e o medidor de combustível está baixo. Mas a maneira como lidamos com ele é menos sofisticada do que a mecânica de um motor a vapor do século XIX. Se quisermos evitar um momento Minsky de proporções globais, então é melhor achar um regulador para os mercados mundiais de energia.

Finalmente, precisamos tornar a economia mais robusta aos choques ambientais, mesmo que seja à custa da eficiência tradicionalmente definida. Nos capítulos anteriores, afirmei que, para entender o risco sistêmico, por exemplo, precisamos adotar uma abordagem de sistemas para o sistema financeiro. Uma abordagem de sistemas similar é adotada pelos ecologistas em áreas como gestão da pesca baseada em ecossistemas. Os princípios norteadores, de acordo com o professor de pesca Robert Francis e seus colegas da Universidade de Washington, incluem: "Mantenha uma perspectiva holística, avessa ao risco e adaptável", e "Mantenha ecossistemas resilientes que sejam capazes de resistir a choques ocasionais".[41] Princípios similares poderiam se aplicar muito bem para a economia humana em geral. Setores como a agricultura e o varejo se desenvolvem em torno de grandes corporações e cadeias de abastecimento que circulam o globo. Essas são altamente eficientes, no sentido econômico estrito, e beneficiam-se de economias de escala, mas também levam à uniformidade, à falta de autossuficiência regional e à fragilidade. Um dos benefícios de um imposto sobre o carbono é que ele iria tornar o transporte mais caro e levar a uma maior diversidade de cadeias de abastecimento local, reduzindo assim o risco sistêmico.

O principal problema com a economia, afinal de contas, não é o fato de ser difícil de prever, ou de que ela está se expandindo de forma insuficientemente rápida, mas que, em muitos aspectos, parece estar doente. Conforme Galeno escreveu na obra *On Medical Experience* (século II, d.C.): "Nas pessoas saudáveis, o corpo não muda mesmo sob causas extremas, mas [nos doentes] mesmo as menores causas geram as maiores mudanças." A extrema instabilidade observada nos mercados, as extremas desigualdades de riqueza, até mesmo o clima extremo que pode se tornar mais comum com as mudanças climáticas, todos são sinais de que o sistema está fora de equilíbrio. Os economistas nunca serão capazes de prever o momento exato de uma crise como a crise do petróleo, mais do que um médico pode prever o momento exato de um ataque cardíaco, mas pelo menos podem fazer alertas gerais, e detectar se determinada situação está melhor ou pior. (Claro, uma razão pela qual os médicos estão menos dispostos do que os economistas a fazer previsões duvidosas é que eles podem ser processados por negligência ou erro médico.)

Os modelos podem desempenhar um papel útil, permitindo-nos imaginar e simular as complexas relações dentro do sistema economia-meio ambiente.[42] Como na biologia ou na ecologia, o poder preditivo de tais modelos é geralmente baixo, devido à complexidade e à dificuldade de lidar com o sistema. Como Evelyn Fox Keller observou, a natureza "não é completamente limitada pelo logos". A principal utilidade dos modelos é elucidar os princípios básicos; considerar diferentes cenários futuros, e talvez até mesmo tornar o sistema menos estressado e imprevisível, em primeiro lugar.

Nossa abordagem atual para a economia é esquizofrênica.[43] Nós projetamos um sistema não regulado que é economicamente e ecologicamente instável; nós o modelamos usando técnicas que pressupõem a estabilidade; tentamos fazer previsões do futuro e então reagimos com surpresa quando algo dá errado. Se, porém, reconhecermos que o sistema é instável, teremos oportunidades de melhorá-lo ativamente, em vez de passivamente tentar adivinhar seu próximo lance.

Costuma-se dizer que o crescimento é necessário para que a economia evite o colapso. O objetivo principal do capitalismo, afinal de contas, é utilizar dinheiro emprestado para gerar produtos e serviços inovadores que aumentem a produtividade, elevem os padrões de vida e saldem a dívida. Os consumidores, por sua vez, estão em busca constante de novidade e empolgação. A desigualdade social garante que apenas o setor produtivo será recompensado e prosperará.[44] Uma economia com baixos índices de crescimento levaria, supostamente, ao desemprego, endividamento crescente, ineficiência e tédio em massa. No entanto, o acordo atual, em que os benefícios do aumento da produtividade são sequestrados pela elite, à medida que as classes médias afundam cada vez mais em dívidas, os mais pobres lutam para sobreviver e o planeta está sob crescente tensão, também não parece muito estável. Parecerá ainda menos estável se a população mundial atingir 9 bilhões de pessoas, como está projetado para 2050.

Daí a necessidade de reorientar a nossa definição de crescimento, afastando-a do PIB, e incentivar a inovação em tecnologias e políticas estrategicamente úteis, como habitação e transporte com baixas emissões de carbono. Também precisamos repensar a nossa abordagem em relação ao consumo e ao mundo material. A ideologia neoclássica e a nossa fé de que mecanismos de mercado não controlados nos levarão com segurança rumo ao futuro são provavelmente os maiores entraves para resolver a crise ambiental. A mudança para uma perspectiva ecológica significa que não podemos continuar a fingir que a excelência de alguma forma é alcançada deixando que tudo corra solto, ou assumindo ingenuamente que o preço está sempre certo. Quando se trata de coisas como crescimento econômico, a verdade é muito mais complicada. De fato, como mostrado no próximo capítulo, talvez já tenhamos pago em excesso.

capítulo 9

A economia infeliz

"Nunca devemos direcionar as pessoas para a felicidade, porque a felicidade também é um ídolo do mercado. Devemos orientá-las para a afeição mútua."
ALEKSANDR SOLZHENITSYN, NO *PAVILHÃO DOS CANCEROSOS* (1968)

"Acho que é possível alcançarmos um certo estado de consciência, um estado em que não estamos conscientes de nada, estamos apenas existindo. As pessoas mais felizes são aquelas que estão existindo mais vezes por semana do que as outras. É só isso."
JOHN LENNON (1968)

SEGUNDO OS FUNDADORES VITORIANOS DA TEORIA ECONÔMICA, O PRINCIPAL OBJETIVO DE FAZER A ECONOMIA CRESCER É TORNAR AS PESSOAS FELIZES. MAS, APESAR DE CASAS MAIORES, MAIS CARROS E UMA ABUNDÂNCIA DE RIQUEZAS MATERIAIS NOS PAÍSES MAIS RICOS DO MUNDO SEM PRECEDENTES NA HISTÓRIA, AS MEDIÇÕES DE FELICIDADE NA VERDADE DIMINUÍRAM UM POUCO DESDE O INÍCIO DA DÉCADA DE 1960. ENQUANTO ISSO, PAÍSES COM BAIXOS PADRÕES DE VIDA MATERIAL FREQUENTEMENTE RELATAM MAIOR FELICIDADE DO QUE AQUELES QUE ESTÃO EM MELHOR SITUAÇÃO. PARECE QUE ESTAMOS TRABALHANDO MAIS E MAIS, SEM NOS TORNARMOS VISIVELMENTE MAIS ALEGRES. ESTE CAPÍTULO EXPLORA A RELAÇÃO CONFUSA E MUITAS VEZES CONTRADITÓRIA ENTRE DINHEIRO E FELICIDADE, E PERGUNTA SE A NOSSA FELICIDADE FUTURA DEPENDE DE NOSSA CAPACIDADE DE MUDAR A MANEIRA COMO TOMAMOS DECISÕES ECONÔMICAS EM NÍVEL INDIVIDUAL E SOCIAL.

A economia neoclássica foi forjada durante um dos períodos mais excitantes da história científica. Até meados do século XIX, os cientistas tinham uma vaga noção de que existia uma misteriosa quantidade, uma energia, que permeava o universo, mas assumia muitas formas diferentes. Existia a energia cinética, a energia do movimento, que Leibniz chamava de *vis viva* ou força viva. Role uma bola por uma rampa, e ela ganha energia cinética ao acelerar. Existia a energia térmica armazenada no calor, que Leibniz e Newton acreditavam ser a energia do movimento aleatório dos átomos. E existia a energia potencial, que um objeto adquire em um campo de força — seja ela gravitacional, mecânica, eletrostática, magnética ou química. Alfred Nobel ganhou sua fortuna financiadora de prêmios por encontrar uma maneira de armazenar energia potencial sob a forma de dinamite.

Em 1845, o físico e cervejeiro inglês James Prescott Joule apresentou um trabalho intitulado "Sobre o equivalente mecânico do calor", que descreve um experimento mostrando como a energia potencial gravitacional e a energia térmica estão relacionadas. O aparelho consistia em um peso manipulado de tal forma que, quando ela caía, girava uma pá em um recipiente com água. A água agitada ficava ligeiramente mais quente, porque a energia do movimento das pás era transformada em calor, da mesma forma como suas mãos se aquecem, se você esfregá-las energeticamente. A energia potencial do peso no campo gravitacional, portanto, traduzia-se, à medida que o peso caía, em energia térmica da água (uma pequena quantidade também era perdida para a fricção ou a energia cinética do peso). Ao medir a variação de temperatura, Joule pôde relacionar quantitativamente a quantidade de energia armazenada em calor com a energia no campo gravitacional.

Em 1847, o médico e físico alemão Hermann Helmholtz, motivado pelo seu estudo do movimento muscular, postulou que a mecânica, o calor, a eletricidade, o magnetismo e a luz eram todos diferentes aspectos de um único tipo de energia que sempre era conservada. A conexão entre as três últimas foi explicitada por James Clerk Maxwell, que mostrou que a luz consistia em ondas oscilantes elétricas e magnéticas. Emmy Noether mostrou mais tarde que o princípio de Helmholtz da conservação de energia era equivalente a uma simetria das leis da física no tempo.

A conservação da energia é o arquétipo de uma lei da física bem-sucedida. É estável e imutável — pelo que sabemos, ela vale para todos os tempos e lugares. Ela unifica muitos fenômenos diferentes — movimento, calor, luz — em uma só teoria. Ela encarna uma profunda propriedade de simetria. E reduz a realidade complexa a um único número. Como o físico Richard Feynman observou, a lei é "a ideia mais abstrata, porque é um princípio matemático; ele afirma que existe uma quantidade numérica, que não muda quando acontece alguma coisa. Não é uma descrição de um mecanismo, ou de qualquer objeto concretamente; é apenas estranho que possamos calcular um número, e quando terminamos de observar a natureza fazer seus truques e calculamos o número de novo, ele é o mesmo."[1]

A física da felicidade

Embora essas propriedades tenham sido marcantes o suficiente, os economistas neoclássicos acreditavam que o poder da lei estendia-se ainda mais. Helmholtz tinha sido motivado por seus estudos sobre os músculos humanos, que convertem a energia dos alimentos em trabalho. Então por que não aplicar a lei à vontade humana, que converte o nosso trabalho em utilidade? Será que não poderia ser usada para descrever todo tipo de comportamento humano? Como Jevons escreveu em *The Principles of Science*: "Não existe limite aparente para o sucesso do método científico na pesagem e medição, e na redução ao domínio da lei dos fenômenos da matéria e da mente. (...) O mesmo reinado inexorável da lei que é evidente nos movimentos da matéria bruta não deveria ser estendido ao coração humano?"[2]

O filósofo Jeremy Bentham já havia demonstrado como calcular a tendência humana para a ação, reunindo "todos os valores de todos os prazeres de um lado, e todas as dores do outro" para gerar a utilidade total. E a utilidade era como a energia, na medida em que poderia assumir diferentes formas. Por exemplo, se um fazendeiro determina que um trabalhador cave um buraco, em seguida, o trabalhador sofrerá certa utilidade negativa — a dor do trabalho — o que será compensada quando for pago. Vamos supor, então, que ele então compra um pão com seu salário e depois o come. Ao longo do ciclo, a utilidade terá se transformado de dor do trabalho em dinheiro, em compra de alimentos, no prazer de comer, exatamente da mesma maneira que o mecanismo de Joule transformou em calor a energia potencial.

Claro, um problema era que não era possível medir diretamente utilidade ou prazer. No entanto, Jevons argumentou que, na realidade, nunca podemos medir diretamente a força, só os seus efeitos: "Por exemplo, a gravidade não pode ser medida, exceto pela velocidade que ela produz em um corpo em um dado momento. Todas as outras forças físicas, tais como luz, calor, eletricidade, são incapazes de serem medidas, como a água ou a madeira, e é por seus efeitos que as estimamos. Assim, o prazer deve ser estimado pelos seus efeitos."[3] Com efeito, a economia estava em uma posição privilegiada, porque havia uma grande quantidade de dados disponíveis — os mercados: podemos estimar a igualdade ou desigualdade de sentimentos pelas decisões da mente humana; (...) suas oscilações são registradas a cada minuto nas tabelas de preços dos mercados."[4]

Para criar uma física da felicidade, os economistas neoclássicos, portanto, acreditavam que precisavam apenas fazer uma simples substituição entre as quantidades físicas e econômicas. No lugar de átomos, havia indivíduos ou empresas, e em lugar de energia, havia utilidade, em todas as suas diferentes formas. O resultado, afirmou Jevons, seria "uma espécie de astronomia física investigando as perturbações mútuas dos indivíduos".[5] Mesmo que as ferramentas matemáticas e estatísticas disponíveis ainda não estivessem suficientemente refinadas, seria apenas uma questão de tempo: afinal, "Anterior à época de Pascal, quem teria pensado em medir dúvida e crença? Quem poderia imaginar que a investigação de pequenos jogos de azar levaria à criação do provavelmente mais sublime ramo da ciência matemática? — a teoria das probabilidades?"[6]

Léon Walras da mesma forma descreveu a economia como "uma ciência que se assemelha às ciências físico-matemáticas em todos os aspectos". Vilfredo Pareto acreditava que a teoria era tão profunda que "pessoas que não conhecem nem matemática nem mecânica racional não conseguem entender o conceito principal de meu livro". Segundo o economista Francis Edgeworth, "A aplicação da matemática ao mundo da alma é apoiada pela hipótese (...) de que o Prazer é concomitante à Energia". A trajetória de cada alma pode ser calculada assumindo que o seu objetivo é alcançar "o máximo de prazer".[7]

O efeito líquido sobre uma sociedade seria satisfazer o "maior princípio da felicidade" de Bentham, que era fornecer a maior felicidade à maioria das pessoas. A economia nada mais era do que um mecanismo para maximizar (uma palavra inventada por Bentham) a utilidade, uma espécie de máquina do prazer gigante. E, em vez de ser uma "ciência triste", a economia era a ciência dos bons momentos e da vida fácil.

Energia ruim

Um tema recorrente neste livro é o quanto é irônico a economia ter sua credibilidade científica garantida pela associação com a física. Faria sentido se, por exemplo, os seus fundadores neoclássicos tivessem sido físicos, ou se ao menos tivessem mostrado uma sólida compreensão da física; ou ainda, se as suas ideias tivessem sido endossadas por físicos famosos.[8] Mas eles estavam apenas pegando ideias do ar e transplantando-as para a economia sem preocupação com princípios básicos, como unidades de medida ou o fato de que as pessoas não são máquinas. Se você fizer a experiência de Joule, a energia potencial de um peso levantado vai se transformar na energia térmica de um balde de água, à medida que o peso cai de modo repetitivo. Se realizar o experimento de Jevons e calcular o fluxo de utilidade enquanto um homem cava um buraco e é recompensado, você vai ter uma resposta se ele for um trabalhador sindicalizado, outra resposta se ele estiver fazendo isso sob pressão de uma arma, e outra ainda se ele estiver cavando um buraco em seu jardim por prazer. Como um análogo de energia — ou como base para uma grande teoria do comportamento humano — a utilidade tem pouco uso.

O argumento de Jevons de que os mecanismos de mercado otimizam a utilidade e, portanto, que a utilidade pode ser deduzida dos preços de mercado é um exemplo de lógica circular que caracteriza a economia neoclássica. Tal como acontece com a hipótese dos mercados eficientes, ele se resume à afirmação de que os mercados sabem de tudo e que o preço é justo.

Eles foram avisados. Respondendo a uma carta de Walras, o matemático francês Henri Poincaré advertiu que os pressupostos irrealistas da teoria poderiam levar a conclusões "destituídas de todo o interesse".[9] O matemático Norbert Wiener escreveu mais tarde que "os economistas desenvolveram o hábito de travestir suas ideias um tanto imprecisas na linguagem do cálculo infinitesimal... Atribuir valores supostamente precisos a tais quantidades essencialmente vagas não é útil nem honesto, e qualquer pretensão de aplicação de fórmulas a essas quantidades vagamente definidas é uma vergonha e um desperdício de tempo".[10] Sobre a tendência dos cientistas sociais em geral matematizarem seu trabalho, Richard Leynman afirmou: "Estou realmente desconfiado de que eles não sabem que essa coisa está [errada] e que eles estão intimidando as pessoas."[11]

A associação com a física do século XIX não explica como a economia tem conseguido manter sua aura de ciência "natural". Todos os tipos de teorias psicológicas e sociológicas que um dia tiveram algum prestígio foram construídas em torno de noções nebulosas de energia, mas não conseguiram se qualificar para o

Prêmio Nobel. Hoje em dia, as pessoas preferem construir teorias esquisitas em torno de algo um pouco mais recente, como a teoria quântica ou da relatividade.

A principal razão para a persistência da economia neoclássica é que ela abordou algo muito mais duradouro. Como visto nos capítulos anteriores, baseia-se em ideias de unidade, estabilidade e simetria que caracterizaram a ciência ocidental desde o tempo da Grécia Antiga. Volte para a lista de Pitágoras de opostos (Capítulo 5), ou considere as mais recentes teorias da supersimetria ou das cordas, e você verá esses mesmos princípios presentes. A economia, portanto, tem a aparência e a sensação de uma ciência "natural" tradicional. Ela explora isso "travestindo" suas ideias em equações matemáticas que são inacessíveis a quem "não sabe matemática ou mecânica racional".[12]

A outra razão pela qual a economia é considerada uma ciência matemática concreta é que, como Jevons notou, há uma grande quantidade de dados disponíveis. A economia é baseada na ideia de número — é por isso que as moedas têm números estampados nelas. É a concretização da declaração de Pitágoras que "o número é tudo".

Entretanto, será que podemos realmente definir um preço para a felicidade? Será que os mercados livres realmente são uma máquina para maximizar o prazer? E, em caso afirmativo, por que não estamos ficando mais felizes?

Compartilhe a alegria

Na estrutura neoclássica, o dinheiro é visto como uma loja de utilidades — um tipo de energia potencial que pode ser transformada em prazer apenas por ser gasta. Eu me pergunto como os economistas neoclássicos teriam considerado a bolha de crédito do início dos anos 2000. Talvez como um enorme campo de prazer que impregnava a atmosfera. Ou uma grande tempestade elétrica.

Enquanto o dinheiro pode certamente ser usado para comprar o prazer, as duas quantidades — o dinheiro e o prazer — na verdade são muito diferentes. Por exemplo, se você tiver algum dinheiro, ele necessariamente não deprecia, porque pode ser depositado em uma conta remunerada. Com o prazer, podemos afirmar que ele dura um tempo, mas logo se dissipa. Os estudos demonstraram que os ganhadores de loterias não ficam em estado de êxtase durante muito tempo, pois logo voltam aos seus níveis anteriores de felicidade. Por outro lado, podemos aprender a lidar com a maioria das formas de azar, embora alguns eventos traumáticos, evidentemente, nunca desaparecem.[13]

O dinheiro também acumula de forma aditiva. Se você tem um milhão de dólares, e ganhar outro milhão, você está duas vezes mais rico. Mas os prazeres tendem a saturar. Ganhar o primeiro milhão pode fazer você muito feliz, mas o segundo milhão é bem menos emocionante. Nos termos da economia neoclássica, sua utilidade marginal é menor. Desejos materialistas, portanto, têm uma qualidade viciante — quanto mais temos, mais precisamos.

Como o dinheiro é duradouro e viciante, se não for gasto, tenderá a acumular ao longo do tempo, que, como discutido no Capítulo 7, é uma das razões para as extremas desigualdades na distribuição da riqueza mundial. O prazer é autolimitante, e períodos curtos de grande alegria não necessariamente resultam em felicidade duradoura. A felicidade é mais democrática do que o dinheiro, na medida em que ela é mais estável e igualmente partilhada. Como Jevons escreveu a seu irmão: "Eu tenho forte suspeita de que a soma total de prazer de uma pessoa geralmente é igual ao que poderíamos chamar em matemática de uma 'quantidade constante'."[14]

Os principais determinantes da riqueza de longo prazo incluem o país de nascimento, educação, habilidades, quem são seus pais, ambição, trabalho, saúde, redes sociais, sorte, oportunidade, e se você tem ou não acesso a um fundo fiduciário. A felicidade de longo prazo depende também até certo ponto de traços de caráter, alguns dos quais podem ser herdados de seus pais, e das redes sociais, embora não precisem ser da melhor escola.[15] Saúde, família, um emprego satisfatório e a confiança da sociedade também são importantes. No entanto, a tendência materialista aquisitiva necessária para produzir riqueza não se correlaciona muito bem com a felicidade. Um documento do Instituto Alemão de Pesquisa Econômica concluiu que "metas de soma não zero, que incluem compromisso com a família, amigos e participação social e política, promovem a satisfação na vida. Metas de soma zero, incluindo o compromisso para com o sucesso na carreira e ganhos materiais, parecem prejudiciais à satisfação na vida".[16]

O dinheiro não tem valor intrínseco por si só, porque o valor de uma nota depende dos preços nas lojas. Além disso, as impressões de riqueza são relativas. Se todos os seus amigos, conhecidos e vizinhos têm mais do que você, é natural que você se sinta mais pobre, o que também afeta a felicidade.[17] A maneira mais fácil de se sentir rico é, portanto, se mudar para uma área onde os seus vizinhos todos ganham um pouco menos. Um problema com a desigualdade social é que tendemos a nos comparar com aqueles que têm mais do que nós e não menos — especialmente, se estamos constantemente ouvindo falar sobre eles na mídia.

O prazer, em contraste, é tanto uma experiência interna, subjetiva, quanto, ao mesmo tempo, uma emoção compartilhada com efeitos positivos de rede. De acordo com um estudo com mais de 4.700 americanos, que foram acompanhados durante um período de vinte anos, de 1983 a 2003, a felicidade se espalha entre as pessoas como uma doença infecciosa (só que boa). Ter um amigo ou vizinho feliz aumenta seus próprios sentimentos de felicidade em cerca de 9%. Se isso fosse verdade, faria sentido para nós tirar meio dia de folga por semana apenas para socializar. Mesmo os amigos dos amigos têm um efeito. Como um dos coautores do estudo, o cientista político James Fowler, descreveu: "A busca da felicidade não é um objetivo solitário. Estamos ligados, e o mesmo vale para a alegria."[18] Para nos sentirmos mais felizes, precisamos nos mudar para um lugar onde os vizinhos não pareçam menos felizes, mas muito mais felizes.

Enquanto o dinheiro e o prazer estão intimamente relacionados em algumas situações, por exemplo, durante as compras, a ligação entre os dois em geral é mais complexa e ambígua. Dinheiro não compra felicidade sempre — e mesmo se isso acontecer, a felicidade que ele comprar pode ser compensada por outros efeitos. Como revelou um estudo feito pelo psicólogo comportamental Daniel Kahneman e colaboradores, aqueles com os mais altos salários passam mais tempo no trabalho e se deslocando, e menos tempo relaxando e saindo com amigos. Como resultado, eles concluíram: "As pessoas com renda acima da média estão relativamente satisfeitas com suas vidas, mas são só um pouco mais felizes que as outras em termos de experiências no dia a dia, tendem a ser mais tensas e a não passar muito tempo em atividades agradáveis."[19]

Ao nível social, as comparações de "bem-estar subjetivo" e da riqueza também parecem estar apenas frouxamente relacionadas. Embora medir a felicidade em todas as sociedades e culturas diferentes seja obviamente muito mais difícil do que medir o PIB, parece que, apesar de os países pobres relatarem índices de felicidade inferiores aos dos países ricos, a correlação é pequena para os países com renda média acima de US$ 15.000, e desaparece completamente aos US$ 25.000. Países como a Indonésia, Vietnã, El Salvador e México relatam altos níveis de felicidade, desafiando abertamente os princípios econômicos. Essa é uma das razões pelas quais, como discutido no capítulo anterior, medidas como o Indicador Genuíno de Progresso ou o Índice Planeta Feliz não acompanham o PIB. As comparações realizadas ao longo do tempo mostram a mesma coisa. O PIB mundial cresceu enormemente nas últimas décadas, por isso, se insistíssemos em afirmar que a felicidade e o PIB estão relacionados, concluiríamos que as pessoas devem ter sido muito miseráveis cem ou mil anos atrás. Mas esse não parece ter sido o caso.

Outra demonstração da diferença entre o prazer ou a felicidade e o dinheiro é o fato de que muitas vezes somos felizes em trabalhar de graça — e, em alguns casos, até mais felizes do que se fôssemos pagos. O trabalho voluntário tem se mostrado muito benéfico, incluindo a chance de fazer novos amigos, a satisfação de ver os resultados e até mesmo a sensação de ser menos egoísta.[20] Conquistas como Wikipedia, ou a linguagem de computador Unix, com o código-fonte aberto, são testemunhos do poder da mão de obra não remunerada. De fato, nós muitas vezes preferimos trabalhar de graça do que por um salário reduzido — os advogados dão atendimento gratuito, mas quase nunca barato. A razão é que a felicidade e o dinheiro envolvem partes completamente diferentes dos nossos cérebros e personalidades.

Caloroso e impreciso

Como o psicólogo comportamental Dan Ariely observa em seu livro *Predictably Irrational*: "Vivemos em dois mundos: um que se caracteriza pelo intercâmbio social e outro caracterizado por intercâmbios mercantis." Os intercâmbios sociais são "calorosos e imprecisos" e incluem ofertas de ajuda, troca de presentes, colaboração com vizinhos e trabalho voluntário. O prazer está na própria ação, e não é esperada nem exigida reciprocidade imediata. Os intercâmbios mercantis, em contraste, são "afiados" e baseados em cálculos numéricos dos salários, pagamentos e preços.[21] As normas sociais são mais características do lado direito do cérebro e intuitivas, enquanto as normas do mercado são características do lado esquerdo do cérebro e envolvem engenhosidade.[22]

Na maioria das situações, conseguimos manter os dois mundos separados um do outro, e isso pode levar a todo tipo de mal-entendido quando os misturamos por acidente ou intencionalmente. Em um experimento, os psicólogos testaram para ver o que aconteceria em uma creche, se os pais fossem multados quando chegassem atrasados para buscar os filhos. Segundo o sistema usual, os pais se sentiam culpados quando estavam atrasados, por isso evitavam fazê-lo novamente no futuro — a situação era regida por normas sociais (na creche em que meus filhos frequentam, o telefonema da diretora em geral resolve a questão). Quando as multas passaram a ser aplicadas, os pais pararam de se sentir culpados e começaram, em vez disso, a calcular, com o efeito indesejado de que muitos optaram por chegar tarde e pagar a multa.[23]

Curiosamente, quando a creche removeu a multa depois de algumas semanas e voltou ao sistema anterior, o número de pais ausentes manteve-se elevado. Em vez de simplesmente reverter para normas sociais, os pais ainda estavam operando sob as normas do mercado — só que agora, o atraso era realmente um bom negócio. Parece que houve uma espécie de efeito de histerese em ação, no sentido de que era fácil ir das normas sociais às normas de mercado, mas muito mais difícil voltar atrás.

Essa preferência por normas do mercado também é comprovada por meio de experimentos em que os sujeitos foram condicionados a pensar sobre o dinheiro, por exemplo, sentando-os diante de uma pilha de dinheiro do jogo Banco Imobiliário antes da realização de algumas tarefas. O efeito da exposição ao dinheiro foi torná-los menos propensos a pedir ajuda, ou fazer ofertas de ajuda, ou colaborar com os outros. Eles até preferiram sentar mais afastados de outras pessoas.[24]

Nossa capacidade de aceitar facilmente as normas do mercado talvez esteja relacionada com o fato delas estarem tão estabelecidas na nossa sociedade que agora são padrão. As pessoas sempre se interessaram por dinheiro, mas parece que estamos levando a obsessão um passo além. Se somos ensinados e acreditarmos como sociedade que o sucesso material equivale à felicidade e que as normas do mercado são, em certo sentido, mais racionais e reais do que as normas sociais, então, é claro que tenderemos a favorecê-las.

Infelizmente, porém, ficar preso no modo de mercado não nos torna felizes, porque a felicidade depende mais das realidades social e psicológica do que de um número em uma conta bancária. Uma rede de amigos, um senso de propósito e harmonia na vida, a alegria de "apenas ser" não estão disponíveis no shopping.[25] Nossa teoria econômica nos promete um caminho para a felicidade, mas o que ela oferece é uma ilusão. Construímos uma máquina para otimizar a felicidade, apenas para descobrir que não somos felizes vivendo em uma máquina.

A busca da infelicidade

De acordo com o modelo neoclássico, a vida útil é um pouco como o experimento de Joule. Você levanta um peso-pesado (realiza um trabalho em troca de dinheiro), em seguida, solta o peso (perde algum dinheiro), agitando e aquecendo a panela de água (sua alma). Na prática, porém, muitas vezes parece que ficamos mais agitados do que aquecidos; mais agitados do que contentes. Alguns aspectos de nosso sistema econômico parecem destinados a tornar-nos infelizes.

Nos Estados Unidos, os supostos níveis de felicidade atingiram o pico em algum momento na década de 1960 e permaneceram relativamente constantes desde então, com uma ligeira tendência decrescente. As medidas de infelicidade, como as taxas de suicídio e de divórcio, têm demonstrado a tendência oposta. Os produtos mais lucrativos para as empresas farmacêuticas são as drogas antidepressivas. Dado que os EUA foram fundados em torno das ideias de Jefferson de "vida, liberdade e busca da felicidade", isso é realmente preocupante. Talvez o problema seja que esses conceitos não são tão compatíveis quanto pareciam.

A frase de Thomas Jefferson na Declaração de Independência dos EUA baseava-se na "vida, liberdade e busca da propriedade", de Adam Smith, (que foi usada diretamente na Declaração dos Direitos dos Colonos, de 1774). A utopia de Milton Friedman de "uma sociedade na qual os indivíduos têm máxima liberdade para perseguir seus próprios objetivos em qualquer direção que desejarem, desde que não interfiram com os direitos dos outros para fazer a mesma coisa" articula a mesma ideia. Mas, se você esquecer tudo sobre oferta e demanda, a otimalidade de Pareto etc., parece um grande ato de fé supor que a felicidade social é compatível com todos egoisticamente tentando maximizar sua própria utilidade. Em vez disso, segundo o economista Richard Layard, as nossas sociedades atomizadas sofrem de "individualismo extremo (...) Somos mais infelizes como resultado".[26]

Na verdade, a ideia de que os indivíduos estão em uma competição pela felicidade é exatamente o tipo de coisa que faz as pessoas ricas e infelizes. Todo mundo se torna paranoico porque não é suficientemente rico e feliz. Quanto mais insistentemente perseguirem a felicidade, mais ela foge deles. O resultado final é algo semelhante a uma doença mental. O psicólogo Oliver James descreveu o termo "affluenza" (mistura de "afluência" e "influenza") como "valorizar demais o dinheiro, as posses, as aparências (físicas e sociais) e a fama".[27] A condição, que é predominante nos países ricos, coloca as pessoas em maior risco de transtornos mentais, incluindo ansiedade, depressão e abuso de drogas. Ela é agravada pela desigualdade social, que destaca as diferenças e é explorada por anunciantes que despertam a inveja para impulsionar as vendas. É o lado sombrio do Sonho Americano.

Há também uma clara ligação biológica entre o estresse econômico e a saúde mental e física. Em uma pesquisa realizada em 2007 pela American Psychological Association, 73% dos entrevistados citaram o dinheiro como fonte significativa de estresse.[28] E isso foi antes da crise imobiliária. O estresse afeta o organismo de maneira óbvia e imediata, causando, por exemplo, insônia ou outras alterações mais sutis, tais como aumento da pressão arterial ou até mesmo a diminuição da longevidade. Um estudo realizado por um grupo de epidemiologistas da Universidade de Yale descobriu que a perda involuntária de emprego mais do que dobrou o risco de ataques cardíacos e derrames entre os trabalhadores mais velhos.[29] Talvez o exemplo mais gráfico dessa situação seja a Rússia, onde a expectativa de vida masculina caiu vários pontos percentuais, quando o país passou pela traumática mudança para uma economia de mercado.

Parte do problema é que, enquanto os mercados são muito bons em enfrentar determinadas tarefas, tais como redução de custos e fomento à inovação, eles são menos talentosos na esfera social. Como aponta Robert Reich, o ex-secretário do trabalho dos EUA, na década de 1950 e no início da década de 1960, "questões de segurança econômica, equidade social, comunidade, o nosso ambiente compartilhado e decência eram fundamentais para o capitalismo democrático". Essas questões perderam importância à medida que o poder se afastou das instituições públicas e passou gradativamente para as mãos de consumidores e investidores: "A economia de hoje pode nos dar grandes negócios em larga medida porque nos pune de outra forma."[30]

As empresas tomam suas decisões com base em cálculos frios de ganhos e perdas. Isso é de se esperar. Mas essa atitude tem prevalecido de modo que domina as decisões por parte dos governos também. Reich observa que: "Nenhum desses cálculos leva em conta questões como (...) desigualdade, (...) segurança econômica, (...) direitos civis ou humanos, (...) saúde pública ou tranquilidade doméstica, (...) tolerância ao ambiente comunitário e paz global, (...) democracia. Esses atributos são claramente difíceis de medir ou quantificar, mas isso não os faz menos dignos de consideração do que o bem-estar dos consumidores e dos investidores."[31] O domínio das normas de mercado numéricas sobre as normas sociais difusas significa que nós efetivamente desvalorizamos o que é mais importante na vida.

Parece que no nível de indivíduos, empresas ou governos, ficamos presos a determinada visão yang estrita da economia como uma batalha entre as pessoas ou empresas para maximizar sua própria utilidade, na qual o egoísmo é o único comportamento racional. O objetivo é alcançar dominância e afirmar o *status* sobre aqueles ao seu redor. Valores yin como a conexão ou o altruísmo são minimizados, e os trabalhos associados, tais como enfermagem e cuidados infantis são mal pagos.[32] É como se estivéssemos nos contorcendo para cabermos no modelo do homem econômico racional. O resultado, porém, está muito longe do princípio de Bentham da maior felicidade para a maioria das pessoas. Também é bastante razoável; pois, como discutido no capítulo anterior, o nosso esforço para o crescimento a qualquer custo já atingiu uma escala em que ameaça a nossa viabilidade no planeta. É preciso terminar a corrida. A melhor maneira de fazer isso pode ser alterar as nossas teorias econômicas.

Motivos para vibrar

O fato de que o dinheiro e a felicidade são conceitos totalmente diferentes de alguma forma perturba a teoria neoclássica, que pressupõe relações precisas e matemáticas entre utilidade e preço. Se a máquina econômica não está maximizando a utilidade, então o que ela está maximizando?

A resposta, claramente, é nada. A economia é o que é. Os mercados livres têm muitos atributos esplêndidos, que devem ser protegidos. Eles são a melhor forma que criamos para tomar uma grande variedade de decisões econômicas. Eles oferecem a indivíduos e empresas a oportunidade de ter sucesso ou não e dar espaço para outros, no processo que Joseph Schumpeter chamou de "destruição criativa".[33] Os mercados são uma forma básica de interação humana que existia antes da economia ser inventada, e eles não precisam de teorias neoclássicas para justificá-los — mais do que a cooperação humana precisa ser justificada pelo marxismo. Mas se quisermos basear a nossa busca pela boa vida em fatos empíricos, no lugar de ideias ultrapassadas do século XIX, então precisamos reequilibrar as nossas prioridades.

Como discutido acima, a felicidade depende de uma série de fatores. De modo geral, não ajuda se você está estressado e trabalhando muito para pagar uma montanha de dívidas. Ao mesmo tempo, o que conta para a felicidade são os salários relativos e não absolutos. Faria sentido, portanto, almejar reduzir a dívida e ter menor crescimento econômico, como convencionalmente definido em termos do PIB. Conforme mostrado no Capítulo 8, o crescimento econômico muitas vezes é subtraído da qualidade ambiental, que por si só é importante para a felicidade. Isso não significa, naturalmente, que o crescimento ou o progresso deva parar, só que devem ser redefinidos.

Em sociedades desiguais, porém, é difícil para qualquer um estar satisfeito com o que tem em termos materiais. Assim, a primeira prioridade é reduzir a desigualdade, que, como discutido anteriormente, também está fortemente correlacionada com uma série de problemas sociais. O sociólogo Robert Putnam observou que: "Por volta de 1965-70, os Estados Unidos sentido começaram a se tornar menos justos economicamente e menos bem conectados em termos sociais e políticos."[34] Os mercados livres, se ficarem por conta própria durante tempo suficiente, tendem a concentrar riqueza e poder nas mãos de um pequeno número de indivíduos ou empresas. Precisamos, então, de mecanismos não mercantis, tais como os discutidos no Capítulo 7, para limitar essa tendência.

Outro elemento da felicidade é a ausência de níveis excessivos de estresse econômico. Assim, é desejável que a economia seja razoavelmente estável. Choques econômicos, como crises financeiras ou de desemprego, têm forte impacto emocional. Provavelmente, não é por acaso que o termo econômico — depressão — é o mesmo usado em psiquiatria, observa o psiquiatra David Spiegel. "As pessoas tendem a se sentir mal quando o que elas planejam de repente parece não se concretizar, quando a sua capacidade de ser eficaz no mundo é desafiada!"[35] Restaurar a estabilidade financeira não é igual a argumentar em defesa do crescimento contínuo. Uma economia com baixo índice de dívida e baixas taxas de crescimento com um setor financeiro menor pode vir a ser inerentemente mais estável porque tem menos alavancagem.

Como mencionado no Capítulo 6, uma grande quantidade de trabalho — incluindo boa parte do trabalho realizado por mulheres — não é remunerado. Esse trabalho, que é realizado de acordo com as normas sociais, é de vital importância para a manutenção da felicidade de uma sociedade. Por conseguinte, deve ser reconhecido e recompensado. Uma forma é a utilização de ferramentas como moedas locais ou bancos de hora, que permitem ganhar créditos por serviços prestados, e oferecem um equilíbrio entre as normas sociais e de mercado. A popularidade desses programas tem explodido nos últimos anos, com muitas áreas adotando sua própria versão local.[36] Uma semana de trabalho mais curta pode reduzir o PIB, mas permitiria que o tempo e o espaço do setor informal expandissem, com maior envolvimento de ambos os sexos.[37]

Finalmente, temos de reconhecer como sociedade que dinheiro e felicidade são quantidades completamente diferentes. A razão pela qual o PIB subiu nas economias ocidentais nas últimas décadas, mas os níveis de felicidade relatados têm permanecido relativamente estáticos, é porque eles não significam a mesma coisa. A economia não pode nos tornar mais felizes por si só. Nós apenas precisamos que ela funcione. A felicidade é uma questão separada que escapa da busca direta e, em vez disso, surge como resultado indireto de outras atividades.

O modelo neoclássico de crescimento econômico é insustentável e insatisfatório, não apenas porque requer recursos infinitos e prejudica o ambiente, mas também porque se baseia em um eterno desejo de ter mais, o que, por definição, nunca pode ser satisfeito. Ele oferece, não a felicidade, mas a promessa de felicidade eterna, se pudermos trabalhar mais e melhorar nosso estilo de vida levando-o ao próximo nível antes de qualquer outra pessoa. Precisamos, portanto, de um novo modelo de sociedade bem-sucedida, em que dinheiro e posses materiais desempenham um papel subalterno. Parte disso é um novo modelo para o que constitui uma vida plena e satisfatória. Quem pode dizer que a maximização do prazer individual é o guia para uma vida boa — ou que seja mesmo apropriado, em um mundo onde a dor e o sofrimento ainda precisam ser banidos? O que acontece com valores e qualidades como sabedoria, humildade, empatia, gentileza, justiça, serviço, coragem, lealdade, honra, espiritualidade e amor, que não podem ser reduzidos a simples cálculos de utilidade de curto prazo?[38]

O principal obstáculo para alcançar essa mudança para uma visão mais equilibrada e pragmática da economia é, creio eu, a ideologia neoclássica. Qualquer um que faça um curso de introdução à economia aprende que a busca do prazer individualista irá, por um processo tortuoso envolvendo a mão invisível, os livres mercados e assim por diante, de algum modo, tornar a vida melhor para toda a humanidade.[39] Considerando que muitos desses alunos se tornam líderes empresariais ou governamentais, perpetuando a mesma ficção de autolegitimação, não será surpresa alguma o fato de vivermos em uma cultura individualista e materialista, dominada por normas do mercado. Como sociedade, estamos todos acomodados, mais longe uns dos outros.[40] É hora de começar a contar uma nova história.

O que há de errado com esse retrato?

A economia se vê como uma ciência objetiva, imparcial, distanciada; no entanto, como já foi discutido, as teorias influenciam o mundo que procuram descrever e, às vezes, de maneiras surpreendentes. Por exemplo, para uma teoria que enfatiza qualidades, como a estabilidade, a racionalidade e a simetria, e minimiza o papel do setor financeiro — o modelo de Arrow-Debreu da economia nem mesmo inclui um — a economia neoclássica parece destinada a criar um mundo que é instável, injusto e administrado por bancos.

Isso aponta talvez para o fato mais intrigante sobre a teoria econômica ortodoxa. Por um lado, afirma que a economia é justa, estável e ótima. Por outro lado, as empresas do setor financeiro que realmente controlam a maior parte da riqueza do mundo, e devem, portanto, compreender como ele funciona, não parecem prestar atenção. Elas apoiam todas os "think tanks" neoclássicos corretos, é claro, mas também fazem de tudo para apoiar a desigualdade e a instabilidade. Essas empresas prosperam na volatilidade, porque ganham dinheiro especulando sobre a variação dos preços. Se os mercados fossem realmente eficientes, as mudanças de preços seriam pequenas e completamente aleatórias, e seria impossível ter lucro. Seria tão excitante quanto surfar em uma poça.

E por falar nisso: por que precisamos de bancos centrais? Se a economia é eficiente e autoestabilizante, e os mercados tudo sabem, qual é o ponto de ter um Banco Central ajustando as taxas de juros? Não seria melhor simplesmente deixar que os mercados definissem suas próprias taxas de juros de acordo com a "lei da oferta e da demanda"?

E, finalmente, se a ideologia neoclássica é tão rígida e generalizada, por que será que os mercados livres e a fraca presença do governo estão OK quando a economia está crescendo, mas, logo que a crise chega, as primeiras empresas a obter apoio do contribuinte são os bancos? Será que eles não deveriam falir de acordo com a lei da "sobrevivência dos mais aptos"? Não é isso que os seus princípios *exigiriam*? Nada disso faz sentido.

No capítulo final, portanto, fazemos a pergunta inevitável e perfeitamente razoável: será que a economia neoclássica faz parte de uma conspiração global gigante — uma tentativa de nos distrair do jogo real que está sendo disputado nos bastidores?

capítulo 10

A economia boa

"Em todo o mundo, os cidadãos pensam que estamos mentindo para eles, que os números estão errados, que eles são manipulados. E eles têm razões para pensar assim. Por trás do culto aos números, por trás de todas essas estruturas estatísticas e contábeis, há também o culto ao mercado e a crença de que está sempre certo."
PRESIDENTE FRANCÊS NICOLAS SARKOZY FALANDO SOBRE A NECESSIDADE DE NOVAS MÉTRICAS ECONÔMICAS PARA OFERECER ALTERNATIVAS AO PIB (2009)

"O que é importante quando você está no modo de fundo de hedge é não fazer nada remotamente verdadeiro, porque a verdade é tão contrária à sua opinião que é importante criar uma nova verdade, desenvolver uma ficção."
JIM CRAMER, APRESENTADOR DE TELEVISÃO E EX-GESTOR DE FUNDO DE HEDGE (2006)

A ECONOMIA ORTODOXA ENSINA QUE A ECONOMIA DE MERCADO, SE DEIXADA À PRÓPRIA SORTE, MAXIMIZARÁ A UTILIDADE DE CADA INDIVÍDUO E LEVARÁ AO MELHOR DE TODOS OS MUNDOS POSSÍVEIS. ESTE CAPÍTULO CONCLUSIVO DISCUTE COMO AS SUPOSIÇÕES E OS MITOS EQUIVOCADOS DA TEORIA ECONÔMICA MASCARAM NOSSA COMPREENSÃO DE COMO A ECONOMIA REALMENTE FUNCIONA. ELES PERSISTEM NÃO POR RAZÕES CIENTÍFICAS, MAS PORQUE ATENDEM A UM DETERMINADO PROPÓSITO. VEMOS COMO UMA TORRENTE DE NOVAS IDEIAS ESTÁ NOS FORNECENDO FERRAMENTAS PARA DAR FORMA A UMA ECONOMIA MELHOR, MAIS JUSTA E MAIS SUSTENTÁVEL. ESSAS IDEIAS VÊM DE DIVERSAS FONTES: NOVAS ÁREAS DA MATEMÁTICA, COMO A DINÂMICA NÃO LINEAR, A COMPLEXIDADE E A TEORIA DAS REDES; MOVIMENTOS SOCIAIS COMO, O AMBIENTALISMO OU O FEMINISMO; E TAMBÉM A ANTIGA DISCIPLINA CHAMADA ÉTICA. A TEORIA

ECONÔMICA ATUAL É MENOS UMA CIÊNCIA DO QUE UMA IDEOLOGIA PECULIAR A DETERMINADO PERÍODO DA HISTÓRIA, QUE PODE MUITO BEM ESTAR SE APROXIMANDO DO FIM.

O edifício Lipstick é uma elegante torre de escritórios pós-moderna com 34 andares no centro de Manhattan. Repousando sobre uma matriz oval de pilares, a construção em granito vermelho e em aço inoxidável sobe aos céus em três camadas, como um tubo aberto de batom. Os dois primeiros andares compreendem um átrio de vidro impressionante, ao lado de uma praça de pedestres. O maior inquilino do edifício é um escritório enorme de advocacia, Latham & Watkins. Até 2008, o 18º e o 19º andares também serviam de sede de uma próspera e extraordinariamente rentável operação de negociação de ações e investimentos conhecida como Bernard L. Madoff Investment Securities.

Madoff começou na empresa em 1960, aos 22 anos, com uma poupança de US$ 5.000. Inicialmente, a maioria dos seus clientes vinham de contatos da família — seu pai era um corretor da bolsa, o sogro era contador. Madoff foi um dos pioneiros a desenvolver sistemas de computador rápidos para fazer cotações, permitindo, assim, que ele impulsionasse o negócio distanciando-se das empresas concorrentes, que eram membros da Bolsa de Nova York (NYSE). A tecnologia mais tarde formou a base da bolsa Nasdaq. Em 1992, o volume de negociação de Madoff era equivalente a 9% da NYSE.

Então, em meados da década de 1990, motivado em primeiro lugar por um desejo de encobrir uma perda de investimento, esse homem de Wall Street fez uma espécie de desvio.[1] Ele montou o que seria a maior a fraude de investimento da história — um esquema Ponzi de US$ 65 bilhões, que sugou dinheiro de investidores privados e corporativos aparentemente com o único propósito de enriquecer Bernie Madoff.

O 18º e o 19º andares do edifício Lipstick estavam ocupados com a habitual panóplia de negociadores de nível universitário e inteligentes, que davam a impressão de eficiência urgente, comum àqueles que lidam com milhões de dólares todos os dias. Eles trabalhavam muito e eram excepcionalmente bem remunerados. Os clientes incluíam Bear Stearns, Lehman Brothers e Fidelity. O escritório era regularmente auditado pelos órgãos reguladores. Em suma, era o que você esperaria de uma empresa financeira de sucesso. No entanto, essa não era a história toda.

Como uma família com um segredo no porão, toda a operação tinha um outro nível — o 17º andar — a que os clientes, visitantes, entidades regulado-ras e até mesmo outros empregados raramente tinham acesso.

Esse andar era ocupado por um tipo diferente de pessoa — com menor nível de instrução, menos experiente, menos qualificada. Eles se vestiam casual-mente e trabalhavam apenas as horas normais de nove às cinco da tarde. Sua função era simples e rotineira, principalmente o trabalho de escritório, mas ainda assim, bem pago. Eles eram os gestores do "fundo de hedge" que estava no coração da operação de Madoff.

O esquema funcionava da seguinte maneira. Madoff explorava sua rede de contatos no comércio, entidades filantrópicas, e comunidades judaicas para tomar dinheiro dos ricos investidores, instituições de caridade, ou fun-dos de empréstimos. A propaganda era feita de boca em boca, e as indica-ções eram feitas do negócio oficial nos dois andares superiores. Os fundos de Madoff consistentemente proporcionavam uma alta taxa de retorno, e as pessoas faziam poucas perguntas. As retiradas de dinheiro eram permiti-das a qualquer momento — sempre havia mais dinheiro entrando de novos investidores. Mas a maioria preferia permitir que o bolo crescesse. Isso era especialmente verdadeiro para os fundos de caridade nos quais Madoff se especializou. Quando perguntaram como ele conseguia consistentemente ganhar do mercado, Madoff explicou que sua estratégia era baseada em uma combinação de investimentos em ações blue chips e derivativos tais como contratos futuros. Como ele contou ao *Wall Street Journal*, em 1992, isso per-mitia que os investidores "participassem de um movimento de mercado as-cendente tendo um risco de queda limitado".[2] A história era complicada, mas plausível o suficiente para convencer até mesmo os grandes bancos, como o HSBC ou Banco Santander da Espanha, a investir bilhões. Intermediários, como fundos de empréstimos, recebiam altas comissões, o que desencoraja-va uma análise muito aprofundada.

A operação de Madoff ficou sob suspeita dos órgãos reguladores várias ve-zes e foi investigada. Mas sempre que analisavam a papelada, os boletos com dados numéricos para cada transação de valores, tudo parecia OK. A única coi-sa que o derrubou foi a crise de 2008, quando muitos investidores tentaram retirar seus fundos ao mesmo tempo, apenas para descobrir que tais fundos nunca tinham realmente existido.

Uma nova verdade

Como Madoff conseguiu perpetuar essa ilusão de crescimento por tanto tempo? Parte do sucesso de Madoff envolve sua habilidade em criar uma história contundente — uma "nova verdade" — que, segundo Jim Cramer (apresentador do programa *Mad Money*, da CNBC), é essencial para qualquer fundo de hedge, real ou não. Mas a tecnologia — ou melhor, a falta dela — também teve um papel importante.

Madoff tinha montado o seu negócio original em torno do uso inovador da negociação informatizada de alta velocidade. As pessoas nos dois últimos andares tinham computadores rápidos e acesso em tempo real aos preços. Mas para o "fundo de hedge" Madoff preferia usar uma máquina IBM AS/400 antiquada, que era mantida em uma caixa de vidro especial. Seu hardware ultrapassado — o primeiro modelo foi lançado em 1988 — significava que ele não era compatível com outros sistemas.

Isso não era uma desvantagem acidental; na verdade, fazia todo o sentido. Madoff, talvez com ajuda dos seus cúmplices mais próximos, teria de digitar os dados manualmente a cada dia. Esse procedimento permitia a Madoff fabricar uma história de transações com as ações que daria qualquer taxa de crescimento desejada. As confirmações das operações para cada cliente eram preparadas separadamente, cada qual mostrando ganhos fictícios calculados pela velha IBM. Na realidade, nenhuma operação era realizada. Havia um risco de que os clientes conferissem as operações, mas parece que eles nunca desconfiaram de nada.

Os principais elementos desse golpe específico, então, foram:

- Uma história complicada, mas plausível. A estratégia dos fundos de hedge poderia ter funcionado, em princípio, e os retornos nunca eram tão grandes que parecessem impossíveis. A sua aparente complexidade dissuadia questionamentos.
- Confiança. Madoff era um operador com acesso a informações privilegiadas que tinha construído uma empresa de renome.
- Incentivos. Os intermediários estavam sempre felizes por causa das altas comissões. Os investidores eram mantidos felizes, ou pelo menos otimistas, com sonhos.
- Uma rede de contatos ricos e poderosos. Madoff tinha muitos amigos ricos, incluindo o empresário e filantropo Carl J. Shapiro, que aplicou um quarto de bilhão de dólares meses antes do colapso do sistema.

- Influência com os reguladores. Madoff e sua família tinham fortes ligações com os reguladores. Ele era ex-presidente da Nasdaq e estava no conselho de diretores da Securities Industry Association.
- Ilusão do crescimento. Os fundos de Madoff apresentavam retornos consistentes de cerca de 10%.
- Um computador ultrapassado. Uma máquina que ajusta os preços para que se ajuste à história.

Em 2006, Madoff tinha acumulado bilhões de dólares, que ele mantinha em contas correntes no Chase Bank. Elas financiaram um luxuoso estilo de vida para ele e para qualquer um em seu círculo. Mas não havia investimento, nenhum crescimento real — tudo aquilo era uma ficção. Quando o sistema entrou em colapso, vidas e instituições foram destruídas. Madoff foi condenado a 150 anos de prisão — o juiz descreveu o seu crime como "extraordinariamente perverso".

O Piano Lógico II

Agora, obviamente, não seria correto afirmar que o esquema conhecido como "economia mundial", com sua faceta neoclássica, é diretamente equivalente a um esquema Ponzi em que não existe investimento ou crescimento real. No entanto, há uma série de pontos em comum, que merecem ser explorados.

Em primeiro lugar, a economia tem uma grande história. Concorrência aberta entre indivíduos em mercados livres que liberta o mundo da pobreza e otimiza os níveis de felicidade para toda a humanidade — soa bem para mim. A história também tem uma grande dose de confiança e credibilidade. Ela foi sustentada pelas melhores universidades e até mesmo pela Fundação Nobel. Livros didáticos introdutórios procuram minimizar ou atenuar questões difíceis ou assustadoras, como a instabilidade financeira (as bolhas são discutíveis), a desigualdade social (não há capítulos escritos sobre as discrepâncias de poder) ou a degradação ambiental (problema dos outros).[3] Quem por ventura não está convencido é convidado a analisar a elaborada e impenetrável matemática que sustenta a história. Isso geralmente impede investigações posteriores.

O esquema garante também que os participantes sejam devidamente incentivados. Qualquer pessoa que trabalhe em níveis hierárquicos mais altos é bem paga, por vezes de forma extravagante. A história neoclássica significa que buscar implacavelmente os seus próprios objetivos e acumular riqueza incalculável podem ser interpretados como um comportamento virtuoso — o CEO da Goldman, Lloyd Blankfein, por exemplo, disse que sua companhia estava realizando um "trabalho divino" — que é um importante elemento motivacional.[4] E o sistema tem uma rede poderosa de contatos nas principais universidades, instituições como o Banco Mundial e o Fundo Monetário Internacional, e os mais altos escalões dos governos mundiais — todos os quais empregam ou são administrados por economistas neoclássicos.

Os "investidores" permanecem no jogo por causa da ilusão de que podem alcançar a felicidade, se trabalharem o suficiente, aliado ao fato de que a maioria está pesadamente endividada. E muitos investidores felizes em economias emergentes, como a China e a Índia, tiveram aumentos enormes em seus padrões de vida material. (Vamos deixar de lado a explosão da desigualdade nesses países, e também o fato de que a China — que ocupa o 93º lugar entre 141 países na pesquisa realizada pelo Instituto Fraser de liberdade econômica — dificilmente corresponde à definição habitual de uma economia de livre mercado.)

O esquema pode apontar para um excelente histórico de crescimento, com aumentos consistentes de ano para ano do PIB. Finalmente, e talvez mais importante, ele tem esse recurso essencial, a verdadeira chave do seu sucesso: o computador desatualizado, o equivalente ao computador IBM de Madoff — o Piano Lógico NeoClássico (Mark II).

O funcionamento mecânico interno dessa bela e antiga máquina remonta ao século XIX. Foi projetada por verdadeiros pioneiros — como William Stanley Jevons, inventor do Piano Lógico original. Na década de 1960, ele foi atualizado com a teoria dos mercados eficientes e, na década de 2000, com as últimas técnicas de gestão de risco, mas esses foram pequenos ajustes.

Novamente, não é por acaso que o hardware é um pouco antiquado e incompatível com as tecnologias mais recentes, porque sua função é meramente estética. Seu funcionamento é muito simples. O operador digita um preço para o produto que deseja. A máquina, então, emite um zumbido, algumas engrenagens giram e ela gera como saída exatamente o mesmo número! Confirmando, assim, para todos aqueles com algum cunho científico, que o preço é justo.

Se alguém pergunta como a máquina funciona, são instruídos a consultar os documentos originais que explicam como um pêndulo colocado dentro da máquina mede "oscilações diminutas" de uma quantidade de energia, chamada "utilidade". Estudiosos reunidos também podem imprimir complexas equações matemáticas provando que a resposta é racional, eficiente e ótima. Mas, na realidade, é claro, a máquina só dá o preço de mercado, que, segundo a teoria neoclássica, está certo. Como o físico J. Doyne Farmer e o economista John Geanakoplos, observaram: "A teoria econômica afirma que há muito pouco para se saber sobre os mercados: o preço de um ativo é a melhor medida possível de seu valor fundamental, e o melhor indicador de preços futuros."[5]

Por exemplo: em março de 1996, e em outubro de 2002, o índice Nasdaq foi fixado a 1.140. Entre essas duas datas, em março de 2000, chegou a 5.048. Isso pode parecer um erro — mas, de acordo com o Piano Lógico Neoclássico, os preços estavam certos. Há ainda referências acadêmicas para apoiá-lo.[6]

Eis outra: o pico do petróleo de 2008. Tudo devido às forças de oferta e demanda, de acordo com a máquina. Então, novamente, não houve erro. O preço estava correto todas as vezes

O mesmo se aplica a qualquer bem ou serviço, incluindo o trabalho humano. O pessoal da faxina de Harvard não está ganhando um salário "decente"? Desculpe, mas o preço é justo.

Trabalhadores de pequenas confecções de roupas para o Walmart, que trabalham em condições precárias por centavos a hora? Difícil. O preço é justo.

CEOs com salários de centenas de milhões de dólares? Continuem o bom trabalho! O preço é justo.

Proporção de riqueza nas mãos de 1% da população, atualmente em 40%, e aumentando? Você merece. O preço é justo.

Banqueiros que ganham bônus polpudos, ao mesmo tempo em que quebram seus bancos? Parabéns. O preço é justo.

Até mesmo o ambiente está sendo cuidado. Espécies à beira da extinção a uma taxa mais elevada do que nunca? O preço é justo. Risco iminente de uma mudança climática catastrófica? O preço é justo. Oceanos poluídos? O preço é justo.

Assim, se algum membro da economia mundial está infeliz ou inseguro sobre seu extrato bancário, ou se os reguladores levantam suspeitas, ou se alguém simplesmente acha que o sistema está um pouco fora de sintonia, ou é injusto, ou sob risco de entrar em algum tipo de colapso, então, o Piano Lógico Neoclássico lhes garante que está tudo bem. Olha, ele diz: o preço é justo. Tudo está em ordem. É lógico.

Descobrir isso quase sempre ajuda a restaurar a paz de espírito. As pessoas vão para casa com a certeza de que a sua riqueza está sendo bem cuidada e que está tudo certo com o mundo.

O jogo do dinheiro

Uma diferença fundamental entre o esquema da "economia mundial" e o esquema Ponzi de Madoff é que um esquema Ponzi é inteiramente sustentado por dinheiro dos novos investimentos, enquanto a economia mundial é sem dúvida altamente produtiva. Esses números crescentes do PIB não são uma ilusão; representam progresso econômico e tecnológico real: somos mais ricos, mais saudáveis, mais instruídos e mais móveis do que em qualquer outro momento da história. No entanto, ambos os sistemas estão condenados. O crescimento econômico, como tradicionalmente definido em termos de produção e consumo, é insustentável — não no sentido de que ele será ruim para o planeta, mas no sentido literal de que *não vai acontecer.*

Conforme discutido no Capítulo 8, a economia mundial pode ser vista como uma espécie de superorganismo que recebe energia e matérias-primas, gera vários objetos e serviços para consumo interno, e expele os resíduos para o meio ambiente. Se pensarmos no capital em termos de recursos naturais — por exemplo, fontes de energia e matérias-primas — então, estamos vivendo dos estoques existentes. Não é uma coisa boa. (Eu diria que eles ensinam isso em introdução à economia, mas aparentemente, esse não é o caso.)

Ao mesmo tempo, nossos produtos residuais estão ativamente degradando as florestas, os oceanos e a atmosfera do planeta, deixando assim uma fatura terrível para as gerações futuras. Como os economistas ecológicos ressaltam, é como um esquema Ponzi, exceto pelo fato que os novos investidores — "otários" no jargão de investimentos — que sustentam a coisa toda ainda não nasceram. Dizem que nasce um otário a cada minuto, mas nesse caso isso não é inteiramente verdade. Como Herman Daly escreveu em 1991: "Os atuais beneficiários (...) esforçam-se para manter a ilusão entre os céticos que estão começando a imaginar se realmente existem recursos suficientes no mundo para que o jogo continue durante muito mais tempo."[7]

Como o esquema Ponzi, a economia mundial concentra a riqueza nas mãos de uma pequena elite. Os outros investidores pensam ou esperam que um dia eles vão se juntar a esse seleto grupo. Mas, novamente, isso não vai acontecer. Se todos no planeta vivessem como os norte-americanos, com a mesma pegada ambiental, precisaríamos de dez planetas para nos sustentar — e nós não temos isso. A probabilidade disso acontecer é tão remota quanto a de Madoff de repente decidir, antes que fosse pego, devolver todo o dinheiro aos investidores, com juros. Se todos vivessem como os banqueiros de Wall Street, precisaríamos de uma galáxia inteira.

Claro que, com a economia mundial, não há um único mestre ou organização no comando. O esquema não está sendo orquestrado pelo Banco Mundial ou a Goldman Sachs, ou Bernie Madoff da sua cela na prisão. Ele não foi projetado por William Stanley Jevons ou Vilfredo Pareto ou Milton Friedman. Ele é mais bem descrito como uma característica emergente da nossa sociedade. Os cérebros/investidores somos você e eu.

E, embora Madoff tenha sido chamado de monstro por todos que ele roubou, a economia mundial não tem más intenções. É mais um jogo de gigantes, que fugiu ao controle. Um dos momentos mais divertidos da crise veio em março de 2009, quando Jim Cramer, do programa *Mad Money*, foi convidado para aparecer no *The Daily Show* com Jon Stewart. Por vários dias, Stewart vinha zombando das previsões financeiras de Cramer e seus colegas: "Ah, se eu tivesse seguido os conselhos da CNBC, eu teria um milhão de dólares hoje — considerando que eu comecei com US$ 100 milhões." Durante o tão apregoado confronto com Cramer, visto por mais de 2 milhões de pessoas, Stewart o acusou de tentar transformar as finanças em entretenimento, mas "não se trata de um jogo [palavrão suprimido]". Ele também mostrou vídeos antigos de Cramer explicando, um pouco claro demais, como os fundos de hedge manipulam os mercados.

Embora o ponto de Stewart fosse bem aceito, a verdade é que os mercados são em grande parte um jogo — cabe a nós definir as regras. Ao contrário de Madoff, podemos ter o autocontrole e a motivação para encerrar o esquema antes que ele nos faça mais mal. Sem a máquina Neoclássica do "preço justo", o sistema não pode funcionar. A história não se sustenta. Toda a estrutura virá abaixo espontaneamente.

Tudo o que precisamos fazer é entrar no 17º andar metafórico, abrir a caixa de vidro, pegar o computador antigo e destruí-lo.

O preço é injusto

A parte mais complicada, obviamente, é que a máquina é guardada e mantida por um grupo de elite — os economistas ortodoxos — cuja única função é protegê-la contra interferências. Sua lealdade é garantida pelo vínculo especial de posse — descrito por Pablo Triana como "talvez o maior incentivo já inventado pela humanidade" — e ocasionais contratos lucrativos no setor privado.[8]

Mesmo a recente crise econômica, ou a iminente catástrofe ambiental, não é suficiente para criar mais do que uma semente de dúvida em sua mente coletiva. O economista James K. Galbraith, um crítico da teoria convencional, observa que: "Eu não detecto mudança alguma (...) É um negócio como outro qualquer." O economista comportamental Robert J. Shiller, que sabe uma coisa ou duas sobre comportamento humano, disse ao *New York Times*: "Receio que não haverá muita mudança nos paradigmas básicos. Os modelos de expectativas racionais serão ajustados para dar conta da atual crise. O currículo básico não mudará."[9]

Então o que podemos fazer, em vez disso, é construir uma alternativa, com base no conhecimento e na tecnologia do século XXI. Ou melhor ainda: uma série de alternativas, todas razoavelmente plausíveis, dando respostas que, embora não em perfeito acordo, ainda fazem mais sentido do que as da máquina. O som de "o preço é justo" sendo entoado várias e várias vezes será abafado por uma cacofonia de novas vozes.

Essas novas teorias buscarão sua inspiração nas novas áreas da matemática aplicada, como a teoria de redes, complexidade e dinâmica não linear. A economia sempre foi um sistema complexo, dinâmico e em rede; mas o desenvolvimento da internet, cadeias de suprimento cada vez mais globalizadas e sistemas bancários computadorizados significam que é mais necessário do que nunca modelá-la com as ferramentas adequadas. Com a análise e a exploração das vastas quantidades de dados hoje disponíveis sobre as transações econômicas, essas técnicas revolucionarão o modo de compreender e visualizar a economia.

As teorias tratarão a economia, não como uma máquina inerte, mas como uma espécie de organismo vivo. Os modelos e as técnicas, portanto, se assemelharão àquelas desenvolvidas para as ciências da vida, como a biologia sistêmica ou a ecologia ou a medicina. Em vez de ver a economia como uma caixa fechada e autossuficiente, as teorias incluirão interações com o ambiente por meio de longas escalas de tempo. As teorias também evitarão a simplificação excessiva de questões complexas, como, por exemplo, a desigualdade, a felicidade ou a mudança climática.

Como exemplo dessa abordagem, um editorial publicado simultaneamente no *British Medical Journal* e na *Lancet*, em 2009, escreveu que a nossa economia baseada em alto uso de carbono está causando uma série de problemas ambientais, políticos e de saúde, particularmente nos países pobres. Esses incluem a poluição atmosférica, desmatamento, perda de biodiversidade, mudanças climáticas extremas, secas, escassez de água, disseminação de doenças, fome e conflitos. Por outro lado: "As medidas necessárias para combater a mudança climática coincidem com as necessárias para garantir uma população mais saudável e reduzir a carga nos serviços de saúde. Uma economia com baixas emissões de carbono significa menos poluição. Uma dieta com baixo teor de carbono (especialmente comer menos carne) e mais exercícios físicos significará menos casos de câncer, obesidade, diabetes e doença cardíaca... Essa é uma oportunidade também para fazer avançar a equidade na saúde, que cada vez mais é vista como necessária para uma sociedade saudável e feliz."[10] Precisamos de soluções conjuntas para problemas conjuntos.

As teorias relaxarão a obsessão neoclássica com equações e números concretos, e adotarão uma abordagem mais sutil e multifacetada. Embora aproveitem os novos dados sociais, financeiros e ambientais que estão sendo produzidos, não vão desvalorizar elementos como a felicidade ou a sustentabilidade ou o valor das outras espécies apenas porque são difíceis de medir. As teorias considerarão novas métricas, como o Indicador Genuíno de Progresso ou o Índice Planeta Feliz. Elas também reconhecerão as limitações dos modelos matemáticos e dos métodos estatísticos, e vão equilibrá-los com palavras e narrativas.

As teorias vão se beneficiar das perspectivas de uma variada gama de pessoas, incluindo ambientalistas, feministas, psicólogos e cientistas políticos. Tais níveis de colaboração não serão facilmente obtidos nos quadros das universidades tradicionais, que dividem os pesquisadores em especialidades cada vez mais sofisticadas. Precisamos, portanto, de novos centros multidisciplinares em que especialistas de diversas origens possam trabalhar juntos em projetos compartilhados. Os centros desenvolvidos para a biologia sistêmica, tais como o Institute for Systems Biology de Seattle, podem servir como um modelo.[11]

E, quando começarmos a tratar a economia como algo vivo, e não como uma máquina, teremos de considerar um campo cujas origens remontam a uma época ainda mais longe do que a da máquina lógica do "preço justo": o da ética.

Lógica difusa

De acordo com a economia ortodoxa, a economia e todo o planeta são objetos inertes, que cegamente executam suas ações, escravos da lei de causa e efeito. Além de casos extremos como homicídio, não há muito sentido em tentar decidir se uma ação é boa ou ruim, porque a resposta está implícita no preço de mercado. Como os economistas Neil M. Brewne e Kevin J. Quinn notam: "Os economistas distintamente não questionam o valor moral dos preços de mercado e dos salários."[12] Se algo é bom, então muitas pessoas vão querer comprá-lo, e o preço do produto vai subir. O preço é justo. A economia Neoclássica não é uma teoria, é uma desculpa.

Se, no entanto, abandonarmos a ideia de que a economia é uma máquina eficiente — os mercados que tudo veem como o olho que adorna a pirâmide da nota de um dólar dos EUA então precisaremos de uma estrutura de referência alternativa. Infelizmente, a nossa confiança no princípio do "preço justo" parece ter atrofiado a nossa capacidade de fazer julgamentos éticos.

Três exemplos: um trivial, um médio, outro grande. O trivial ocorreu por volta de 2000. A moeda única tinha sido recentemente adotada na Europa, e uma série de lojas de departamento e outros estabelecimentos estavam oferecendo trocar libras por euros. Uma noite na TV, um telejornal entrevistou um adolescente que tinha visto que um desses estabelecimentos tinha calculado errado o valor do euro. Ele comprou alguns euros da loja, a um preço baixo e, em seguida, vendeu-os de volta em outro lugar, ao preço habitual, o que fez com que ele obtivesse um pequeno lucro. Então, ele voltou à loja e fez de novo. E ficou fazendo isso até que a loja detectou o problema e corrigiu o seu erro.

A entrevistadora de TV não assumiu a posição de Jon Stewart e denunciou o garoto por especulação. Em vez disso, ela deu a impressão de que ele era muito inteligente e destinado a uma carreira de sucesso em finanças (provavelmente verdade).

De fato, um princípio de economia é que operadores que compram na "baixa" em determinado lugar e vendem na alta em outro prestam um serviço útil, corrigindo anomalias do mercado. Mas só porque determinado comportamento é bom quando realizado no contexto de um trabalho, não significa que é algo que geralmente é digno de louvor. O menino poderia ter corrigido o erro apenas por cortesia apontando o problema para o atendente da loja. Em vez disso, ele escolheu o lucro.

O contexto ético mudou — o comportamento não é terrivelmente ruim, mas é ligeiramente vergonhoso, e certamente não merece ser comemorado. O ponto não é que os comerciantes de repente devem parar de tentar tirar vantagem uns dos outros — esse é o jogo que eles são pagos para jogar —, mas não devemos nos confundir e achar que essas normas estão corretas em todas as situações.

Levar as normas do mercado ao seu limite lógico termina com situações como a venda abusiva de hipotecas que contribuiu para a crise do subprime; ou a alta do preço dos commodities em 2008, quando a comunidade financeira transformou necessidades básicas, como o trigo e o petróleo, em ativos voláteis e inacessíveis.[13] Como o gestor de investimentos Michael Masters revelou a um comitê do Senado norte-americano: "Se Wall Street inventasse um sistema em que investidores comprassem grandes quantidades de medicamentos e dispositivos médicos, a fim de lucrar com o aumento resultante nos preços, tornando esses itens essenciais inacessíveis a pessoas doentes e moribundos, a sociedade ficaria indignada com toda razão."[14] Para resolver essas questões, precisamos de um sistema ético que aceite declarações imprecisas e relativas, em vez de divisões binárias do tipo certo/errado, bom/mau. Buscar o lucro não é sempre bom ou sempre ruim, mas está em uma escala que depende do contexto. Adair Turner: "É muito mais fácil viver com base no pressuposto de que todos os mercados são axiomaticamente bons, ou de que toda especulação é necessariamente ruim. A realidade é mais complexa e exige compensações e juízos de valor. Mas não há alternativa a essa complexidade."[15]

Isso é diversão

O próximo exemplo é a questão controversa do bônus dos banqueiros. Após a crise, esses bônus foram defendidos pelos executivos dos bancos, que alegaram que os banqueiros são como estrelas do mundo artístico, e as empresas têm de pagar o que for preciso para conseguir os melhores talentos. Suas atividades também fazem uma contribuição significativa para o PIB. Stuart Gulliver, do HSBC, compara sua equipe a atores de Hollywood. John Varley, o presidente executivo do Barclays, prefere a analogia do futebol. "Simplesmente não há prioridade maior do que garantir que contamos com os melhores do ramo. Isso, em certo sentido, é exatamente igual ao que faz um técnico de futebol caso queira que o seu time vença. Nossa obrigação é garantir o pagamento adequado."[16] Bill George, diretor da Goldman Sachs, usou as duas metáforas: "É muito parecido com os atletas profissionais e estrelas de cinema."[17] Talvez temendo uma reação ao estilo AIG, a London Investment Banking Association — que representa empresas como Goldman Sachs, Morgan Stanley e JPMorgan Chase — criticou um plano para publicar os bônus, alegando que seria "criar o potencial para comentários mal-informados e populistas quanto a práticas de remuneração raozáveis".[18]

Esse tópico pode parecer como fútil, mas levanta uma série de interessantes questões técnicas que se aplicam também a outros aspectos da economia:

- Os salários dos banqueiros seguem a mesma dinâmica que os dos CEOs ou estrelas de cinema (Capítulo 7). Isso não significa que eles são adequados ou razoáveis. De acordo com uma pesquisa realizada no Reino Unido, 96% das pessoas acredita que os jogadores da *Premier League* têm salários altos demais.[19]

- Estamos um pouco mais dispostos a tolerar altos salários no caso de atores ou estrelas do esporte, porque eles são *divertidos* e não afetam a *economia*. Dica importante: ninguém pede autógrafos aos banqueiros. No entanto, muitas ligas esportivas nos Estados Unidos, como as de futebol americano e hóquei (National Football League e National Hockey League) instituíram tetos salariais para nivelar o campo de jogo.

- Na Inglaterra, os jogadores profissionais hoje ganham salários absurdos semelhantes aos dos banqueiros. Mas eles não jogam tão bem como uma equipe. A última vez em que a Inglaterra venceu uma Copa do Mundo foi em 1966, quando os salários estavam em uma ordem de magnitude menor.

- Os modelos matemáticos que preveem retornos de bilheteria têm mostrado que os atores e diretores desempenham um papel surpreendentemente pequeno na venda de ingressos.[20] Os salários, portanto, dizem mais sobre o sistema de estrelas de Hollywood do que sobre a capacidade de obter lucro. Harrison Ford tornou-se famoso por causa de *Star Wars*, e não vice-versa.

- Os bancos têm uma importante vantagem em termos de posição na economia. Por exemplo, o sistema de reservas fracionárias lhes outorga o poder de efetivamente produzir dinheiro, emprestando mais do que eles realmente possuem. Tais direitos e benefícios são de propriedade da rede financeira como um todo, em vez de indivíduos. Para alcançar sucesso, as empresas também confiam na reputação institucional, não apenas em estrelas solitárias. O Lehman Brothers, por exemplo, foi fundado em 1850 e tinha uma reputação formidável que o ajudou a atrair negócios.

- Nas finanças, a técnica é tão importante quanto a sorte. Se cem corretores fizerem apostas alavancadas de alto risco durante vários anos, haverá uma margem grande no resultado simplesmente por conta da sorte. Isso não significa que o ganhador é um gênio.
- Bônus polpudos incentivam os corretores a tomar decisões imprudentes, resultando em "externalidades negativas", como a recessão global.
- No Reino Unido, o setor financeiro de fato contribuiu de forma desproporcional para o PIB, antes de precisar ser resgatado após a crise de crédito.[21] No entanto, o seu crescimento coincidiu com um declínio nos setores de produção e tecnologia — não surpreende já que o destino padrão para os estudantes de ciências talentosos é o setor financeiro — junto com um aumento de problemas associados à desigualdade social.[22] Em vez de precisar de proteção, talvez ele seja grande demais.

Finalmente, você não precisa ser o Papa para ver que há uma dimensão ética em tudo isso. O Papa falou contra a cultura da cobiça, dizendo que: "Aqueles que constroem apenas sobre as coisas visíveis e tangíveis, como o sucesso, a carreira ou o dinheiro, constroem sobre a areia."[23] Conforme discutido no Capítulo 4, quando montes de areia ficam altos demais, tendem a cair. Rowan Williams, arcebispo de Canterbury, disse à BBC que os bônus devem ser limitados, e afirmou: "O que estamos vendo é a possibilidade de a sociedade se tornar cada vez mais disfuncional caso os níveis de desigualdade que temos visto nas últimas duas décadas não sejam desafiados."[24] Quando um setor como o financeiro ou de recursos naturais se torna grande demais, ele também incentiva o comportamento parasitário (extrair uma fonte de renda sem contribuir com produtividade real) e o crescimento de uma classe política corrupta e dependente.

Em um discurso para um banquete de dignitários em 2009, o Lorde Mayor de Londres, Ian Luder, afirmou: "É a atividade bancária, a atividade bancária internacional, que faz o mundo girar."[25] Mas a realidade é que os bancos são apenas um dos muitos serviços vitais que sustentam a economia. O principal elemento que a torna incomum, por ser uma profissão tão importante, é a sua incapacidade de desenvolver padrões éticos sólidos. Médicos e engenheiros têm códigos de ética; os banqueiros têm códigos de vestimenta.

Um aspecto positivo da controvérsia sobre a remuneração dos banqueiros é que ela ajudou a destruir a ilusão de que os salários refletem com precisão a contribuição de uma pessoa para a sociedade, e mostrou a importância da ética e da equidade. Uma questão mais importante é, naturalmente, a remuneração de 50% da população mundial menos favorecida. Em termos da analogia com o cinema, essas pessoas são atualmente o equivalente aos figurantes de um filme de Hollywood cuja cena é cortada no final. São as crianças brasileiras que jogam futebol na praia e não são vistas pelos olheiros e negociadas com o Manchester United. Mas, se mudarmos a nossa definição de eficiência econômica para a usada pelo Índice Planeta Feliz — em que o objetivo é ser feliz consumindo, ao mesmo tempo, poucos recursos — elas terão, então, mais a nos ensinar do que a nossa elite financeira. Um tema adequado de estudo, talvez, para um Instituto de Economia Sistêmica Multidisciplinar.[26]

Óleo sujo

O terceiro exemplo de um dilema ético vem de Alberta, no Canadá, cujos limites incluem o maior reservatório do planeta de betume — uma forma de petróleo misturada com areia, minerais e água. Empresas, incluindo a Suncor, Syncrude e Shell, descobriram que podem extrair o petróleo bruto, primeiro fazendo a raspagem da terra ou usando técnicas *in situ* mais recentes, e vendê-lo no mercado aberto com um lucro. Por procedimentos normais de contabilidade econômica, a operação gera muito dinheiro e aumenta o PIB. Do lado negativo, ela também destrói vastas áreas da floresta boreal, consome quantidades incríveis de água, emite quantidades igualmente incríveis de poluentes no processo de extração e manchou a reputação do Canadá como um país verde.[27] A expressão "economia com baixas emissões de carbono" não é o que vem à mente.

Sempre houve oposição local ao desenvolvimento das areias betuminosas por parte de organizações ambientais, populações nativas, acadêmicos e outros.[28] Em agosto de 2009, porém, as areias betuminosas se tornaram um tema político quente na Noruega, por incrível que pareça. A empresa norueguesa

Statoil iniciou um projeto de US$ 2 bilhões em Alberta em 2007. Mas durante a campanha eleitoral de 2009, a maior parte dos partidos políticos norueguses se manifestaram contra o envolvimento daquele país no empreendimento. Um editorial no principal jornal, *Aftenposten*, declarou que a Statoil e o governo estavam demonstrando uma "negação de responsabilidade coletiva" para com as emissões de areias petrolíferas. O líder do partido democrata-cristão, Dagfinn Hoybraaten, disse que: "Em nossa opinião, isso é mais do que uma questão empresarial normal. É uma questão ética geral."[29]

A resposta do premier de Alberta Ed Stelmach foi: "Eu não estou ciente da Statoil. Tudo que sei é que nessas últimas semanas tem havido um enorme e renovado interesse (...) um número cada vez maior de notícias de gestores de fundos de pensão interessados em investir em Alberta."

O pessoal de Alberta é notoriamente resistente a sugestões de forasteiros sobre como gerir esses recursos. Também é provavelmente verdade que as emissões de areias betuminosas sejam menos uma ameaça ao planeta do que, digamos, o carvão chinês ou americano. Mas duas coisas estão claras. Primeiro, Hoybraaten está certo — há um problema geral de caráter ético, que precisa ser discutido. Em segundo lugar, os gestores de fundos de pensão não são pagos para tomar decisões éticas ou fazer cumprir as normas. Essa é uma das funções dos governos. Então, quando delegamos decisões sensíveis aos fundos de pensões, há um problema. Por que os gestores de fundo argumentariam a favor de instituir um teto para a produção de areias betuminosas, ou dar um tempo para a terra se recuperar ou gastar dinheiro na melhoria da tecnologia, se tudo isso afeta negativamente os lucros a curto prazo? Novamente, as normas do mercado não são um substituto para a ética.

Tampouco podemos delegar decisões éticas ao nosso papel como consumidores ou investidores. Uma propriedade das violações éticas é que o seu impacto parece diminuir com a distância e a separação. Se todos nós comprássemos roupas diretamente das pessoas que as fabricam, então, as condições de trabalho desses trabalhadores provavelmente estariam mais claras em nossa consciência do que estão atualmente. Com as cadeias de fornecimento globais, raramente sabemos onde os objetos que consumimos são fabricados, e não podemos incluir fatores éticos em nossas decisões de preço. Por isso, precisamos de instituições fortes e de leis rigorosas que imponham padrões éticos na origem de maneira uniforme e democrática.

É encorajador verificar que empreendimentos como o das areias betumi-nosas ou as mudanças climáticas estão cada vez mais sendo analisados sob um pano de fundo ético e não puramente no contexto de mercado, porque, uma vez que juízos éticos são estabelecidos, sob a forma de leis ou tabus sociais, eles tendem a ser de longa duração e acabarão prevalecendo até mesmo sobre o motivo do lucro.[30] As forças de mercado talvez não sejam capazes de captar as opiniões das futuras gerações, mas o nosso senso ético pode.

Os mercados são instrumentos incrivelmente poderosos para tomar uma série de decisões econômicas. Como alguém que trabalha para uma empresa pequena, eu estou tão envolvido nos mercados quanto a maioria das pessoas. No entanto, seus pontos fortes são extremamente valorizados pelos ideólogos. Os mercados por si só não são responsáveis pela inovação. Muitos dos avanços tecnológicos do século XX — incluindo as décadas de desenvolvimento que levaram à internet — ocorreram em laboratórios do governo ou em progra-mas militares fortemente subsidiados (os economistas deveriam saber disso, dado que o desenvolvimento da economia neoclássica também deve muito do seu sucesso ao financiamento do governo norte-americano durante as batalhas ideológicas da Guerra Fria).[31] Vivemos vidas mais longas e saudáveis em gran-de parte por causa do trabalho realizado por hospitais financiados por dinheiro público. As atividades de pesquisa e desenvolvimento são muitas vezes melhor conduzidas em ambientes menos competitivos, menos voltados apenas para resultados e mais cooperativos. Os mercados são excepcionais em selecionar as melhores novas tecnologias e transformá-las em produtos de sucesso. Os setores público, privado e sem fins lucrativos têm um papel sinérgico — preci-samos de todos eles.

Na verdade, a tecnologia moderna nada seria sem as ferramentas básicas de matemática e da física, que também não foram desenvolvidas pelos mercados ou empresas privadas. Isso aponta para o papel das universidades na formação de nossas atitudes em relação à economia.

Quebrando o piano

O Piano Lógico Neoclássico deve a sua existência, em grande parte, aos acadê-micos, que o mantiveram afinado e protegido para as próximas gerações. Esse envolvimento vai muito além dos departamentos de economia. As universi-dades dividem as disciplinas em especialidades específicas e tradicionalmente tentaram mantê-las separadas (há sinais de que isso está começando a mudar).[32] As decisões econômicas afetam a maioria dos aspectos da vida de uma forma ou de outra, por isso todo mundo deve ter pelo menos uma opinião.

Algumas questões pendentes:

Qual a posição do departamento de física diante de ideias econômicas que se passam por leis da natureza?

Será que os departamentos de ciências humanas concordam com a história de que a sociedade é composta de indivíduos que agem de forma independente? Se não, como isso se reflete na educação dos futuros líderes empresariais?

Será que o departamento de matemática aceita os tipos de modelos utilizados nas aulas de economia? Será que as suposições como a da estabilidade são plausíveis?

O que pensam os engenheiros mecânicos sobre a margem de segurança utilizada pelos "engenheiros financeiros"?

Será que o departamento de estudos sobre o gênero aceita bem a definição de *Homo economicus*?

Será que os sociólogos concordam que as sociedades sempre se comportam racionalmente? Será que as ferramentas Neoclássicas fazem sentido em uma sociedade cada vez mais conectada, em que um dos bens mais valiosos — a informação — pode ser distribuído praticamente a custo zero?

Será que os cientistas políticos têm certeza de que a economia é politicamente neutra? Será que os historiadores estão convencidos de que a economia neoclássica é uma ciência objetiva e não um artefato cultural moldado por determinado período histórico? Qual será o impacto do poder de consumo crescente das mulheres, ou de países não ocidentais com programas e ideias políticas e econômicas tão diferentes?

Será que os ecologistas pensam que o ambiente está sendo levado a sério nos manuais de economia? Se eles acreditam seriamente que estamos diante do risco de uma enorme crise ambiental que ameaça nossa sobrevivência, será que a aula de introdução à economia em sua instituição está aumentando ou diminuindo esse risco?

O que o departamento de psicologia pensa da definição de utilidade, ou da economia da felicidade?

Será que os filósofos concordam que os mercados podem tomar decisões éticas?

E, finalmente, como as instituições de elite como a Universidade de Harvard, a Universidade de Oxford, o Massachusetts Institute of Technology (MIT), ou o Instituto de Tecnologia da Califórnia se sentem sobre o fato de que, em 2007, 20% ou 30% ou mais de seus formandos seguiram direto para o setor financeiro? Será que essas instituições estão sendo usadas como filtro ou barreira de entrada para selecionar estudantes talentosos para este setor socialmente subprodutivo e excepcionalmente bem pago?[33] Se for esse o caso, as universidades não deveriam, pelo menos, repensar o seu ensino para melhor refletir as novas teorias, sem falar da ética?

Até os departamentos universitários romperem com as divisões artificiais que separam suas disciplinas, o Piano Lógico Neoclássico estará seguro. A maior esperança para a mudança provavelmente não vem de administradores universitários, mas daqueles que têm mais em jogo — os alunos. Eles são aqueles que estão ouvindo a história sobre a economia. Se eles decidirem não comprar a ideia, então as coisas vão mudar.

Uma desculpa ouvida para a falta de progresso na economia é que as mudanças ocorrem lentamente no meio acadêmico. Mas isso não é verdade. Nada durante muito tempo, mas quando acontece uma mudança, ela é frequentemente súbita e violenta — como um terremoto, ou mesmo uma crise financeira. Logo no início do século passado, a física foi totalmente reescrita no espaço de poucos anos. Já a biologia se reformou por conta dos recentes avanços tecnológicos, como o projeto Genoma.

Então, estudantes, hora da decisão. Vocês estão vivendo o que muitos acreditam ser um ponto de bifurcação na história humana. Vocês já viram todos os gráficos com curvas tão acentuadas quanto um salto de esqui. População humana. Produto interno bruto. Extinção das espécies. Emissões de carbono. Desigualdade. Escassez de recursos. Vocês sabem que alguém tem de ceder. Vocês já têm ideia de que o preço não é justo. Talvez até mesmo suspeitem que, se a economia mundial revelar realmente ser um esquema Ponzi, você ou seus filhos já estão um pouco atrasados no jogo.

Vocês estão, portanto, diante de uma encruzilhada. Podem seguir o caminho ortodoxo — e correr o risco de acabar com uma qualificação tão impressionante quanto uma graduação em ideologia marxista logo após a queda do Muro de Berlim. Ou vocês podem arriscar uma mudança de regime, deixando claro suas opiniões, questionando seus professores, estando abertos a ideias perturbadoras e agindo realmente como agentes da mudança.[34]

Vocês podem insistir que a economia é um sistema complexo, dinâmico e conectado — e exigir os instrumentos para entendê-la.

Podem salientar que a economia é injusta, instável e insustentável — e exigir as técnicas para ajustá-la.

Vocês podem dizer aos oráculos que eles falharam.

Vocês podem entrar e quebrar a máquina.

E aí vocês poderão fazer alguma coisa nova.

Uma nova economia

Claro, existe um risco de seguir esse caminho. Mas ele não é maior do que o enfrentado por aqueles estranhos pioneiros Jevons, Walras e Pareto quando desenvolveram a teoria econômica Neoclássica.

Que uma teoria dure quase 150 anos é um triunfo, em termos. Se ela durar uma década a mais, será um desastre. Talvez tenha funcionado bem durante determinado período da história, ou tenha sido o que as pessoas queriam ouvir, mas já ultrapassou em muito sua utilidade.

Desde a crise de crédito, a economia mundial se recuperou muito bem, na maioria dos lugares. Os mercados de ações conseguiram compensar seus prejuízos. O desemprego aparentemente estabilizou, assim como o mercado imobiliário dos EUA. Os lucros dos bancos se recuperaram. No entanto, na época em que este livro foi escrito, nenhuma repercussão tinha sido observada na população de abelhas. Há menos petróleo no solo e mais carbono no céu. A dívida do setor privado foi substituída pela dívida pública, aumentando a probabilidade em alguns países da moratória soberana. O setor financeiro está mais concentrado do que antes. Os verdadeiros problemas não desapareceram, apenas se intensificaram ligeiramente.

As novas ideias econômicas que estão sendo desenvolvidas por um conjunto de cientistas, pensadores e profissionais estão trazendo uma verdadeira renovação. Suas teorias podem parecer dispersas e independentes, mas se este livro tem uma mensagem é a de que todas são parte de um movimento semicoerente. Em vez de ver a economia como uma máquina eficiente e determinista, em execução automática, eles a consideram uma coisa viva que podemos influenciar conscientemente, para melhor ou para pior.

A economia mundial cresceu, e os antigos mitos estão perdendo seu poder. A nova história que está surgindo não é simples, ou particularmente lisonjeira —

somos menos racionais ou eficientes ou justos ou bons nessa versão. Acontece que nem todos nós somos super-heróis com a capacidade de prever o futuro e de tomar decisões perfeitas. (O que é uma pena, porque esses poderes seriam bastante úteis agora.)

Nós nunca seremos perfeitamente capazes de modelar a economia, ou de eliminar a chance de uma nova catástrofe financeira. Mas estamos vivendo em uma bolha e precisamos resolver nossa dívida. Eu estou relutante em fazer previsões, mas, na minha opinião, a próxima grande crise não envolverá dinheiro. Não vai ser desencadeada por banqueiros ou matemáticos. Será algo muito mais real. Temos uma linha de crédito com o restante do planeta, e ela está vermelha. Logo, ela será cancelada e teremos de pagar a dívida. Não podemos resolver o problema com o crescimento ou com mais horas de trabalho. Não podemos devolver as chaves e ir embora. É a nossa casa.

Precisamos de alguma regra doméstica. Precisamos de uma nova economia.

Notas

Introdução

1 Thomasson, Lynn (2009), "Strategists See 17% S&P 500 Rise on Fed Cuts After Saying 'Buy'", Bloomberg.com, 5 de janeiro de 2009.

2 Whitehouse, Kaja (2007), "One 'Quant' Sees Shakeout For the Ages — '10,000 Years'", *Wall Street Journal*, 11 de agosto de 2007.

3 Tett, Gillian and Gangahar, Anuj (2007), "Limitations of computer models", *Financial Times*, 14 de agosto de 2007.

4 Giles, C. (2008), "The vision thing", *Financial Times*, 25 de novembro de 2008.

5 Barabasi, Albert-Laszlo (2003), *Linked: How Everything is Connected to Everything Else and What it Means for Business, Science, and Everyday Life* (Cambridge, MA: Plume), p. 211.

6 "Parece escandaloso", diz Taleb, "que, das centenas de milhares de profissionais envolvidos, incluindo os principais instituições públicas como o Banco Mundial, o Fundo Monetário Internacional, as diferentes agências governamentais e bancos centrais, instituições privadas como bancos, companhias de seguros e grandes empresas, e, finalmente, departamentos acadêmicos, somente alguns indivíduos consideraram a possibilidade do colapso total do sistema bancário que começou em 2007." Taleb, Nassim Nicholas (2009), "Errors, robustness, and the fourth quadrant", *International Journal of Forecasting*, 25, 744-759. Ver também: Mihm, Stephen (2008), "Dr Doom", *New York Times*, 15 de agosto de 2008; Taleb, Nassim Nicholas (2007), *The Black Swan: The Impact of the Highly Improbable* (Nova York: Random House); Galbraith, James K. (2009), "Who Are These Economists, Anyway?", *The NEA Higher Education Journal*, terceiro trimestre de 2009.

7 Clark, Andrew (2009), "Massive bet on RBS and Lloyds helped financier earn $2.5bn", *Guardian*, 22 de dezembro de 2009.

8 Bouchaud, J.P. (2008), "Economics Needs a Scientific Revolution", *Nature*, 455, 1181.

Capítulo 1

1 Burnet, John (1920), *Early Greek Philosophy* (3rd edn; London: A. & C. Black Ltd).

2 Como observam os economistas M. Neil Browne e J. Kevin Quinn, "talvez de forma diferente de qualquer outra ciência social, a economia possui uma ortodoxia que é tão dominante que poucos economistas consideram que têm uma perspectiva ou que são parte de uma escola de pensamento". Vou descrever essa vertente dominante como *"mainstream"*, ortodoxa ou neoclássica. Browne, M.N. e Quinn, J.K. (2008), "The Lamentable Absence of Power in Mainstream Economics"; in John T. Harvey e Robert L. Garnett (eds), *Future Directions for Heterodox Economics* (University of Michigan Press), 240-61.

3 Dados sobre o mercado imobiliário do Índice de Preços dos Imóveis do *Financial Times*. Ver: http://www.acadametrics.co.uk/ftHousePrices.php; dados sobre a inflação de http://www.statistics.gov.uk

4 McCauley, Joe (2004), *Dynamics of Markets: Econophysics and Finance* (Cambridge University Press), p. 25.

5 Taibbi, Matt (2009), "Inside The Great American Bubble Machine", *Rolling Stone*, 1082-83.

6 Bernanke, Ben S. (2009), "Commencement address at the Boston College School of Law' (Newton, Massachusetts): http://www.federalreserve.gov/newsevents/speech/bernanke20090522a.htm

7 Kerr, R.A. (2004), "Second thoughts on skill of El Nino predictions", *Science*, 290, 257-58.

8 Fonte: http://www.cgd.ucar.edu/cas/catalog/climind/TNI_N34/index.html#Sec5

9 Para obter informações sobre terapias contra o câncer, consulte, por exemplo: http://www.physiomics-plc.com/virtual_tumour.htm

10 Orrell, David e McSharry, Patrick (2009), "A Systems Approach to Forecasting", *Foresight*, 14, 25-30. Consulte também o comentário na mesma edição por Paul Goodwin e Robert Fildes.

Capítulo 2

1 Ver Nelson, Robert (2002), *Economics as Religion: From Samuelson to Chicago and Beyond* (Pennsylvania State University Press).

2 Cooper, George (2008), *The Origin of Financial Crises: Central banks, credit bubbles and the efficient market fallacy* (Petersfield: Harriman House), p. 11.

3 Anônimo (2006), "Dismal science, dismal sentence", *Economist*, 9 de setembro de 2006.

4 Soros, George (2008), *The New Paradigm for Financial Markets: The Credit Crisis of 2008 and What It Means* (Nova York: PublicAffairs), p. 216.

5 Ver Putnam, R.D. (2000), *Bowling Alone: The collapse and revival of American community* (Nova York: Simon & Schuster).

6 Wilkinson, Richard e Pickett, Kate (2009), *The Spirit Level: Why Greater Equality Makes Societies Stronger* (Londres: Bloomsbury), p. 4.

7 Ver Orrell, David (2007), *Apollo's Arrow: The Science Prediction and the Future of Everything* (Toronto: HarperCollins), p. 242.

8 Makridakis, Spyros, Hogarth, Robin M., e Gaba, Anil (2009), "Forecasting and uncertainty in the economic and business world", *International Journal of Forecasting*, 25, 794-812.

9 Surowiecki, J. (2004), *The Wisdom of Crowds: Why the Many Are Smarter Than the Few and How Collective Wisdom Shapes Business, Economies, Societies and Nations* (Nova York: Random House). Os mercados de previsão, como o Betfair, oferecem um meio sistemático de lidar com o conhecimento coletivo.

10 US-Canada Power System Outage Task Force, Relatório Final sobre a Implementação das Recomendações da Força Tarefa, Natural Resources Canada, Departamento de Energia dos EUA, setembro de 2006. http://www.ferc.gov/industries/electric/indus-act/.../09-06-finalreport.pdf

11 Anônimo (2009), "House proud?", *Economist*, 3 de outubro de 2009.

12 Bianchi, Stefania (2009), "Dubai Debt Freeze to Hit Property Recover", *Wall Street Journal*, 27 de novembro de 2009.

13 Delli Gatti, Domenico, et al. (2008), "Financially Constrained Fluctuations in an Evolving Network Economy", NBER Working Paper No. W14112.

14 Por "princípios de projeto", não estou querendo dizer que exista um projetista — existem propriedades emergentes que evoluíram em sistemas na-

turais. Ver também: De Atauri, Pedro, et al. (2004), "Evolution of 'design principles' in biology and engineering", *IEE Syst. Biol.*, 1, 28-40.

15 Kubelec, C. e Sa, F. (2009), "The Geographical Composition of National External Balance Sheets: 1980-2005", Bank of England Working Paper (no prelo). Disponível em http://econ-www.mit.edu/files/3232. Haldane, A.G. (2009), "Rethinking the Financial Network", discurso proferido na Financial Student Association, Amsterdã, abril de 2009, disponível em: http://www.bankofengland.co.uk/publications/speeches/2009/speech386.pdf. Para obter uma discussão sobre a conectividade em rede, consulte Orrell, David (2008), *The Other Side of the Coin: the Emerging Vision of Economics and Our Place in the World* (Toronto: Key Porter), p. 96.

16 May, R.M., Levin, S.A., e Sugihara, G. (2008), "Ecology for bankers", *Nature*, 451, 891-93.

17 Csete, M. e Doyle, J. (2004), "Bow ties, metabolism and disease", *Trends in Biotechnology*, 22 (9), 446-50.

18 Bair, Sheila (2007), "Remarks", 2007 Risk Management and Allocation Conference (Paris), 25 de junho de 2007.

19 O Canadá tinha o sistema bancário mais sólido em 2008, de acordo com o Fórum Econômico Mundial. Taylor, Rob (2008), "Canada rated world's soundest bank system: survey", *Reuters*, 9 de outubro de 2008.

20 Martin, Eric e Tsang, Michael (2009), "Cash Best as Record Correlation Hints Herd Collapse", Bloomberg, 29 de junho de 2009.

21 Como exemplo, consulte: Lillo, Fabrizio, et al. (2008), "Specialization of strategies and herding behavior of trading firms in a financial market", *New Journal of Physics*, 10, 043019.

22 Giles, Chris e Parker, George (2009), "Transcript: Interview with Alistair Darling", *Financial Times*, 14 de setembro de 2009.

23 Kambhu, J., Weidman, S., e Krishnan, N. (2007), *New Directions for Understanding Systemic Risk* (Washington DC: National Academies Press).

24 Congresso americano, Comissão de Supervisão e Reforma do Governo, "The Financial Crisis and the Role of Federal Regulators, Preliminary Transcript", 36-37, 23 de outubro de 2008, disponível em: http://oversight.house.gov/documents/20081024163819.pdf.

25 Como afirmou o diretor do Bank of England, Mervyn King, em outubro de 2009: "Quem quer que propusesse dar garantias do governo a depo-

sitantes do varejo e outros credores, e depois sugerisse que tais recursos seriam utilizados para financiar atividades altamente arriscadas e especulativas, poderia ser considerado um tanto tacanho. Mas hoje essa é a nossa situação." Vina, Gonzalo e Ryan, Jennifer (2009), "King Opens Rift With Brown on Whether to Split Banks", Bloomberg, 21 de outubro de 2009.

26 Como mencionado na introdução, os cientistas de rede estavam entre os primeiros a identificar a possibilidade de crises seguidas no sistema financeiro. Barabási, Albert-László (2003), *Linked: How Everything is Connected to Everything Else and What it Means for Business, Science, and Everyday Life* (Cambridge, MA: Plume), p. 211.

27 No Reino Unido, no auge da crise, a visão dos financistas "rabiscando em folhas de papel" dava ao departamento do tesouro "a sensação de um jardim de infância particularmente lotado durante uma aula de artes", de acordo com o jornal *Observer*. Treanor, Jill e Elliott, Larry (2009), "Dark days when banks reached brink of oblivion", *Observer*, 6 de setembro de 2009.

28 Ver: http://www.liveleak.com/view?i-ca2_1234032281.

29 Haldane, A.G. (2009), "Rethinking the Financial Network", discurso feito na Financial Student Association, Amsterdã, abril de 2009, disponível em: http://www.bankorengland.co.ulc/pulilications/speeches/2009/speech386.pdf

Capítulo 3

1 Bouchaud, J.-P. (2008), "Economics needs a scientific revolution", *Nature*, 455, 1181.

2 Podem assumir a forma das leis de probabilidade, como na teoria quântica.

3 O economista Alfred Marshall afirmou que o trabalho de Jevons "provavelmente será considerado aquele com a maior força construtiva de todos, com exceção do de Ricardo, que foi realizado durante os últimos cem anos". Marshall, Alfred e Whitaker, John King (ed.), (2005), *The Correspondence of Alfred Marshall, Economist: Climbing*, 1868-1890 (Cambridge University Press), p. 164.

4 Anônimo (2008), "Léon Walras", *The Concise Encyclopedia of Economics* (Library of Economics and Liberty). Obtido em 17 de julho de 2009 de: http://www.econlib.org/library/Enc/bios/Walras.html

5   Schumpeter, J.A. (1954), *History of Economic Analysis* (Londres: Routledge), p. 827.

6   Powers, Charles H. (1987), *Vilfredo Pareto*, ed. Jonathan H. Turner (Masters of Social Theory, 5; Newbury Park, CA: Sage Publications), pp. 13-20.

7   Jevons, William Stanley (1909), "The Solar Period and the Price of Corn (1875)", in H.S. Foxwell (ed.), *Investigations in Currency and Finance* (Londres: Macmillan), pp. 194-205.

8   Imagem de: http://www.history.rochester.edu/steam/thurston/1878/f29p115.gif

9   Soros, George (2008), *The New Paradigm for Financial Markets: The Credit Crisis of 2008 and What it Means* (Nova York: PublicAffairs), p. 6.

10   Boyle, Catherine (2009), "Bank of China starts to offer mortgages in the UK", *The Times*, 25 de julho de 2009.

11   Adrian, Tobias e Shin, Hyun Song (2008), "Financial Intermediary Leverage and Value-at-Risk", Staff Report No. 338 (Federal Reserve Bank of New York).

12   Por exemplo, o economista do MIT, Andrew Lo, descreveu os economistas como pessoas que sofrem de um "distúrbio psicológico peculiar conhecido como 'inveja da física'". Anônimo (2002), "Bubble trouble", *Economist*, 16 de maio de 2002.

13   Minsky, Hyman P. (1972), "Financial instability revisited: the economics of disaster", *Reappraisal of the Federal Reserve Discount Mechanism* (Washington, DC: Board of Governors of the Federal Reserve System), 95-136.

14   Mihm, Stephen (2009), "Why capitalism fails", *Boston Globe*, 13 de setembro de 2009.

15   Como observado em http://www.sndeecon.org: "Na última década, muitos perceberam que a não linearidade (incluindo loops de feedback) é uma característica inerente aos mercados econômicos e financeiros." Apesar disso, a economia ortodoxa retém um arcabouço conceitual que, como observou o cientista de sistemas Jay W. Forrester, "é estreito, baseia-se em suposições não realistas, enfatiza condições de equilíbrio e está comprometida com métodos matemáticos principalmente lineares". Forrester, Jay W. (2003), "Economic Theory for the New Millennium", discurso na plenária da Conferência Internacional de Dinâmica de Sistemas, Nova York, 21 de julho de 2003.

16 John Sterman do MIT System Dynamics Group, por exemplo, desenvolveu "simuladores gerenciais" que permitem que os líderes empresariais se acostumem com os efeitos do feedback. Sterman, J.D. (2000), *Business Dynamics: Systems thinking and modeling for a complex world* (Nova York: McGraw Hill).

17 Clement, Douglas (2007), "Interview with Eugene Fama", *The Region*, dezembro de 2007.

18 De acordo com Arthur Levitt Jr. (ex-CEO da Comisão de Valores Mobiliários dos EUA, SEC). Goodman, Peter S. (2008), "The Reckoning — Taking Hard New Look at a Greenspan Legacy", *New York Times*, 8 de outubro de 2008.

19 Kitano, H. (2004), "Cancer as a robust system: implications for anti-cancer therapy", *Nature Reviews Cancer*, 4, 227-35.

20 Como exemplo de como a remoção de loops de controle regulatório pode afetar um sistema biológico, ver: Orrell, David, et al. (2006), "Feedback control of stochastic noise in the yeast galactose utilization pathway", *Physica D*, 217, 64-76.

21 Como observa George Soros, os bancos centrais "podem atuar e receber feedback do mercado e, assim, saber se fizeram o suficiente ou se precisam trabalhar melhor. Então, esse feedback ajuda a corrigir e a obter e manter um equilíbrio." Soros, George e Freeland, Chrystia (2009), "George Soros interview", *Financial Times*, 23 de outubro de 2009. Outro mecanismo de estabilização proposto, conhecido como títulos híbridos reguladores, é uma espécie de dívida, a ser emitida pelos bancos, que pode ser convertida em ações durante uma crise. Ver: Shiller, Robert (2009), "Engineering financial stability", *World Finance*, 16 de fevereiro de 2010.

Capítulo 4

1 Galton, Francis (1889), *Natural Inheritance* (Londres: Macmillan).

2 Inteligente, mas não completamente original ou confiável, de acordo com Haug, Espen Gaarder e Taleb, Nassim Nicholas (2009), "Why We Have Never Used the Black-Scholes-Merton Option Pricing Formula (fifth version)". Disponível em SSRN: http://ssrn.com/abstract=1012075.

3 Como comentou Pablo Triana: "todos os Prêmios Nobel concedidos à economia financeira são fundamentados na suposição Normal; tire essa

base e as teorias premiadas ruirão." Triana, Pablo (2009), *Lecturing Birds on Flying: Can Mathematical Theories Destroy the Financial Markets?* (Nova York: Wiley).

4 Overbye, Dennis (2009), "They Tried to Outsmart Wall Street", *New York Times*, 9 de março de 2009.

5 Taleb, Nassim Nicholas (2007), *The Black Swan: The Impact of the Highly Improbable* (Nova York: Random House), p. 127.

6 Barford, Vanessa (2008), "It's like a massive earthquake", *BBC News*, 15 de setembro de 2008.

7 Lux, T. (1996), "The Stable Paretian Hypothesis and the Frequency of Large Returns: An Examination of Major German Stocks", *Applied Financial Economics*, 6, 463-75; Gopikrishnan, P., et al. (1998), "Inverse cubic law for the distribution of stock price variations", *European Physical Journal B*, 3, 139-40; Gopikrishnan, P., et al. (1999), "Scaling of the distribution of fluctuations of financial market indices", *Physical Review E*, 60, 5305-16; Plerou, V., et al. (1999), "Scaling of the distribution of price fluctuations of individual companies", *Physical Review E*, 60, 6519-29.

8 Imagem extraída de: http://www.history.rochester.euu/steam/thurston/f29p115.gif

9 Mandelbrot, Benoit e Hudson, Richard L. (2004), *The Misbehavior of Markets: A Fractal View of Financial Turbulence* (Nova York: Basic Books).

10 Bak, Per (1996), *How Nature Works: The science of self-organized criticality* (Nova York: Springer-Verlag).

11 Uma pessoa que utiliza métodos fractais para fazer previsões é o econofísico Didier Sornette, que prevê uma "singularidade por volta de 2050, indicando uma mudança fundamental de regime da economia e da população mundial". É claro que isso supõe que vamos sobreviver a 2012, ano que os maias preveem cheio de eventos. Sornette, Didier (2002), *Why Stock Markets Crash: Critical Events in Complex Financial Systems* (Princeton University Press), p. xvii.

12 Como destaca Nassim Taleb: "Parametrizar uma lei exponencial dá margem a um número extremamente grande de erros de estimativa." Taleb, Nassim Nicholas (2009), "Errors, robustness, and the fourth quadrant", *International Journal of Forecasting*, 25, 744-59.

13 Conforme escreveu a geofísica Susan Hough: "Os cientistas buscam há décadas encontrar uma forma de prever terremotos — o cálice sagrado da

ciência dos terremotos. (...) No entanto, é quase nulo o progresso, apesar de todos os nossos esforços." Hough, Susan (2009), "Confusing Patterns With Coincidences", *New York Times*, 11 de abril de 2009.

14 Citado em Triana, Pablo (2009), *Lecturing Birds on Flying: Can Mathematical Theories Destroy the Financial Markets?* (Nova York: Wiley), p. 137.

15 Um exemplo são os chamados "fatores de fragilidade". Ver Duffle, Darrell, et al. (2006), "Frailty Correlated Default, Swiss Finance Institute Research Paper.

16 Nocera, Joe (2009), "Risk Mismanagement", *New York Times*, 2 de janeiro de 2009.

17 De acordo com Hiroaki Kitano, isso é semelhante à lei de conservação da energia na física. Veja, por exemplo: Csete, Marie E. e Doyle, John C. (2002), "Reverse Engineering of Biological Complexity", *Science*, 295, 1664-69.

18 http://www.fda.gov/ICECI/EnforcementActions/WarningLetters/ucm165237.htm

19 Birchall, Jonathan (2009), "Ionic shampoo and photon genies offer phantom cures for swine flu", *Financial Times*, 8 de agosto de 2009.

20 Tett, Gillian (2009a), "Could 'Tobin tax' reshape financial sector DNA?", *Financial Times*, 27 de agosto de 2009.

21 Sunderland, Ruth (2009a), "We can put a stop to huge, undeserved bank bonuses", *Guardian*, 25 de outubro de 2009. Como ilustração, eis um trecho do CEO do Royal Bank of Scotland, em sua carta de 2009 aos acionistas: "Estamos em foco — de forma compreensível, mas desconfortável (...) nós especialmente, mas todos os bancos também, infelizmente, acabamos ficando muito em evidência. Às vezes, achamos que os comentaristas querem que voltemos à fase de empréstimos excessivos, que operemos "sem fins lucrativos", sem receber clientes e oferecendo condições de emprego capazes de reter os melhores e os mais brilhantes. E, ao mesmo tempo, que criemos condições favoráveis para que os contribuintes recuperem o suporte financeiro recebido." O tom parece de autopiedade, de uma pessoa com um salário de £9,6 milhões, em uma empresa que pertence, majoritariamente, ao governo britânico. O argumento de que os bancos precisam pagar enormes salários para reter "os melhores e os mais brilhantes" também é hipócrita — se eles são tão inteligentes por que vivem com apoio do governo?

22 Taleb, Nassim Nicholas e Spitznagel, Mark (2009), "Time to tackle the real evil: too much debt", *Financial Times*, 13 de julho de 2009.

23 Para uma perspectiva sobre este tópico, ver Orrell, David (2007), *Apollo's Arrow: The Science of Prediction and the Future of Everything* (Toronto: HarperCollins).

Capítulo 5

1 Kearns, Jeff e Tsang, Michael (2009), "VIX Signals S&P 500 Swoon as September Approaches", Bloomberg, 10 de agosto de 2009.

2 Seymour, Ben, et al. (2007), "Differential Encoding of Losses and Gains in the Human Striatum", *Journal of Neuroscience*, 27, 4826-31.

3 Poincaré, Henri (1908), "L'Avenir des mathematiques", in *Atti del IV Congresso Internazionale dei Matematici, Rome, 1908* (Roma: Accademia dei Lincei), 1909, pp. 167-82, esp. p. 182; Leopold Kronecker conforme citado em Schoenflies, A. (1927), "Die Krisis in Cantor's mathematischem Schaffen", *Acta Mathematica*, 50, pp. 1-23, esp. p. 2.

4 Bentham citado em Jevons, William Stanley (1879), *Theory of Political Economy* (2nd edn; Londres: Macmillan), p. 24.

5 Mill, John Stuart (2002), *"Utilitarianism" and "On Liberty": Including "Essay on Bentham" and Selections from the Writings of Jeremy Bentham and John Austin* (introd. Mary Warnock), (2nd edn; Oxford: Blackwell).

6 Bernstein, Peter L. (1996), *Against the Gods: The remarkable story of risk* (Nova York: Wiley), pp. 159-60.

7 Arrow, Kenneth J. e Debreu, Gerard (1954), "Existence of a Competitive Equilibrium for a Competitive Economy", *Econometrica*, 22, 65-90.

9 Radner, Roy (1968), "Competitive equilibrium under uncertainty", *Econometrica*, 36, 31-58. Citado em Ormerod, Paul (1994), *The Death of Economics* (Londres: Faber and Faber), p. 90.

10 Blaug, Mark (1998), "Disturbing currents in modern economics", *Challenge*, 41 (3), 11-34.

11 Friedman, Milton (1953), *Essays in Positive Economics* (University of Chicago Press).

12 Noble, Holcomb B. (2006), "Milton Friedman, 94, Free-Market Theorist, Dies", *New York Times*, 17 de novembro de 2006.

13 *The Open Mind: Milton Friedman interview* (WNBC, 1975), Heffner, Richard (dir.). Para opiniões sobre o controle de drogas, consulte: Friedman,

Milton e Friedman, Rose (1990), *Free to Choose: A Personal Statement* (Nova York: Harvest Books), pp. 207-10.

13 Keynes, John Maynard (1936), *The General Theory of Employment, Interest and Money* (Londres: Macmillan), pp. 161-2.

14 Klein, Naomi (2008), *The Shock Doctrine: The Rise of Disaster Capitalism* (Londres: Penguin).

15 O *Economist* observou em 2006 que os governos raramente tomam grandes decisões sem "recorrer aos modelos de EGC para que possam saber de antemão as consequências". Anônimo (2006), "Big questions and big numbers", *Economist*, 13 de julho de 2006.

16 Na década de 1990, por exemplo, os modelos de EGC eram usados para avaliar o impacto econômico do Acordo de Livre Comércio da América do Norte (NAFTA). Um estudo de 2005 por Timothy Kehoe da Universidade de Minnesota demonstrou que: "Os modelos drasticamente subestimaram o impacto do NAFTA no comércio na América do Norte." Kehoe, Timothy J. (2005), "An Evaluation of the Performance of Applied General Equilibrium Models of the Impact of NAFTA", em Timothy J. Kehoe, T.N. Srinivasan e John Whalley (eds), *Frontiers in Applied General Equilibrium Modeling: Essays in Honor of Herbert Scarf* (Cambridge University Press), pp. 341-77.

17 Citado em Beinhocker, Eric D. (2006), *Origin of Wealth: Evolution, Complexity, and the Radical Remaking of Economics* (Boston, MA: Harvard Business School Press), p. 59.

18 Citado em Blanchflower, David (2009), "It's good to go walkabout", *New Statesman*, 16 de novembro de 2009.

19 Anônimo (2009), "What went wrong with economics", *Economist*, 16 de julho de 2009.

20 Blanchflower, David (2009), "It's good to go walkabout", *New Statesman*, 16 de novembro de 2009.

21 Anônimo (2009), "The other-worldly philosophers", *Economist*, 16 de julho de 2009.

22 Ele mesmo admitiu: "O uso de uma quantidade de dinheiro como alvo não foi um sucesso." London, Simon (2003), "Lunch with the FT: Milton Friedman", *Financial Times*, 7 de junho de 2003.

23 Knight, Frank H. (1932), "The Newer Economics and the Control of Economic Activity", *Journal of Political Economy*, 50, 455.

24 Um bom exemplo disso é a popularidade da teoria das cordas na física, apesar do fato de que não possui suporte experimental. Consulte Woit, Peter (2006), *Not Even Wrong: The Failure of String Theory and the Continuing Challenge to Unify the Laws of Physics* (Nova York: Basic Books). Também: Smolin, Lee (2006), *The Trouble With Physics: The Rise of String Theory, the Fall of a Science, and What Comes Next* (Boston, MA: Houghton Mifflin).

25 Anônimo (2009), "Efficiency and beyond", *Economist*, 16 de julho de 2009.

26 Michael Schrage (2003), "Daniel Kahneman: The Thought Leader Interview" *Strategy+Business*, quarto trimestre de 2003.

27 Michael Schrage (2003), "Daniel Kahneman: The Thought Leader Interview", *Strategy+Business*, quarto trimestre de 2003.

28 McClure, Samuel M., et al. (2004), "Separate Neural Systems Value Immediate and Delayed Monetary Rewards", *Science*, 306, 503-07.

29 Bechara, A. (2004), "The role of emotion in decision-making: Evidence from neurological patients with orbitofrontal damage?", *Brain and Cognition*, 55, 30-40.

30 Cutler, D.M., Poterba, J.M., e Summers, L.H. (1989), "What moves stock prices?", *Journal of Portfolio Management*, 15, 4-12.

31 Clement, Douglas (2007), "Interview with Eugene Fama", *The Region*, dezembro de 2007.

32 Shiller, Robert (2009), "Reinventing economics", *World Finance*, 23 de outubro de 2009.

33 Keen, Steve (2001), *Debunking Economics: The Naked Emperor of the Social Sciences* (Sydney: Pluto Press).

34 "Long View Part 3 — 'Real people' economics", *Financial Times* (vídeo online), 31 de abril de 2009.

35 Citado em Moye, Catherine (2007), "All in the mind", *Financial Times*, 16 de setembro de 2007.

36 Ayres, Ian (2007), *Super Crunchers: How Anything Can Be Predicted* (Londres: John Murray), p. 50.

37 Ver, por exemplo: LeBaron, B. (2006), "Agent-based Financial Markets: Matching Stylized Facts with Style", em D. Colander (ed.), *Post Walrasian Macroeconomics: Beyond the DSGE Model* (Cambridge University Press), 221-35.

38 Ver, por exemplo: Howitt, P. e Clower, R.J. (2000), "The emergence of economic organization", *Journal of Economic Behavior and Organization*, 41, 55-84.

39 Buchanan, Mark (2009), "Meltdown Modelling", *Nature*, 460, 680-82. Ver também: ftp://ftp.cordis.europa.eu/pub/ist/docs/fet/co-ws-oct07-05_en.pdf

40 Uma comparação abrangente das técnicas de previsão verificou que "métodos simples (...) funcionam tão bem ou, em muitos casos, são melhores do que métodos estatisticamente sofisticados". Makridakis, Spyros e Hibon, Michele (2000), "The M3-Competition: results, conclusions and implications", *International Journal of Forecasting*, 16, 451-76.

41 Orrell, David e McSharry, Patrick (2009), "A Systems Approach to Forecasting", *Foresight*, (14), 25-30. Ver também o comentário sobre a mesma questão por Paul Goodwin e Robert Fildes.

42 Discurso presidencial de 1990 para a American Economic Association. Ver: Debreu, Gerard (1991), "The Mathematization of Economic Theory", *American Economic Review*, 81, 1-7.

43 Coase, Ronald (1999), "Interview with Ronald Coase", *Newsletter of the International Society for New Institutional Economics*, 2 (1).

44 Derman, Emanuel (2004), *My Life as a Quant: Reflections on Physics and Finance* (Nova York: Wiley), p. 268.

45 Citado em Skidelsky, Robert (2009), "The big squeeze", *New Statesman*, 7 de dezembro de 2009.

Capítulo 6

1 Fraser Institute, "Index of economic freedom", http://www.freetheworld.com/

2 Anônimo (2008), "Excerpts: Iceland's Oddsson", *Wall Street Journal*, 17 de outubro de 2008.

3 Ertel, Manfred (2009), "Iceland's Women Reach for Power", *Der Spiegel*, 22 de abril de 2009.

4 Sunderland Ruth (2009), "After the crash, Iceland's women lead the rescue", *Observer*, 22 de fevereiro de 2009.

5 Abraham, Ralph (1994), *Chaos, Gaia, Eros: A chaos pioneer uncovers the three great streams of history* (Nova York: HarperCollins), p. 92.

6 Guthrie, W.K.C. (1962), *A History of Greek Philosophy, Vol. 1* (Cambridge University Press), p. 252.

7 Wertheim, Margaret (2006), "Numbers Are Male, Said Pythagoras, and the Idea Persists", *New York Times*, 3 de outubro de 2006.

8 Aristóteles (350 BCE), *Politics*, trad. Benjamin Jowett: http://classics.mit.edu/Aristotle/politics.html

9 A lista pitagórica de opostos também reflete atributos do lado esquerdo do cérebro (que controla o lado direito do corpo) *versus* os do lado direito do cérebro (que controla o lado esquerdo do corpo). Ver Orrell, David (2007), *Apollo's Arrow: The Science of Prediction and the Future of Everything* (Toronto: HarperCollins), p. 30.

10 Fox Keller, Evelyn (1985), *Reflections on Gender and Science* (Yale University Press), p. 53.

11 Roszak, Theodore (1999), *The Gendered Atom: Reflections on the Sexual Psychology of Science* (São Francisco: Conari), p. 56.

12 Snow, C.P. e Collini, Stefan (1993), *The Two Cultures* (Cambridge University Press), p. 103.

13 Roszak, Theodore (1999), *The Gendered Atom: Reflections on the Sexual Psychology of Science* (São Francisco: Conari), p. 88.

14 Nelson, Julie A. (1996), "The Masculine Mindset of Economic Analysis", *Chronicle of Higher Education*, 42, B3.

15 Hillman, James (1975), *Re-Visioning Psychology* (Nova York: Harper Perennial), p. 132.

16 De acordo com o autor de *Freakonomics*, Steven Levitt, a grande maioria dos economistas nunca tinha ouvido falar de Ostrom antes de ela ganhar o prêmio: "Não me lembro de já ter visto ou ouvido seu nome mencionado por um economista. Ela é uma cientista política, de formação e profissionalmente". Levitt, Steven L. (2009), "What This Year's Nobel Prize in Economics Says About the Nobel Prize in Economics", *New York Times*, 12 de outubro de 2009.

17 Henderson, Hazel (2004), "The 'Nobel' Prize That Wasn't", *Le Monde Diplomatique*, dezembro de 2004. Um exemplo foi Myron Scholes, que, em 1997, ganhou pelo trabalho nos próprios modelos de risco que contribuíram para o colapso espetacular de sua empregadora, a Long Term Capital

Management. Lowenstein, Roger (2000), *When Genius Failed: The Rise and Fall of Long-Term Capital Management* (Random House).

18 Comissão de Bancos do Senado dos EUA (1999), "Gramm Wins Senate Approval For Gold Medal Honoring Nobel Laureate Milton Friedman": http://banking.senate.gov/pre199/1122met.htm

19 Comissão de Bancos do Senado dos EUA (1999), "Gramm's Statement at Signing Ceremony For Gramm-Leach-Bliley Act": http://banking.senate.gov/pre199/1112gbl.htm

20 Comissão de Bancos do Senado dos EUA (1999), "Gramm Calls Commodity Futures Modernization Act 'A Major Achievement of the 106th Congress'": http://banking.scnate.gov/prelOO/1215cofu.htm

21 Younge, Gary (2008), "Bad cheque for Black America", *Guardian*, 7 de fevereiro de 2008.

22 É questionável se essas eficiências de custo são muito significativas. Paul Volcker, que é presidente do Conselho Consultivo para a Recuperação Econômica, instituído pelo presidente Obama (President's Economic Recovery Advisory Board) afirmou: "Eu queria que alguém me desse alguma prova de que a inovação financeira levou ao crescimento econômico — só uma prova." Qualquer redução no custo das hipotecas influenciava o aumento dos preços dos imóveis, que não era universalmente percebido como algo positivo. Hosking, Patrick e Jagger, Suzy (2009), "'Wake up, gentlemen', world's top bankers warned by former Fed chairman Volcker", *Times*, 9 de dezembro de 2009.

23 Bannon, Lisa (2009), "As Riches Fade, So Does Finance's Allure", *Wall Street Journal*, 21 de setembro de 2009.

24 Overbye, Dennis (2009), "They Tried to Outsmart Wall Street", *New York Times*, 9 de março de 2009.

25 Li, David X. (2000), "On Default Correlation: A Copula Function Approach", *Journal of Fixed Income*, 9, 43-54.

26 Spreeuw, J. e Wang, X. (2008), "Modelling the short-term dependence between two remaining lifetimes of a couple" (Londres: Cass Business School).

27 Whitehouse, Mark (2005), "How a Formula Ignited Market That Burned Some Big Investors", *Wall Street Journal*, 12 de setembro de 2005.

28 Fox Keller, Evelyn (1985), *Reflections on Gender and Science* (Yale University Press), p. 141. A filósofa Mary Midgley também observa que "os cientistas sociais (...) muitas vezes adotaram uma noção muito forte e confusa de 'objetividade' como exigindo não apenas evitar a tendenciodade individual, mas recusar-se a falar ou pensar sobre fatores subjetivos. O adjetivo 'subjetivo' torna-se, então, um mero termo de abuso direcionado a qualquer menção de pensamentos ou sentimentos, e o adjetivo 'objetivo', um imponente elogio para qualquer enfoque que os ignora." Midgley, Mary (1985), *Evolution as a Religion: Strange hopes and stranger fears* (London: Methuen), p. 25.

29 Fundo Monetário Internacional — FMI (2006), "Global Financial Stability Report: Market Developments and Issues" (Washington, DC: International Monetary Fund), abril de 2006, p. 51.

30 Whitehouse, Mark (2005), "How a Formula Ignited Market That Burned Some Big Investors", *Wall Street Journal*, 12 de setembro de 2005.

31 Outro exemplo disso, além de VaR e da cópula gaussiana, é a famosa fórmula de Black-Scholes que desempenhou um papel crucial na crise da Segunda-feira Negra. Ver Triana, Pablo (2009), *Lecturing Birds on Flying: Can Mathematical Theories Destroy the Financial Markets?* (Nova York: Wiley).

32 Comissão de Supervisão e Reforma do Governo (2008), "Testimony of Dr Alan Greenspan", 23 de outubro de 2008: http://oversight.house.gov/documents/20081023100438.pdf

33 Baker, Peter (2009), "The Mellowing of William Jefferson Clinton", *New York Times*, 26 de maio de 2009.

34 Haldane, A.G. (2009), "Rethinking the Financial Network", discurso feito na Financial Student Association, Amsterdã, abril de 2009, disponível em: http://www.bankofengland.co.uk/publications/speeches/2009/speech386.pdf

35 O mesmo padrão é verdadeiro para o sucesso de Paulson: "Alguns dos assessores mais próximos do Secretário do Tesouro Timothy Geithner, nenhum dos quais enfrentou confirmação do Senado, ganhavam milhões de dólares por ano trabalhando para a Goldman Sachs Group Inc., Citigroup Inc. e outras firmas de Wall Street, de acordo com formulários de divulgação de dados financeiros." Schmidt, Robert (2009), "Geithner Aides Reaped Millions Working for Banks, Hedge Funds", *Bloomberg*, 14 de outubro de 2009.

36 Tett, Gillian (2009), "Lunch with the FT: David Hare", *Financial Times*, 25 de setembro de 2009.

37 Zehner, Jacki (2008), "Why Are Goldman's Women Invisible? (Asks a Former Goldman Sachs Partner)", *The Huffington Post*: http://www.huffington-post.com/jacki-zehner/why-are-goldmans-women-in_b_139650.html

38 Triana, Pablo (2009), *Lecturing Birds on Flying: Can Mathematical Theories Destroy the Financial Markets?* (Nova York: Wiley), p. 88.

39 Ishikawa, Tetsuya (2009), *How I Caused the Credit Crunch* (Londres: Icon), p. 177.

40 Haug, Espen Gaarder (2007), *Derivatives: Models on Models* (Nova York: Wiley), p. 32.

41 Zehner, Jacki (2008), "Why Are Goldman's Women Invisible? (Asks a Former Goldman Sachs Partner)", *The Huffington Post*: http://www.huffington-post.com/jacki-zehner/why-are-goldmans-womenin b_139650.html

42 Tarr-Whelan, Linda (2009), *Women Lead the Way: Your Guide to Stepping Up to Leadership and Changing the World* (São Francisco: Berrett-Koehler).

43 Groom, Brian (2009), "'Shocking disparity' in gender pay revealed", *Financial Times*, 6 de setembro de 2009. A parte chocante aqui, na minha opinião, é o número de homens com salários acima da média.

44 Campbell, D. (2009), "Male doctors earn £15,000 a year more than women, study reveals", *Guardian*, 10 de novembro de 2009.

45 Apicella, Coren L., et al. (2008), "Testosterone and financial risk preferences", *Evolution and Human Behavior*, 29 (6), 384-90.

46 Sunderland, Ruth (2009), "Woman's touch helps hedge funds retain their value", *Guardian*, 19 de outubro de 2009.

47 Hong, Lu and Page, Scott E. (2001), "Problem Solving by Heterogeneous Agents", *Journal of Economic Theory*, 97, 23-163.

48 Ver: Klein, Naomi (2008), *The Shock Doctrine: The Rise of Disaster Capitalism* (Londres: Penguin).

49 "As mulheres estão começando a ganhar tanto, ou muito mais do que os homens, especialmente em cidades de segundo e terceiro renques", afirma Shaun Rein, diretor executivo do Market Research Group. Voigt, Kevin (2009), "Women: Saviors of the world economy?", CNN, 26 de outubro de 2009.

50 Sunderland, Ruth (2009), "After the crash, Iceland's women lead the rescue", *Observer*, 22 de fevereiro de 2009.

51 Coates, J.M. e Page, L. (2009), "A Note on Trader Sharpe Ratios", *PLoS ONE*, 4(11): e8036.doi:10.1371/journal.pone.0008036

52 Uma versão foi proposta recentemente pela administração Obama. Bowley, Graham (2010), "Strong Year for Goldman, as It Trims Bonus Pool", *New York Times*, janeiro de 2010, Vekshin, Alison e Sterngold, James (2009), "War on Wall Street as Congress Sees Returning to Glass-Steagall", *Bloomberg*, 28 de dezembro de 2009.

53 Essa ideia foi sugerida por John Maynard Keynes e às vezes é conhecida como taxa Tobin, por causa do economista James Tobin, que também possuía a sua versão. A maior parte dos banqueiros afirma que o sistema é complexo demais para ser regulado de uma forma tão ingênua — mas isso seria esperado deles, não é? Rodrik, Dani (2009), "The Tobin tax lives again", *World Finance*, 23 de outubro de 2009.

54 Rumsfeld, Donald H. (2002), "Secretary of Defense Donald H. Rumsfeld speaking at Tribute to Milton Friedman (transcript)", US Department of Defense: http://www.defenselink.mil/speeches/speech.aspx?speechid=216

55 Jay Griffiths, por exemplo, descreve "sorte, capricho e imprevisibilidade" como elementos que "para o bem ou para o mal, foram associados com o feminino". Griffiths, Jay (2004), *A Sideways Look at Time* (Nova York: Tarcher/Penguin), p. 167.

56 Triana, Pablo (2009), *Lecturing Birds on Flying: Can Mathematical Theories Destroy the Financial Markets?* (Nova York: Wiley), p. 163.

57 Fox Keller, Evelyn (1985), *Reflections on Gender and Science* (Yale University Press), p. 22.

58 Horkheimer, Max e Adorno, Theodor W. (2002), *Dialectic of Enlightenment: Philosophical Fragments*, trad. Edmund Jephcott (Stanford University Press), pp. 4-5.

59 Pareto, Vilfredo (1897), *Cours d'economie politique* (Lausanne: Rouge).

60 Como afirma Nassim Taleb em Edge.org: "Exorto todos vocês cientistas a levarem a sua 'ciência' para algum lugar onde funcione — e nos deixe viver no mundo real sem mais problemas. Por favor, chega dessa 'ciência'. Já tivemos problemas demais com vocês." Taleb, Nassim Nicholas (2008), "Can Science Help Solve The Economic Crisis?" Edge.org: http://www.edge.org/3rdculture/brown08/brown08_index.html#taleb. Compreensí-

vel considerando as circunstâncias, embora eu nunca tenha pensando no mundo das finanças como sendo real.

61 Ferber, Marianne A. e Nelson, Julie A. (eds) (1993), *Beyond Economic Man: Feminist theory and economics* (University of Chicago Press), p. 65.

62 Green, Tom (2009), "Lourdes Benería", *Adbusters*, 15 de julho de 2009.

63 Ver: http://www.unpac.ca/economy/unpaidwork.html. Ver também Waring, Marilyn (1988), *Counting for Nothing: What Men Value and What Women are Worth* (Wellington, NZ: Allen & Unwin/Port Nicholson Press).

64 A expressão foi provavelmente cunhada em: Jacobs, Jane (1961), *The Death and Life of Great American Cities* (Nova York: Random House).

65 Bernstein, Peter L. (1996), *Against the Gods: The remarkable story of risk* (Nova York: Wiley), p. 46.

Capítulo 7

1 Jevons, William Stanley (1879), *Theory of Political Economy* (2nd edn; Londres: Macmillan), p. 86.

2 Fama, Eugene F. (1965), "Random walks in stock-market prices", *Selected Papers*, 16 (University of Chicago, Graduate School of Business).

3 Friedman, Milton (1962), *Capitalism and Freedom* (University of Chicago Press), pp. 109-10.

4 Browne, M.N. e Quinn, J.K. (2008), "The Lamentable Absence of Power in Mainstream Economics", em John T. Harvey e Robert F. Garnett (eds), *Future Directions for Heterodox Economics* (University of Michigan Press), pp. 240-61.

5 Coser, Lewis A. (1977), *Masters of sociological thought: Ideas in historical and social context* (2nd edn; Nova York: Harcourt Brace Jovanovich), p. 404.

6 Pareto, Vilfredo (1897), "The New Theories of Economics", *J. Pol Econ*, 5, 485-502.

7 Citado em Kimmel, Michael S. (1990), *Revolution, a sociological interpretation* (Filadélfia: Temple University Press).

8 Davies, James B., et al. (2006), "The World Distribution of Household Wealth" (World Institute for Development Economics Research of the United Nations University).

9   Phillips, Tom (2008), "High above Sao Paulo's choked streets, the rich cruise a new highway", *Guardian*, 20 de junho de 2008.

10 Smith, Adam (1759), *The Theory of Moral Sentiments* (Londres: A. Millar).

11 Reich, Robert (2008), *Supercapitalism: The battle for democracy in an age of big business* (Londres: Icon), p. 108; Wilkinson, Richard e Pickett, Kate (2009), *The Spirit Level: Why reater Equality Makes Societies Stronger* (Londres: Bloomsbury), p. 242.

12 Campbell, Dakin (2009), "Blackstone's Schwarzman Tops Best-Paid Chiefs With $702 Million", *Bloomberg*, 14 de agosto de 2009.

13 Clark, Andrew (2009), "Massive bet on RBS and Lloyds helped financier earn $2.5bn", *Guardian*, 22 de dezembro de 2009.

14 Sawhill, Isabel e Haskins, Ron (2009), "5 myths about our land of opportunity", *Washington Post*, 1 de novembro de 2009.

15 Romano, Lois e Warren, Elizabeth (2009), "Voices of Power: Elizabeth Warren", *Washington Post*, 8 de outubro de 2009. Como a revista *Economist* observou em 2006: "todas as medidas indicam que, no último quarto de século, quem está no topo se deu melhor do que quem está no meio, que, por sua vez, superou quem está na base". Anônimo (2006), "The rich, the poor and the growing gap between them", *Economist*, 15 de junho de 2006.

16 Clement, Douglas (2007), "Interview with Eugene Fama", *The Region*, dezembro de 2007.

17 Um estudo da McKinsey & Company demonstrou que "de 1991 a 2000, fatores de mercado e da indústria englobaram 70% dos retornos de empresas individuais, enquanto fatores específicos das empreseas representaram 30%". De Swaan, J.C. e Harper, Neil W.C. (2003), "Getting what you pay for with stock options", McKinsey Quarterly (1). Ver também: Bebchuk, L. e Fried, J. (2004), *Pay Without Performance: The unfulfilled promise of executive remunerator* (Harvard University Press).

18 International Labour Organisation (2008), "World of Work Report 2008: Income inequalities in the age of financial globalization": http://www.ilo.org/public/english/bureau/inst/download/world08.pdf

19 Ariely, Dan (2009), *Predictably Irrational: The Hidden Forces That Shape Our Decisions* (Londres: HarperCollins), p. 183.

20 Ariely, Dan (2009), *Predictably Irrational: The Hidden Forces That Shape Our Decisions* (Londres: HarperCollins), p. 16.

21 Um estudo mostrou que os diretores das empresas da Fortune 1.000 formaram um pequeno e altamente conectado grupo, ligado entre si por aproximadamente 20% de diretores que atuam em mais de um conselho de administração. Newman, M.E.J., Strogatz, S.H. e Watts, D.J. (2001), "Random graphs with arbitrary degree distributions and their applications", *Physical Review E*, 6402, 6118.

22 Cleeland, Nancy, Iritani, Evelyn e Marshall, Tyler (2003), "WalMart wrings efficiency from Third World factories", *Los Angeles Times*, 28 de novembro de 2003.

23 "The World's Billionaires 2009", *Forbes*, 11 de março de 2009: http://www.forbes.com/lists/2009110/billionaires-2009-richest-people_The-Worlds-Billionaires_Rank.html

24 Fonte: http://en.wikipedia.org/wiki/List_of_companies_by_revenue

25 Anônimo (2001), "Ways and Means: Harvard's Wage Debate", *Harvard Magazine*, novembro-dezembro de 2001.

26 Mankiw, N. Gregory (2008), *Principles of Economics* (Cincinatti, OH: South-Western College).

27 Raveaud, Gilles (2009), "Neocon Indoctrination — The Mankiw Way)", *Adbusters*, 85.

28 Stiglitz, Joseph (2009), "Joseph Stiglitz", *Adbusters*, 85.

29 Wilkinson, Richard e Pickett, Kate (2009), *The Spirit Level: Why Greater Equality Makes Societies Stronger* (Londres: Bloomsbury).

30 Citado em: Wilkinson, Richard e Pickett, Kate (2009), *The Spirit Level: Why Greater Equality Makes Societies Stronger* (Londres: Bloomsbury), p. 81.

31 De Waal, Frans (2009), "Fair play: Monkeys share our sense of injustice", *New Scientist*, 11 de novembro de 2009.

32 Chua, Amy (2007), *World on Fire: How Exporting Free Market Democracy Breeds Ethnic Hatred and Global Instability* (Nova York: Doubleday).

33 Haskins, Ron e Sawhill, Isabel (2009), *Creating an Opportunity Society* (Washington, DC: Brookings Institution Press), p. 72.

34 Mishel, L., Bernstein, J., e Allegreto, S. (2007), *The State of Working America 2006/7. An Economic Policy Institute Book* (Ithaca, NY: Cornell University Press).

35 OCDE (2009), "Doing Better for Children".

36 Antilla, Susan (2009), "AIG Bonus Gluttons Start Giving Americans Fits", *Bloomberg*, 18 de março de 2009.

37 Comlay, Elinor (2009), "Banks may see brain drain if bonus tax becomes law", *Reuters*, 19 de março de 2009.

38 Sorkin, Andrew Ross (2009), "The Case for Paying Out Bonuses at AIG", *New York Times*, 16 de março de 2009.

39 Alperovitz, Gar (2004). *America Beyond Capitalism* (Hoboken, NJ: Wiley).

40 Bannon, Lisa (2009), "As Riches Fade, So Does Finance's Allure", *Wall Street Journal*, 21 de setembro de 2009.

41 Por exemplo, o economista Gilles Raveaud observa que o texto de Mankiw's "apresenta a economia como uma disciplina unificada, inteiramente comprometida com as propostas neoliberais". Raveaud, Gilles (2009), "Neocon Indoctrination — The Mankiw Way", *Adbusters*, 85. Ver também uma revisão da literatura didática em: Browne, M.N. e Quinn, J.K. (2008), "The Lamentable Absence of Power in Mainstream Economics", em John T. Harvey e Robert F. Garnett (eds), *Future Directions for Heterodox Economics* (University of Michigan Press), 240-61.

42 Darwin, Charles (1903), *More Letters of Charles Darwin, Volume II* (Nova York: D. Appleton and Company), p. 422.

43 Ayres, Ian (2007), *Super Crunchers: How Anything Can Be Predicted* (Londres: John Murray), pp. 130-1. Ver também: Ayres, Ian (1991), "Fair driving: Gender and race discrimination in retail car negotiations", *Harvard Law Review*, 104, 817-72.

44 Younge, Gary (2008), "Bad cheque for black America", *Guardian*, 7 de fevereiro de 2008.

45 No Reino Unido, por exemplo, as mulheres que trabalham em horário integral ganham em média 18% menos por hora do que os homens. A diferença aumenta para 25% menos quando são incluídos trabalhadores de meio expediente. Steed, S., et al. (2009), "A Bit Rich: Calculating the real value to society of different professions", *New Economics Foundation*: http://www.neweconomics.org/publications/bit-rich. Ver também: Olsen, W. e Walby, S. (2004), "Modelling the Gender Pay Gap in the UK", *CSSR Working Paper No. 17* (Manchester: University of Manchester).

46 Citado em: Wilkinson, Richard e Pickett, Kate (2009), *The Spirit Level: Why Greater Equality Makes Societies Stronger* (Londres: Bloomsbury), p. 221.

Capítulo 8

1 Anônimo (2007), "Bee Colony Collapses Could Threaten US Food Supply", *Associated Press*, 3 de maio de 2007.

2 Johnson, Renee (2007), "Recent Honey Bee Colony Decline: Congressional Research Service Testimony given before 110th Congress", 26 de março de 2007: http://www.fas.org/sgp/crs/mist/RL33938.pdf

3 Higgins, Adrian (2007), "Saving Earth From the Ground Up", *Washington Post*, 30 de junho de 2007.

4 Pilkey-Jarvis, Linda e Pilkey, Orrin H. (2006), *Useless Arithmetic: Why Environmental Scientists Can't Predict the Future* (Nova York: Columbia University Press), p. 6.

5 Chantraine, Pol (1993), *The Last Cod-Fish: Life and Death of the Newfoundland Way of Life* (St John's, Newfoundland: Jesperson Press).

6 Jevons, William Stanley (1865), *The Coal Question: An Inquiry Concerning the Progress of the Nation, and the Probable Exhaustion of Our Coal-Mines* (Londres: Macmillan).

7 Vidal, John (2008), "Downward spiral", *Guardian*, 5 de março de 2008.

8 De acordo com Fatih Birol, principal economista da International Energy Agency, o petróleo convencional atingirá o pico por volta de 2020, "o que, aliás, não é uma boa notícia do ponto de vista de suprimento de petróleo". Monbiot, George (2008), "When will the oil run out?", *Guardian*, 15 de dezembro de 2008.

9 Sterman, John D. (2002), "All Models are Wrong: Reflections on Becoming a Systems Scientist", *System Dynamics Review*, 18 (4), 501-31.

10 Da palestra de Robert Solow em 1974 para a American Economic Association. Ver: Solow, Robert (1974), "The Economics of Resources or the Resources of Economics", *American Economic Review*, 64 (2), 1-14.

11 Adelman, M.A. (1993), *The Economics of Petroleum Supply* (Cambridge, MA: MIT Press), p. xi.

12 Raveaud, Gilles (2009), "Neocon Indoctrination — The Mankiw Way", *Adbusters*, 85.

13 Daly, Herman E. (1996), *Beyond Growth: The Economics of Sustainable Development* (Boston, MA: Beacon Press), p. 5.

14 Daly, Herman E. (1977), *Steady-state Economics: The economics of biophysical equilibrium and moral growth* (São Francisco: W.H. Freeman), p. 33.

15 Fonte do preço do trigo: Fundo Monetáro Internacional — FMI. Fonte do preço do petróleo: Energy Information Administration — EIA.

16 Walt, Vivienne (2008), "The World's Growing Food-Price Crisis", *TIME*, 27 de fevereiro de 2008.

17 Clark, Andrew (2009), "US governmenty faces pay challenge with one of Citigroup's biggest earners", *Guardian*, 16 de agosto de 2009.

18 Story, Louise (2008), "An Oracle of Oil Predicts $200-a-Barrel Crude", *New York Times*, 21 de maio de 2008.

19 "Written Testimony of Jeffrey Harris, Chief Economist and John Fenton, Director of Market Surveillance Before the Subcommittee on General Farm Commodities and Risk Management, Committee on Agriculture", Congresso norte-americano, 15 de maio de 2008.

20 "Furor on Memo at World Bank", *New York Times*, 7 de fevereiro de 1992: http://www.nytimes.com/1992/02/07/business/furor-on-memo-atworld-bank.html

21 Dasgupta, Partha (2010), "Nature's role in sustaining economic development", *Phil. Trans. R. Soc. B*, 365, 5-11. Incluir tais efeitos altera os índices de crescimento percebidos das nações em desenvolvimento. Por exemplo, Dasgupta estima que o PIB per capita no Paquistão cresceu em media 2,2% ao ano entre 1970 e 2000, mas a riqueza total, incluindo o capital natural, caiu 1.4% ao ano.

22 Allen, Myles, et al., "The Exit Strategy", *Nature Reports Climate Change*, 30 de abril de 2009, 2. Os autores estimam que um trilhão de toneladas de carbono leve a cerca de dois graus de aumento na temperatura. Como discutido anteriormente, existe enorme incerteza nesses cálculos, mas eles ainda são úteis para gerar regras sobre emissões máximas.

23 Um exemplo é o modelo DICE dos efeitos econômicos da mudança climática, disponível em: http://www.econ.yale.edu/-nordhaus/homepage/dicemodels.htm. O bem-estar de qualquer pessoa em 2025 é ponderado a menos de 2% do valor de 1995.

24 Dasgupta, Partha (2010), "Nature's role in sustaining economic development", *Phil. Trans. R. Soc. B*, 365, 5-11.

25 Nayar, Anjali (2009), "When the ice melts", *Nature*, 461, 1042-6.

26 Taylor, Amy (2005), "The Alberta GPI Summary Report", Pembina Institute: http://www.greeneconomics.ca/pub/193

27 New Economics Foundation (2009), "The Happy Planet Index 2.0": http://www.happyplanetindex.org/

28 "Report by the Commission on the Measurement of Economic Performance and Social Progress". Disponível em: www.stiglitz-sen-fitoussi.fr

29 Wynn, Gerard (2009), "Carbon emissions fall by steepest in 40 years", *Reuters*, 21 de setembro de 2009.

30 Daly, Herman E. (1968), "On Economics as a Life Science", *Journal of Political Economy*, 76, 392-406.

31 Gallai, N., et al. (2009), "Economic valuation of the vulnerability of world agriculture confronted with pollinator decline", *Ecological Economics*, 68, 810-21.

32 "Stern Review on the Economics of Climate Change". Disponível em: http://www.hm-treasury.gov.uk/sternreview_index.htm

33 Ver Orrell, David (2007), *Apollo's Arrow: The Science of Prediction and the Future of Everything* (Toronto: HarperCollins). Como Spyros Makridakis e Nassim Taleb observam: "O fato de que não é possível fazer previsões exatas e reduzir a incerteza deve ser aceito (algo que se torna óbvio pelas muitas previsões contraditórias relativas ao aquecimento global), e qualquer ação tomada para proteger o meio ambiente deve ser justificada com base em outros motivos além da previsão precisa das temperaturas futuras." Makridakis, Spyros e Taleb, Nassim Nicholas (2009), "Decision making and planning under low levels of predictability", *International Journal of Forecasting*, 25, 716-33.

34 Hanley, Nick, Shogren, Jason E., e White, Ben (1997), *Environmental Economics in Theory and Practice* (Nova York: Oxford University Press), p. 358. Citado em: Nadeau, Robert (2008), "Brother, Can You Spare Me a Planet? (versão estendida)", *Scientific American*, abril de 2008.

35 A ideia de que o enriquecimento resolverá nossos problemas ambientais é um enfoque tradicional que não é apoiado por evidências empíricas. O crescimento econômico, do tipo medido pelo PIB, utiliza recursos e tende a criar danos ambientais. Isso explica por que estamos nessa confusão. Para obter um exemplo do enfoque pró-crescimento, consulte: BjØrn Lomborg (2001), *The Skeptical Environmentalist* (Cambridge University Press).

36 Ver: Daly, Herman (2007), *Ecological Economics and Sustainable Development, Selected Essays of Herman Daly* (Northampton, MA: Edward Elgar), p. 114.

37 World Wildlife Fund (2008), "Living Planet Report 2008": http://assets. panda.org/downloadslliving_planet_report_2008.pdf

38 Soros, George (2008), *The New Paradigm for Financial Markets: The Credit Crisis of 2008 and What It Means* (Nova York: PublicAffairs), p. 184.

39 Ver: Daly, Herman (2007), *Ecological Economics and Sustainable Development, Selected Essays of Herman Daly* (Northampton, MA: Edward Elgar), p. 114.

40 Na minha opinião, Chavez deveria resolver alguns problemas no seu modelo social antes de tentar exportá-lo — como inflação exorbitante, altos índices de violência etc. De acordo com a revista *Foreign Policy*, o índice de homicídios na capital Caracas subiu 67% nos dez anos desde que Chavez assumiu o governo em 1998, e agora esse índice é o mais alto do mundo. "The List: Murder Capitals of the World", *Foreign Policy*, setembro de 2008: http://www.foreignpolicy.com/story/cros.php?story_id=4480

41 Francis, R.C., et al. (2007), "Ten commandments for ecosystem-based fisheries scientists", *Proceedings of Coastal Zone 07* (Portland, OR). Ver também: Pikitch, E.K., et al. (2004), "Ecosystem-Based Fishery Management", *Science*, 305, 346-7, e May, R.M., Levin, S.A., e Sugihara, G. (2008), "Ecology for bankers", *Nature*, 451, 891-3.

42 Um exemplo precoce ao longo dessas linhas é o modelo LOWGROW da economia canadense, que utiliza um enfoque macroeconômico padrão para explorar como a economia poderia funcionar em modo de baixo crescimento e baixas emissões de carbono. Victor, P.A. (2008), *Managing without Growth: slower by design, not disaster* (Cheltenham: Edward Elgar).

43 O autor e psicólogo Iain McGilchrist descreve a esquizofrenia como uma "condição de excessivo distanciamento, hiper-racionalidade, autoconsciência reflexiva, alienação e isolamento". Os doentes se consideram "observadores passivos da vida". Sua expressão artística em geral apresenta um olho que tudo observa, distanciado da cena que vê, flutuando no quadro". Pensando bem, parece aquele no verso da nota de um dólar. McGilchrist, Iain (2009), *The Master and his Emissary: The Divided Brain and the Making of the Western World* (Londres: Yale University Press), pp. 332-5. A nota de um dólar contém um único olho acima de uma pirâmide: http://en.wikipedia.org/wiki/File:United_States_one_dollar_bill_reverse.jpg

44 E os desajustados perecerão, especialmente se não conseguirem acesso à assistência médica. O debate sobre a saúde nos Estados Unidos em 2009 parecia ter alguns elementos em comum com o darwinismo social do século XIX. Como escreveu Herbert Spencer: "Parece injusto que viúvas e órfãos sejam abandonados à própria sorte na luta pela sobrevivência. Ainda assim, quando considerado não de forma isolada, mas em conjunto com os interesses de uma humanidade universal, essas duras fatalidades são vistas como frutos do maior dos benefícios — os mesmos benefícios que levam ao túmulo os filhos de pais doentes." Spencer, Herbert (1851), *Social Statics* (Londres: John Chapman).

Capítulo 9

1 Feynman, Richard (1964), *The Feynman Lectures on Physics; Volume 1* (Reading, MA: Addison Wesley.)

2 Jevons, William Stanley (1874), *The Principles of Science: A Treatise on Logic and Scientific Method, Vol. 2* (Londres: Macmillan), p. 428.

3 Carta a J.L. Shadwell, 17 de outubro de 1872. Jevons, William Stanley (1886), *Letters and Journal of W. Stanley Jevons* (Londres: Macmillan).

4 Jevons, William Stanley (1879), *Theory of Political Economy* (2nd edn; Londres: Macmillan), pp. 1 1-12.

5 Citado em Mirowski, Philip (1989), *More Heat than Light: Economics as Social Physics, Physics as Nature's Economics* (Cambridge University Press), p. 219.

6 Jevons, William Stanley (1879), *Theory of Political Economy* (2nd edn; Londres: Macmillan), p. 8.

7 Walras, Pareto e Edgeworth citados em Mirowski, Philip (1989), *More Heat than Light: Economics ns Social Physics, Physics as Nature's Economics* (Cambridge University Press).

8 Alfred Marshall, por exemplo, escreveu que: "Jevons não era, como ele mesmo confessou, um matemático habilidoso. Apesar da matemática incorporada no seu trabalho, para ele, não era fácil usar fórmulas matemáticas." Marshal, Alfred e John King Whitaker (ed.), (2005), *The Correspondence of Alfred Marshall, Economist: Climbing, 1868-1890* (Cambridge University Press), p. 164.

9 Beinhocker, Eric D. 2006), *Origin of Wealth: Evolution, Complexity and the Radical Remaking of Economics* (Boston, MA: Harvard Business School Press), p. 49.

10 Wiener, N. (1964), *God and Golem, Inc.* (Cambridge, MA: MIT Press), p. 89.

11 Feynman, Richard P. (2000), *The Pleasure of Finding Things Out: The Rest Short Works of Richard Peynman* (Nova York: Basic Books), pp. 22-3.

12 Como observa Julie Nelson, é fácil intimidar estranhos com "referências ao equilíbrio perfeito do jogo ou a heteroscedasticidade". Nelson, Julie A. (2003), "Clocks, Creation, and Clarity: Insights on Ethics and Economics from a Feminist Perspective", *GDAE Working Papers 03-11*, Tufts University (Medford, MA).

13 Frey, Bruno S. e Stutzer, Alois (2002), *Happiness and Economics: How the economy and institutions affect human well-being* (Princeton University Press).

14 Jevons, William Stanley (1886), *Letters and Journal of W. Stanley Jevons* (Londres: Macmillan).

15 Lykken, D. (1999), *Happiness: What studies on twins show us about nature, nurture and the happiness set-point* (Nova York: Golden Books).

16 Headey, Bruce (2006), "Life Goals Matter to Happiness: A Revision of Set-Point Theory", *Discussion Papers of DIW Berlin*, 639.

17 Quando uma pesquisa da US Gallup perguntou às pessoas: "Qual é o mínimo de renda que uma família de quatro pessoas precisa para se dar bem nesta comunidade?", a resposta é simplesmente a renda média. Rainwater, L. (1990), "Poverty and equivalence as social constructions", *Luxembourg Income Study Working Paper*, 91 (Syracuse, NY: Center for Policy Research, The Maxwell School).

18 Anônimo (2008), "Joy to the world is contagious: study", *CBC News*, 4 de dezembro de 2008.

19 Kahneman, Daniel, et al. (2006), "Would You Be Happier If You Were Richer? A Focusing Illusion", *Science*, 312, 5782. O dinheiro também pode ser duro com os relacionamentos. Nesse caso, por exemplo, temos a história da esposa de um banqueiro britânico: "Sei que algumas pessoas veem nosso estilo de vida e nos bajulam, e isso às vezes me incomoda. Temos obrigatoriamente uma casa grande em um jardim comunal em Notting Hill, com um jardineiro, uma governanta/cozinheira, faxineira, chofer,

babá e tutora. Mas tudo disso tem um preço que é alto. Na maior parte das vezes, eu me sinto mãe solteira — meu marido entra e sai de casa, sempre para rearrumar a mala e partir para outra cidade europeia. Nós usamos a Netjet para nossas férias de verão em Ibiza, mas isso é porque ele só tem uma folga por ano e até nesse período ele passa a maior parte do tempo andando pela praia com o BlackBerry no seu Vilebrequins. Ele nunca comparece às reuniões de pais na escola e perdeu a apresentação de teatro da nossa filha. Acho que ele nunca nadou na piscina com as crianças (...) Se não fosse pelo bônus, não valeria a pena." Thomson, Alice (2009), "City workers: 'We're worth our bonuses'", *Times*, 22 de outubro de 2009.

20 Frey, Bruno S. e Stutzer, Alois (2002), *Happiness and Economics: How the economy and institutions affect human well-being* (Princeton University Press), p. 106.

21 Ariely, Dan (2009), *Predictably Irrational: The Hidden Forces That Shape Our Decisions* (Londres: HarperCollins), pp. 68, 76.

22 Como observa Iain McGilchrist: "O dinheiro muda os nossos relacionamentos de forma previsível. Esses relacionamentos refletem claramente uma transição de valores do hemisfério direito para os do hemisfério esquerdo." McGilchrist, Iain (2009), *The Master and his Emissary: The Divided Brain and the Making of the Western World* (Londres: Yale University Press), p. 279. Ver também: Orrell, David (2008), *The Other Side of the Coin: The Emerging Vision of Economics and Our Place in the World* (Toronto: Key Porter), p. 131.

23 Gneezy, Uri e Rustichini, Aldo (2000), "A Fine is a Price", *Journal of Legal Studies*, 29.

24 Vohs, Kathleen D., Mead, Nicole, e Goode, Miranda (2006), "The Psychological Consequences of Money", *Science*, 314, 1154-6.

25 A citação de John Lennon no início do capítulo é de: Hindle, Maurice (2009), "Christmas with John and Yoko", *New Statesman*, 21 de dezembro de 2009.

26 Jeffries, Stuart (2008), "Will this man make you happy?", *Guardian*, 24 de junho de 2008.

27 James, Oliver (2007) "Blind feminism has hurt our children", *Times*, 15 de fevereiro de 2007. Ver também: James, Oliver (2007), *Affluertza: How to Be Successful and Stay Sane* (Londres: Vermilion).

28 APA Press Release (2007), "Stress a Major Health Problem in the US, Warns APA": http://www.apa.org/releases/stressproblem.html

29 Gallo, W.T. et al. (2006), "The impact of late career job loss on myocardial infarction and stroke: a 10 year follow up using the health and retirement survey", *Occupational and Environmental Medicine*, 63, 683-7.

30 Reich, Rohert (2008), *Supercapitalism: The battle for democracy in an age of big business* (Londres: Icon), p. 98.

31 Reich, Robert (2008), *Supercapitalism: The battle for democracy in an age of big business* (Londres: Icon), p. 161.

32 De acordo com um relatório da New Economics Foundation, os trabalhadores de creches contribuem com quase dez vezes o seu salário em termos de benefícios positivos para o restante da sociedade, enquanto os banqueiros com altos salários *subtraem* cerca de sete vezes o seu salário. Steed, S. et al. (2009), "A Bit Rich: Calculating the real value to society of different professions". New Economics Foundation: http://www.neweconomics. org/publications/bit-rich

33 Schumpeter, Joseph A. (1942), *Capitalism, Socialism and Democracy* (Nova York: Harper & Row).

34 Putnam, R.D. (2001), *Bowling Alone: The collapse and revival of American community* (Nova York: Simon & Schuster), p. 359.

35 Elmhirst, Sophie (2009), "Hard times", *New Statesman*, 24 de agosto de 2009.

36 Ver, por exemplo: http://www.tirnchanks.org/international.htm

37 Muitas mulheres hoje ganham mais do que seus maridos — no Canadá, o número é cerca de 30% — por isso muitas vezes faz sentido para os pais cuidarem dos filhos. Anônimo (2006), "More Canadian women bringing home the back bacon: StatsCan", CBC News, http://cbc.ca, 23 de agosto de 2006.

38 É claro que alguns ainda tentam. Um bom exemplo é: Bueno de Mesquita, Bruce (2009), *The Predictioneer's Game: Using the Logic of Brazen Self-Interest to See and Shape the Future* (Nova York: Random House), que consegue reduzir as motivações da Madre Teresa a um frio cálculo de utilidade.

39 Como observa o economista Neva R. Goodwin: "Todos os anos, 1,4 milhão de estudantes nos EUA fazem um curso introdutório em economia que ensina que só o egoísmo é racional." Monaghan, P. (2003), "Taking On 'Rational Man'", *Chronicle of Higher Education*, 49, A 12.

40 A qualidade e a extensão das redes sociais parecem estar em declínio em muitos países. Um estudo verificou que o número médio de pessoas com quem os norte-americanos discutem questões importantes caiu de cerca de três em 1985 para duas em 2004. McPherson, Miller, Smith-Lovin, Lynn, e Brashears, Matt (2006), "Social Isolation in America: Changes in Core Discussion Networks Over Two Decades", *American Sociological-Review*, 71, 353-75.

Capítulo 10

1 Henriques, Diana B. e Berenson, Alex (2009), "The 17th Floor, Where Wealth Went to Vanish", *New York Times*, 14 de dezembro de 2008; Arvedlund, Erin (2009), "How Bernard Madoff escaped detection", *Financial Times*, 4 de setembro de 2009; Frean, Alexandra (2009), "Madoff started Ponzi scheme to 'cover losses'", *Times*, 30 de outubro de 2009.

2 Smith, Randall (1992), "Wall Street Mystery Features a Big Board Rival", *Wall Street Journal*, 16 de dezembro de 1992.

3 Quando essas questões são mencionadas, em geral é em um tipo de linguagem infantil pretensamente imparcial que as apresenta de forma além do escopo deste livro. Por exemplo, os *Principles of Economics* (p. 610) de Mankiw reconhecem "a possibilidade de bolhas especulativas", mas dão a última palavra no que tange à hipótese dos mercados eficientes: "se o mercado fosse irracional, uma pessoa racional seria capaz de aproveitar esse fato (...) no entanto, vencer o mercado é praticamente impossível."

4 John Arlidge (2009), "I'm doing 'God's work': Meet Mr Goldman Sachs", *Sunday Times*, 8 de novembro de 2009.

5 Farmer, J. Doyne e Geanakoplos, John (2009), "The virtues and vices of equilibrium and the future of financial economics", *Complexity*, Vol. 14, No. 3, 11-38.

6 Como afirmou George Cooper: "As contorções intelectuais exigidas para racionalizar todos esses preços vão além da imaginação, mas as cortorções são feitas mesmo assim, em nome da defesa da Hipótese dos Mercados Eficientes." Cooper, George (2008), *The Origin of Financial Crises: Central banks, credit bubbles and the efficient market fallacy* (Londres: Harriman House), p. 10. Ver também Pastor, L. e Veronesi, Pietro (2006), "Was there a NASDAQ bubble in the late 1990s?", *Journal of Financial Economics*, 81.

7 Daly, Herman (1991), *Steady-State Economics: Second Edition with New Essays* (Washington, DC: Island Press), p. 9.

8 Triana, Pablo (2009), *Lecturing Birds on Flying: Can Mathematical Theories Destroy the Financial Markets?* (Nova York: Wiley), p. 44. Isso é irônico,

pois a estabilidade supostamente protege a liberdade acadêmica. No entanto, em alguns campos, parece que qualquer pessoa que não entrar nos eixos no início da carreira não alcança a estabilidade.

9 Cohen, Patricia (2009), "Ivory Tower Unswayed by Crashing Economy", *New York Times*, 4 de março de 2009.

10 Jay, M. and Marmot, M.G. (2009), "Health and climate change", *British Medical Journal*, 339, b3669.

11 Hood, Leroy (2008), "A Personal Journey of Discovery: Developing Technology and Changing Biology", *Annual Review of Analytical Chemistry*, 1. Ver também: www.systemsbiology.org

12 Browne, M.N. and Quinn, J.K. (2008), "The Lamentable Absence of Power in Mainstream Economics", em John T. Harvey e Robert F. Garnett (eds), *Future Directions for Heterodox Economics* (University of Michigan Press), 240-61.

13 Em 2009, um gestor de fundo de hedge se deu ao trabalho de alugar um petroleiro, enchendo-o com um milhão de barris de petróleo e pagando para que navegasse por seis meses, apostando que o preço do petróleo aumentaria nesse meio tempo. Observe que esse tipo de aproveitador, que se baseia na instalabilidade de preços, é muito diferente dos esquemas ecologicamente motivados para estabilizar o preço do petróleo em determinado país. Gandel, Stephen (2009), "How Citi's Andrew Hall Made $100 Million Last Year", *TIME*, 19 de outubro de 2009.

14 Depoimento de Michael W. Masters, gestor de portfólio/membro executivo, Masters Capital Management, LLC, perante a Comissão sobre Segurança Interna e Assuntos Governamentais, Estados Unidos, 20 de maio de 2008.

15 Turner, Adair (2009), palestra de Adair Turner, presidente, FSA, City Banquet, Mansion House, Londres, 22 de setembro de 2009: http://www.fsa.gov.uk/pages/Library/Communication/Speeches/2009/0922_at.shtml

16 Treanor, Jill and Inman, Phillip (2009), "Banks defend bonus culture as profits jump", *Guardian*, 3 de agosto de 2009.

17 Veja a entrevista em: http://media.bigthink.com/ideas/17908

18 Ungoed-Thomas, Jon (2009), "Banks resist government plan to publish bonuses", *Sunday Times*, 25 de outubro de 2009. Outra reclamação era que eles violariam a privacidade, mas o plano era liberá-los anonimamente.

19 Fabian Society (2009), "Public Attitudes Towards Economic Equality: Report for the Joseph Rowntree Foundation".

20 Ayres, Ian (2007), *Super Crunchers: How Anything Can Be Predicted* (Londres: John Murray), p. 147.

21 Como observou o prefeito de Londres Boris Johnson, "a colônia de leprosos na cidade de Londres produz 9% do PIB do Reino Unido", e por isso precisa de proteção. Hughes, David (2009), "Bankers 'vital' for recovery, says Johnson", *Independent*, 5 de outubro de 2009.

22 Outro impacto é distorcer os mercados imobiliários. No Reino Unido, um relatório de 2007 descobriu que "o preço médio dos imóveis residenciais em 99% das cidades era alto demais para o enfermeiro típico". Chisholm, Jamie (2007), "House price rises show signs of slowing", *Financial Times*, 13 de abril de 2007.

23 Krause-Jackson, Flavia (2008), "Pope Says Credit Crunch Shows Money Is 'Nothing'", *Bloomberg*, 7 de outubro de 2008.

24 Murphy, Megan (2009), "Archbishop chastens City for failure to repent", *Financial Times*, 16 de setembro de 2009.

25 Masters, Brooke (2009), "Turner tells bankers to focus on core roles", *Financial Times*, 22 de setembro de 2009.

26 Orrell, David e McSharry, Patrick (2009), "System economics: Overcoming the pitfalls of forecasting models via a multidisciplinary approach", *International Journal of Forecasting*, 25, 734-43.

27 O autor e o ambientalista Mark Lynas descreveu o processo como "o projeto industrial que mais destrói o meio ambiente". Evidentemente, o carvão também é um projeto bem destrutivo se considerarmos um país do tamanho da China. Lynas, Mark (2009), "We need to go cold turkey to kick our addiction to oil", *New Statesman*, 12 de novembro de 2009.

28 Ver, por exemplo: http://www.greenpeace.org/canada/en/campaigns/tarsands; http://oilsandstruth.org/

29 Weber, Bob (2009), "Oil sands may feel effect of Norway election", *Globe and Mail*, 9 de setembro de 2009.

30 Se você não acha que o governo de Alberta pode ser sensível à poluição ambiental, tente acender um cigarro em uma de suas repartições. Isso não teria sido problema há algum tempo atrás.

31 Por exemplo, em 1965, a RAND Corporation, afiliada ao Pentágono, passou a conceder bolsas de estudos nas universidades de Harvard, Stanford, Yale, Chicago, Columbia, Princeton e California. Essas instituições (além do MIT) desde então dominam o campo da economia.

32 Um exemplo é o Smith School for Enterprise and the Environment, com base na Universidade de Oxford, que conduz pesquisas sobre as respostas dos setores público e privado aos desafios ambientais.

33 Bannon, Lisa(2009), "As Riches Fade, So Does Finance's Allure", *Wall Street Journal*, 21 de setembro de 2009. Um estudo de 1990 realizado pelos economistas Kevin M. Murphy, Robert W. Vishny e Andrei Schleifer concluiu que: "Algumas profissões são socialmente mais úteis do que outras, mesmo que não sejam tão bem remuneradas." Murphy, Kevin M., Shleifer, Andrei, e Vishny, Robert W. (1990), "The Allocation of Talent: Implications for Growth", *NBER Working Papers*, 3530. Adair Turner também destacou que boa parte do trabalho realizado pelo setor financeiro é "socialmente inútil". Monaghan, Angela (2009), "City is too big and socially useless, says Lord Turner", *Daily Telegraph*, 26 de agosto de 2009.

34 O modelo para isso foram os estudantes da Sorbonne em Paris cuja revolta contra a economia Neoclássica levou à fundação do movimento para uma economia pós-autista. Veja a petição dos estudantes em: http://www.paecon.net/

Recursos

A seguir está uma lista parcial de organizações, sites e livros que podem servir como ponto de partida para futuras pesquisas sobre novas ideias econômicas. Manterei essa lista atualizada em meu site pessoal: http://www.davidorrell.com

Uma série de instituições realiza atividades de pesquisa e ensino nas aplicações da teoria da complexidade à economia. Veja, por exemplo: LSE Complexity Programme: http://www.psych.lse.ac.uk/complexity
ETH Zurich Systems Design: http://www.sg.ethz.ch
Santa Fe Institute: http://www.santafe.edu

Uma boa introdução à economia da complexidade é:
Beinhocker, Eric D. (2006), *Origin of Wealth: Evolution, Complexity, and the Radical Remaking of Economics* (Boston, MA: Harvard Business School Press)

Para obter um guia à teoria de redes, consulte:
Barabási, Albert-László (2003), *Linked: How Everything is Connected to Everything Else and What it Means for Business, Science, and Everyday Life* (Cambridge, MA: Plume)

Os grupos envolvidos em aplicações da teoria de sistemas e da dinâmica não linear aos negócios e à economia:
Grupo MIT System Dynamics: http://sdg.scripts.mit.edu
Society for Nonlinear Dynamics and Econometrics: http://www.sndeecon.org

System Dynamics Society: http://www.systemdynamics.org

Ver também: Sterman, John D. (2002), "All Models are Wrong: Reflections on Becoming a Systems Scientist", *System Dynamics Review*, 18:501-31.

Livros úteis e interessantes sobre risco e incerteza nos mercados financeiros:

Mandelbrot, Benoit e Hudson, Richard L. (2004), *The Misbehavior of Markets: A Fractal View of Financial Turbulence* (Nova York: Basic Books)

Makridakis, Spyros, Hogarth, Robin, e Gaba, Anil (2009), *Dance with Chance: Making Luck Work for You* (Oxford: Oneworld)

Taleb, Nassim Nicholas (2007), *The Black Swan: The Impact of the Highly Improbable* (Nova York: Random House)

A psicologia do dinheiro e a tomada de decisões:

Ariely, Dan (2009), *Predictably Irrational: The Hidden Forces That Shape Our Decisions* (Londres: HarperCollins)

Thaler, Richard H. e Sunstein, Cass R. (2008), *Nudge: Improving Decisions About Health, Wealth, and Happiness* (Yale University Press). Ver http://nudges.org

Frey, Bruno S. e Stutzer, Alois (2002), *Happiness and Economics: How the economy and institutions affect human well-being* (Princeton University Press)

Para compreender a psicologia dos corretores, uma abordagem ficcional pode ajudar:

Ishikawa, Tetsuya (2009), *How I Caused the Credit Crunch* (Londres: Icon)

Para saber mais sobre a economia heterodoxa:

Revisão da economia no mundo real: http://www.paecon.netiPAEReview

Boletim sobre economia heterodoxa: http://www.heterodomaews.com

Portal da Economia Heterodoxa: http://www.open.ac.uk/socialseiences/hetecon

Para uma crítica da teoria neoclássica:

Keen, Steve (2001), *Debunking Economics: The Naked Emperor of the Social Sciences* (Sydney: Pluto Press). Também disponível como e-book; ver: http://www.debunkingeconomics.com

Para uma crítica da prática neoclássica:

Klein, Naomi (2008), *The Shock Doctrine: The Rise of Disaster Capitalism* (Londres: Penguin)

Ideias sobre redução da desigualdade:

Wilkinson, Richard and Pickett, Kate (2009), *The Spirit Level: Why Greater Equality Makes Societies Stronger* (Londres: Bloomsbury) Ver também: http://www.equalitytrust.org.uk

Para informações sobre a economia ecológica, visite a página da International Society for Ecological Economics, que também contém uma lista de sociedades regionais: http://www.ecoeco.org

Um dos fundadores desse campo de estudos foi Herman Daly, que é autor ou coautor de várias obras, incluindo um livro didático recente: Daly, Herman E. and Farley, Joshua (2010), *Ecological Economics, Second Edition: Principles and Applications* (Washington, DC: Island Press)

Algumas organizações que estão trabalhando para reformular a economia e a teoria econômica:

New Economics Foundation (UK): http://www.neweconomics.org

Center for the Advancement of the Steady State Economy (US): http://steadystate.org

Global Footprint Network: http://www.ecofoot.net

Redefining Progress, "think tank" norte-americano que introduziu o Indicador de Progresso Genuíno: http://www.rprogress.org

Pembina Institute, "think-tank" canadense que promove soluções de energia sustentável: http://www.pembina.org

Campanha da revisa *Adbusters* contra a economia neoclássica: http://www.adbusters.org/campaigns/kickitover

Ethical Markets Media, uma empresa de mídia fundada por Hazel Henderson: http://www.ethicalmarkets.com; também http://www.hazelhenderson.com

Oxford parece estar evoluindo para um núcleo de grupos que promovem um enfoque sistêmico multidisciplinar ao pensamento sobre a economia e o futuro:

Smith School of Enterprise and the Environment: http://www.smithschool.ox.ac.uk

James Martin 21st-Century School: http://www.21school.ox.ac.uk

Institute for Science, Innovation and Society: http://www.sbs.ox.ac.uk/centreslinsis/Pages/default.aspx

Finalmente, esses livros envolvem outros ramos da ciência, mas as ideias ali apresentadas se aplicam muito bem à economia:

Midgley, Mary (1985), *Evolution as a Religion: Strange hopes and stranger fears* (Londres: Methuen)

Fox Keller, Evelyn (1985), *Reflections on Gender and Science* (Londres: Yale University Press)

Smolin, Lee (2006), *The Trouble With Physics: The Rise of String Theory, the Fall of a Science, and What Comes Next* (Boston, MA: Houghton Mifflin)

McGilchrist, Iain (2009), *The Master and his Emissary: The Divided Brain and the Making of the Western World* (Londres: Yale University Press)

AGRADECIMENTOS

Obrigado a todos da Icon Books, especialmente a Simon Flynn e Duncan Heath por me ajudar a preparar o manuscrito; a Karen Milner e à equipe da Wiley Canada; ao meu agente Robert Lecker; e à minha família.

Agradeço também a Emmeline Skinner, Patrick McSharry e Beatriz Leon pela leitura cuidadosa de partes do manuscrito e comentários valiosos.

Este livro deve muito ao trabalho de vários economistas "heterodoxos", que são citados ao longo do texto e das notas. Que um dia eles possam ser considerados, não ortodoxos, mas fundadores de um tipo mais rico e diversificado de economia, para a qual palavras como ortodoxo e heterodoxo têm pouco significado.

Este livro foi composto na tipologia Arno Pro,
em corpo 11,5/15,9 e impresso em papel off-white no
Sistema Cameron da Divisão Gráfica da Distribuidora Record.